8° G 916 1

Paris
1880

Guizot, François-Pierre-Guillaume

Histoire des origines du gouvernement représentatif et des institutions politiques de l'Europe

Depuis la chute de l'empire romain jusqu'au XIVe siècle

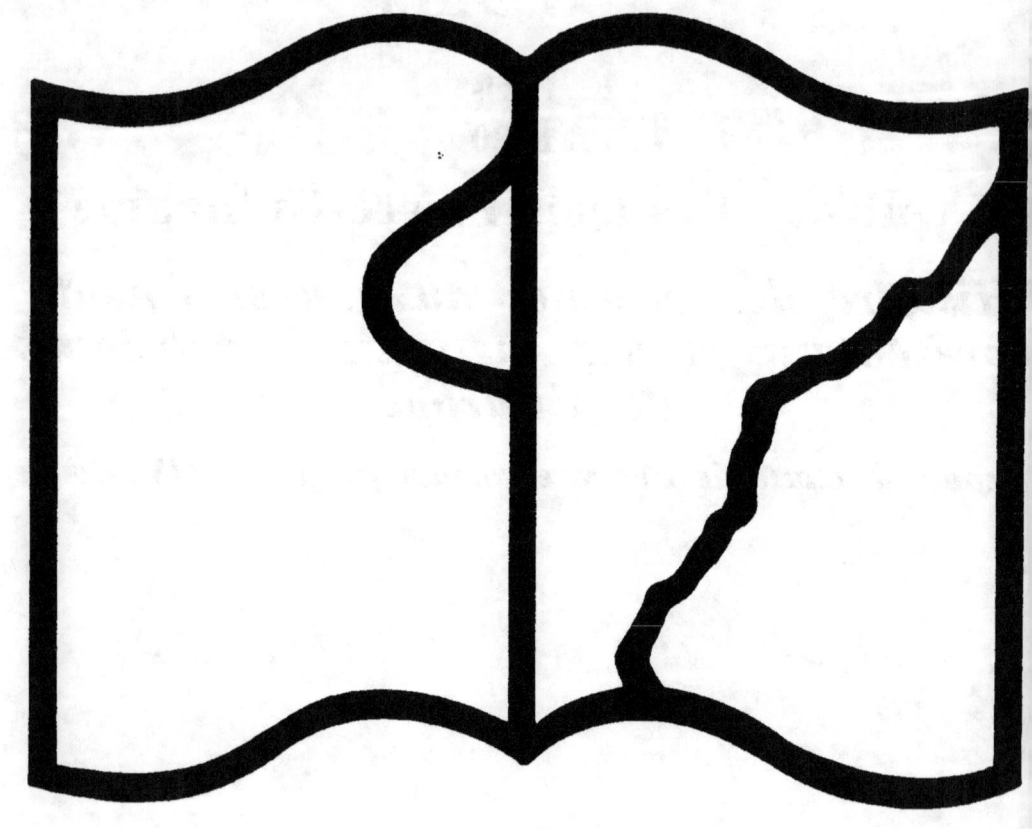

**Symbole applicable
pour tout, ou partie
des documents microfilmés**

Texte détérioré — reliure défectueuse

NF Z 43-120-11

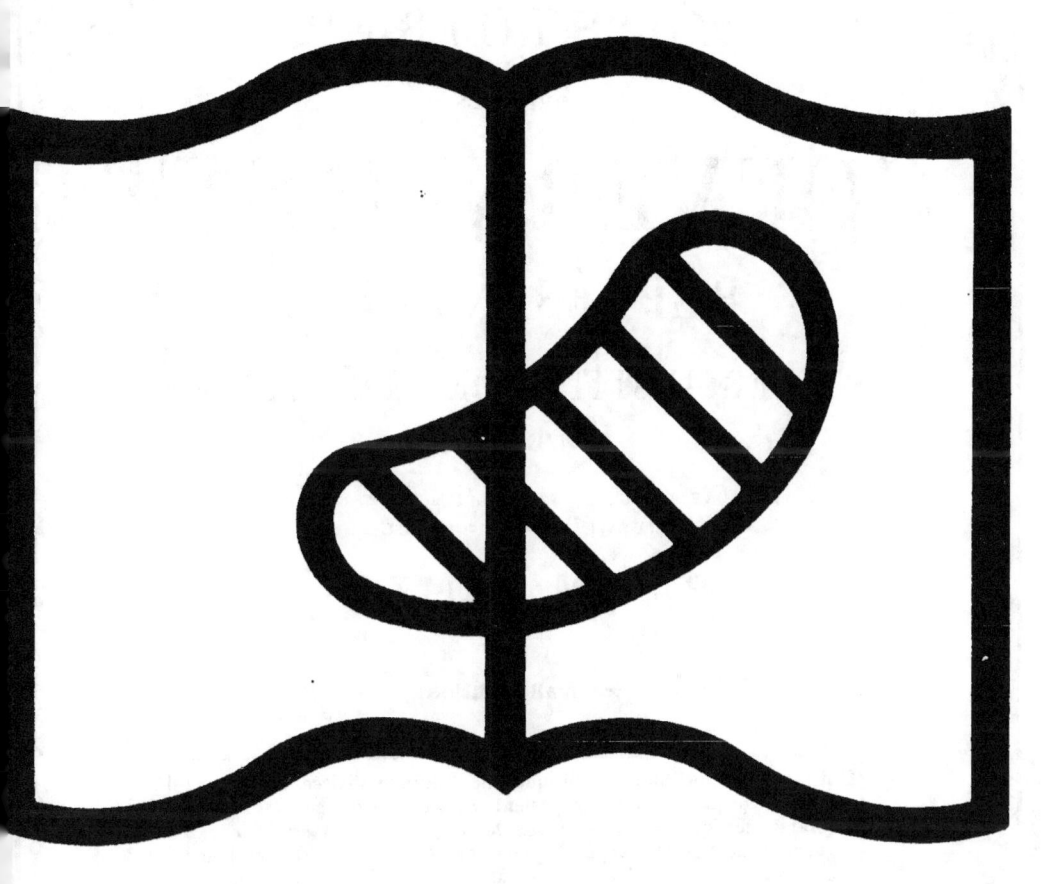

Symbole applicable
pour tout, ou partie
des documents microfilmés

Original illisible

NF Z 43-120-10

HISTOIRE

DES ORIGINES DU

GOUVERNEMENT

REPRÉSENTATIF

ET DES INSTITUTIONS POLITIQUES

DE L'EUROPE

DEPUIS LA CHUTE DE L'EMPIRE ROMAIN
JUSQU'AU XIVe SIÈCLE

PAR M. GUIZOT

I

Nouvelle édition.

L'histoire des institutions politiques de l'Europe divisée en quatre grandes époques. — Le gouvernement représentatif but général et naturel de ces institutions. — Étude des origines et des essais de ce gouvernement en France, en Espagne et en Angleterre. — Institutions centrales et locales des Anglo-Saxons. — Du *Wittenagemot*. — Résumé de leur histoire jusqu'à l'invasion des Normands. — Institutions primitives chez les Francs. — Les Francs en Germanie, en Belgique, dans la Gaule. — Les royaumes francs. — Les maires du palais. — Anciennes institutions des Francs. — Les alleux, les bénéfices, etc. — Le *Wehrgeld*. — Les leudes, les évêques, etc. — Les assemblées nationales. — Le régime féodal. — Institutions politiques des Wisigoths — Régime municipal. — Conditions sociales dans l'empire romain avant l'invasion des barbares. — État de l'Espagne sous les Wisigoths. — Leurs institutions centrales. — Leur législation. — *Forum judicum*. — Influence du clergé, etc., etc.

PARIS

LIBRAIRIE ACADÉMIQUE

DIDIER ET Ce, LIBRAIRES-ÉDITEURS

35, QUAI DES AUGUSTINS.

COURS D'HISTOIRE MODERNE DE 1820 A 1822

HISTOIRE

DES ORIGINES

DU GOUVERNEMENT

RÉPRÉSENTATIF

I

PARIS. — TYPOGRAPHIE PILLET ET DUMOULIN
5, RUE DES GRANDS-AUGUSTINS

HISTOIRE

DES ORIGINES

DU GOUVERNEMENT

REPRÉSENTATIF

ET DES INSTITUTIONS POLITIQUES

DE L'EUROPE

DEPUIS LA CHUTE DE L'EMPIRE ROMAIN JUSQU'AU XIVe SIÈCLE

PAR GUIZOT

I

QUATRIÈME ÉDITION

L'histoire des institutions politiques de l'Europe divisée en quatre grandes époques. — Le gouvernement représentatif but général et naturel de ces institution. — Étude des origines et des essais de ce gouvernement en France, en Espagne et en Angleterre. — Institutions centrales et locales des Anglo-Saxons. — Du *Wittenagemot*. — Résumé de leur histoire jusqu'à l'invasion des Normands. — Institutions primitives chez les Francs. — Les Francs en Germanie, en Belgique, dans la Gaule. — Les royaumes francs. — Les maires du palais. — Anciennes institutions des Francs. — Les alleux, les bénéfices, etc. — Le *Wehrgeld*. — Les leudes, les évêques, etc. — Les assemblées nationales. — Le régime féodal. — Institutions politiques des Wisigoths. — Régime municipal. — Conditions sociales dans l'empire romain avant l'invasion des barbares. — État de l'Espagne sous les Wisigoths. — Leurs institutions centrales. — Leur législation. — *Forum judicum*. — Influence du clergé, etc., etc.

PARIS

LIBRAIRIE ACADÉMIQUE

DIDIER ET Cie, LIBRAIRES-ÉDITEURS

35, QUAI DES AUGUSTINS, 35

—

1880

Tous droits réservés.

PRÉFACE

En 1820, au moment où les diverses Facultés de l'Académie de Paris et le Collége de France rouvraient leurs cours, plusieurs personnes se réunirent pour fonder un *Journal des Cours publics* dans lequel elles reproduisaient, d'après leurs notes, les leçons auxquelles elles avaient assisté. Le cours que je donnai, à cette époque, sur l'histoire du gouvernement représentatif, prit place dans ce recueil. Je ne revis point les analyses qui en furent publiées. Elles étaient courtes et incomplètes, souvent inexactes et confuses. On m'a demandé d'en autoriser la réimpression. Je n'y pouvais consentir qu'en faisant moi-même aujourd'hui, sur ces analyses, le travail de révision auquel elles n'avaient pas été soumises, au moment de leur publication. Les deux volumes que je publie sont le résultat de ce travail, qui a été plus long et a entraîné des changements plus considérables que je ne m'y étais attendu d'abord. J'ai eu souvent recours, pour l'accomplir, à mes *Essais sur l'histoire de France* dans lesquels j'avais consigné, en 1823, quelques-unes de mes recherches sur le même sujet. Ce cours sur l'*Histoire des Origines du gouvernement représentatif* est maintenant exact et complet, comme si mes leçons eussent été, de 1820 à 1822, recueillies et revues avec le même soin qui a été apporté, de 1827 à 1830, à la publication de mes cours sur *l'Histoire générale de la civilisation en Europe*, et sur *l'Histoire de la civilisation en France*.

Lorsque je me livrai, en 1820, à cet enseignement, je sortais de la vie publique; je venais de prendre, pendant six ans, une part active au travail de fondation du gouvernement représentatif parmi nous. Les idées et les amis politiques que j'avais soutenus furent, à cette époque, éloignés des affaires. Je m'associai à leurs revers sans renoncer à nos espérances et à nos efforts communs. Nous avions foi dans nos institutions. Qu'elles nous fissent une bonne ou une mauvaise fortune, nous leur étions également dévoués. Je ne voulais pas cesser de servir leur cause. J'essayai d'expliquer l'origine et les principes du gouvernement représentatif, comme j'avais essayé de le pratiquer.

Comment parler aujourd'hui, à propos de 1820, de mauvaise fortune et de revers? Que dirons-nous du sort qui a atteint naguères notre patrie, et de celui qui nous attend peut-être? on a honte de se servir des mêmes paroles pour des maux et des périls si prodigieusement inégaux. Certes, les épreuves de 1820 furent graves et douloureuses : pourtant l'État n'en fut point bouleversé; dix années d'un gouvernement régulier et libre les suivirent. En 1830, une épreuve bien plus grave encore, l'épreuve d'une révolution fut imposée à ces nobles institutions, et elles n'y succombèrent point; elles s'affranchirent du joug révolutionnaire, et nous donnèrent encore dix-huit années d'ordre et de liberté. De 1814 à 1848, malgré tant et de si rudes secousses, la monarchie constitutionnelle est restée debout, et les faits ont justifié l'opiniâtreté de nos espérances. Mais aujourd'hui l'orage a tout frappé, et menace encore de détruire tout ce qui reste. Ce ne sont plus seulement les rois et les lois, ce sont les racines mêmes du gouvernement, de tout gouvernement, que dis-je? ce sont les racines de la société elle-même qui ont été atteintes et qui demeurent découvertes et presque arrachées. Peut-on chercher encore le salut aux mêmes rivages? Peut-on croire et espérer encore dans le gouvernement représentatif et la monarchie?

Pas plus que d'autres, je n'ai échappé à l'anxiété de ce doute. Pourtant, à mesure que les événements qui pèsent sur nous, depuis trois ans, se sont développés et éclaircis, lorsque j'ai vu notre société s'arrêter, par son propre effort, sur la pente de l'abîme où l'avaient jetée ses propres faiblesses, j'ai senti se relever dans mon âme la foi et l'espérance qui ont rempli ma vie, et qui ont été, jusqu'à ces derniers jours, la foi et l'espérance de notre temps. Au nombre des illusions infinies de la vanité humaine, il faut ranger aussi celles du malheur : peuples ou individus, dans la vie publique ou dans la vie privée, nous nous plaisons à nous persuader que nos épreuves sont incomparables, et que nous avons à supporter des maux et à surmonter des obstacles jusqu'à nous inouïs. Trompeuse consolation de l'orgueil dans la souffrance ! Dieu a fait la condition des hommes, de tous les hommes, plus rude qu'ils ne veulent le croire, et il leur fait, en tout temps, acheter plus chèrement qu'ils ne l'avaient prévu les succès de leur travail et les progrès de leur destinée. Acceptons sans murmure cette loi sévère; payons courageusement le prix que Dieu met au succès, au lieu de renoncer lâchement au succès même. La pensée première, le vœu national de la France, en 1789, a été l'alliance des institutions libres et de la monarchie héréditaire. Nous avons été jetés bien loin de notre dessein; nous nous sommes immensément trompés et égarés dans nos présomptueuses espérances; mais nous ne nous tromperions pas moins dans nos sceptiques abattements. Dieu, qui laisse tomber sur les nations le poids de leurs fautes, ne fait point, pour elles, de leur vie tout entière, un long mensonge et un piége fatal; c'est toute notre histoire, toute notre civilisation, ce sont toutes nos gloires, toutes nos grandeurs qui nous ont poussés et conduits vers la monarchie et la liberté tout ensemble; nous avons souvent fait fausse route en poursuivant notre but; nous aurons encore, pour l'atteindre, bien des chemins nouveaux à prendre et peut-être bien des mauvais pas à franchir. Mais que le but reste le même, car là est le port.

Si j'appliquais aujourd'hui, à ces études historiques de 1820, tous les enseignements que, depuis cette époque, la vie politique m'a donnés, je modifierais peut-être quelques-unes des idées qui y sont exprimées sur quelques-unes des conditions et des formes du gouvernement représentatif. Ce gouvernement n'a point un type unique, et seul bon, d'après lequel il doive être partout et nécessairement institué. La Providence, qui fait aux nations des origines et des destinées diverses, ouvre aussi à la justice et à la liberté plus d'une voie pour entrer dans les gouvernements ; et ce serait réduire follement leurs chances de succès que les condamner à se produire toujours sous les mêmes traits et par les mêmes moyens. Une seule chose importe, c'est que les principes essentiels de l'ordre et de la liberté subsistent sous les formes diverses que l'intervention du pays dans ses affaires peut revêtir selon la diversité des peuples et des temps. Ce sont précisément ces principes essentiels et nécessaires de tout gouvernement représentatif qui sont, de nos jours, méconnus et outragés. J'ose croire qu'ils se retrouvent fidèlement exposés dans ces études de 1820, et qu'à ce titre, aujourd'hui encore, elles ne sont peut-être dépourvues ni d'utilité, ni d'intérêt.

GUIZOT.

Paris, mai 1851.

HISTOIRE DES ORIGINES

DU

GOUVERNEMENT REPRÉSENTATIF

EN EUROPE.

PREMIÈRE LEÇON.

(DISCOURS D'OUVERTURE. — 7 DÉCEMBRE 1820.)

Comment l'histoire se découvre progressivement à mesure que la civilisation se développe. — Deux erreurs contraires dans notre manière de considérer le passé; dédain superbe ou admiration superstitieuse. — L'impartialité historique est la mission de notre temps. — Division de l'histoire des institutions politiques de l'Europe en quatre grandes époques. — Le gouvernement représentatif a été le but général et naturel de ces institutions. — Objet du cours; étude des origines et des essais du gouvernement représentatif en France, en Espagne et en Angleterre. — Disposition qu'il faut apporter dans cette étude.

Messieurs,

Telle est l'immensité des choses humaines que, loin de vieillir et de s'épuiser sous la main du temps, elles semblent rajeunir et se renouveler d'époque en époque pour se présenter sous des aspects jusque-là inconnus. Non-seulement chaque siècle reçoit, en fait d'études, une vocation particulière; mais les mêmes études sont, pour chaque siècle, comme une mine à peine fouillée, comme un monde encore ignoré où les sujets de découverte se rencontrent à chaque pas. C'est dans l'étude de l'histoire que cette vérité se manifeste surtout avec évidence. Les faits dont l'histoire s'occupe n'acquièrent et ne perdent rien en traversant les âges; tout ce qu'on a vu dans ces faits, tout ce qu'on y pourra voir, y était contenu dès le jour où ils furent accomplis; mais ils ne se laissent jamais saisir pleinement ni pénétrer dans toute leur étendue; ils ont, pour ainsi dire, des secrets innombrables qui ne s'en échappent qu'avec lenteur, et quand l'homme se trouve à portée de les reconnaître. Et comme tout change dans l'homme et autour de lui, comme le point de vue d'où il considère les faits, et les dispositions qu'il apporte dans cet examen varient sans cesse, on dirait que le passé change avec le présent : des faits inaperçus se révèlent dans les faits anciens; d'autres idées, d'autres sentiments sont excités par les mêmes noms, les mêmes récits; et l'homme apprend par là que, dans l'espace infini ouvert à sa connaissance, tout demeure constamment inépuisable et nouveau pour son intelligence toujours active et toujours bornée.

Jamais ce résultat de la grandeur des choses et de la

faiblesse de l'esprit humain n'éclate si hautement qu'au sortir de ces crises extraordinaires qui déplacent, pour ainsi dire, l'homme tout entier et le transportent sous un autre horizon. De telles révolutions ne s'opèrent point, il est vrai, d'une manière brusque et soudaine. Le monde les conçoit et les porte dans ses flancs longtemps avant de les mettre au jour. Mais le moment arrive où, pressées de s'accomplir effectivement, elles s'emparent de tout ce qui est, le transforment, et placent toutes choses dans une situation toute nouvelle. Que si, après une secousse semblable, l'homme reporte ses regards sur l'histoire des temps passés, il a peine à la reconnaître. Ce qu'il voit, il ne le voyait point; ce qu'il voyait n'est plus tel qu'il l'avait vu ; les faits lui apparaissent sous une face ignorée et lui parlent un autre langage. Il applique lui-même à leur examen d'autres principes d'observation et de jugement. Soit qu'il considère leurs causes, leur nature ou leurs conséquences, de toutes parts s'ouvrent devant lui des perspectives inconnues. Le spectacle est demeuré le même ; mais c'est un autre spectateur qui occupe une autre place ; à ses yeux tout est changé.

Que sera-ce, Messieurs, si, en ce nouvel état des choses et de lui-même, l'homme prend, pour objet spécial de son étude, les questions et les faits qui se lient le plus étroitement à la révolution qui vient de s'accomplir, s'il porte sa vue précisément là où le changement a été le plus profond ? Les grandes crises de la vie du genre humain ne sont pas toutes de même nature; bien qu'elles modifient tôt ou tard la société tout entière, elles l'attaquent et s'y introduisent, en quelque sorte, par des côtés différents. C'est tantôt par les idées religieuses, tantôt par les idées politiques, quelquefois par une simple découverte, par une invention matérielle, que le monde est dominé et transformé. L'apparente métamorphose que subit alors le passé s'opère surtout dans ce qui correspond au caractère essentiel de la révolution du présent. Qu'on imagine, si l'on peut, ce que devaient être, pour les Chrétiens des premiers siècles, les traditions et les souvenirs religieux du Paganisme, on concevra sous quels aspects nouveaux se présentent les faits anciens, dans ces temps de rénovation que la Providence a investis d'une importance et d'une fécondité particulières.

Telle est, Messieurs, jusqu'à un certain point, la situation où nous sommes placés nous-mêmes à l'égard de ce qui doit faire l'objet de ce cours. C'est du sein du nouvel ordre politique qui commence de nos jours en Europe que nous considérons, je ne dis pas naturellement, mais nécessairement, l'histoire des institutions politiques de l'Europe depuis la fondation des États modernes. Descendre de ce point de vue n'est pas en notre pouvoir. A notre insu, malgré nous, les idées qui ont occupé le présent pénétreraient à notre suite dans l'étude du passé. Vainement essaierions-nous de fuir les lumières qu'elles y portent; ces lumières s'y répandraient de toutes parts, seulement avec plus de confusion et moins d'utilité. Nous accepterons donc franchement une situation heureuse, à mon avis, et d'ailleurs inévitable. On s'efforce aujourd'hui, et avec grande raison, de rattacher ce que nous sommes à ce que nous avons été jadis ; on sent la nécessité de lier les sentiments aux habitudes, les institutions aux souvenirs, de *renouer* enfin *la chaîne des temps* qui ne se laisse jamais rompre tout-à-fait, quelque violents que soient les coups qu'on lui porte. C'est en vertu du même principe et dans le même esprit qu'en étudiant les institutions anciennes nous ne refuserons point, pour les éclairer ou les juger, le secours des idées et des institutions modernes, ne pouvant et ne devant pas plus nous abdiquer nous-mêmes que nous ne pouvons et ne devons abdiquer nos pères.

Cette étude, Messieurs, a été fort négligée de nos jours; et quand on a essayé d'y rentrer, on l'a abordée avec une préoccupation si forte ou un dessein si arrêté, que les fruits du travail en étaient corrompus d'avance. Les opinions partiales et conçues avant l'examen des faits ont ce résultat que non-seulement elles altèrent la rectitude du jugement, mais encore qu'elles entraînent, dans les recherches qu'on pourrait appeler matérielles, une légèreté déplorable. Dès qu'un esprit prévenu a recueilli quelques documents et quelques preuves à l'appui de son idée, il s'en contente et s'arrête. D'une part, il voit dans les faits ce qui n'y est point; de l'autre, quand il croit que ce qu'il tient lui suffit, il ne cherche plus. Or, tel a été parmi nous l'empire des circonstances et des passions qu'elles ont agité l'érudition elle-même. Elle est devenue une arme de parti, un instrument d'attaque ou de défense; et les faits, impassibles et immuables, ont été invoqués ou repoussés tour à tour, selon l'intérêt ou le sentiment en faveur duquel ils étaient sommés de comparaître, travestis ou mutilés.

Par l'effet de cette condition de nos temps, deux tendances opposées se font remarquer dans les opinions et les travaux dont les anciennes institutions politiques de l'Europe ont été l'objet. Les uns, comme enivrés de l'éclat du jour nouveau qui se levait sur le genre humain, n'ont vu, dans les siècles antérieurs, que ténèbres, désordre, oppression, sujet d'indignation ou d'indifférence. Un dédain superbe du passé s'est emparé des esprits. Ce dédain a été érigé en système. Ce système a offert tous les caractères d'une impiété véritable. Lois, sentiments, idées, mœurs, tout ce qui avait appartenu à nos pères, a été traité avec froideur ou mépris. Il semblait que la raison, le besoin de la justice, l'amour de la liberté, tout ce qui honore et conserve le monde, fût une découverte du jour, une invention de la génération qui venait de naître. En reniant ainsi ses aïeux, cette génération oubliait que bientôt elle allait les rejoindre dans la tombe, et qu'à son tour elle laisserait des enfants.

Cet orgueil, Messieurs, n'est pas moins contraire à la vérité des choses que fatal à la société qui en est atteinte. La Providence ne traite point les générations humaines avec tant d'injustice qu'elle déshérite complétement les unes pour réserver à d'autres tous ses bienfaits. Sans doute le bonheur et la gloire ne sont pas également répartis entre les siècles. Mais il n'en est aucun qui n'ait possédé des titres légitimes au respect de ses descendants. Il n'en est aucun qui n'ait fait son effort dans la grande lutte du bien contre le mal, de la vérité contre l'erreur, de la liberté contre l'oppression. Et non-seulement chaque siècle a soutenu pour son propre compte cette lutte laborieuse; mais ce qu'il a pu gagner, il l'a transmis à ses successeurs. Le terrain plus favorable sur lequel nous sommes nés, nous le devons à nos pères; ils y sont morts après l'avoir conquis. Il y a donc une aveugle et coupable ingratitude dans le mépris des temps qui ne sont plus. Nous recueillons leurs travaux et leurs sacrifices. Ce n'est pas trop d'en garder la mémoire pour en payer le prix.

Si les hommes qui affectaient ou ressentaient, pour les temps anciens, ce dédain ou cette indifférence impie, avaient mieux connu ces temps et leur histoire, ils se seraient vus contraints d'en porter un autre jugement. Lorsqu'en effet on recherche la cause de cette maladie des esprits, une seule explication se présente. Au moment des grandes régénérations sociales, dans les époques pleines d'ambition et d'espérance, quand d'importantes réformes sont de toutes parts sollicitées et nécessaires, l'autorité du passé est l'obstacle qui s'oppose aux efforts vers un état nouveau. Les erreurs, les abus semblent seuls en possession du temps; c'est au nom de la sagesse des siècles que les uns repoussent l'avenir auquel d'autres aspirent. Et alors une sorte d'aversion aveugle pour le passé s'empare d'un grand nombre d'hommes. Ils le regardent comme faisant cause commune avec les ennemis de l'amélioration du présent; et les armes qu'y cherchent ceux-ci confirment ceux-là dans cette idée. Messieurs, elle est pleine de fausseté et d'ignorance. Il n'est point vrai que l'injustice et les abus puissent seuls se couvrir de l'autorité des temps anciens, que seuls ils soient en mesure d'alléguer la possession et l'expérience. La vérité, la justice, le droit ont aussi de vieux titres à faire valoir; en aucun temps l'homme ne les a laissé prescrire. Prenez l'un après l'autre tous les besoins moraux, tous les intérêts légitimes de notre société; dressez-en le catalogue, et parcourez ensuite notre histoire; vous les trouverez constamment réclamés et défendus; toutes les époques vous apporteront d'innombrables preuves des combats livrés, des victoires remportées, des concessions obtenues dans cette cause sainte. Elle a été soutenue avec des succès divers, mais nulle part et jamais abandonnée. Il n'est pas une vérité, pas un droit qui n'ait à puiser, dans toutes les périodes de l'histoire, des monuments qui le consacrent et des faits qui parlent en sa faveur. La justice ne s'est point retirée du monde alors même qu'elle y trouvait moins d'appui. Elle a sans cesse cherché et saisi, auprès des gouvernements comme au milieu des peuples, toutes les occasions d'étendre son empire. Elle a lutté, protesté, attendu ; et quand elle n'a eu que de la gloire à donner à ceux qui combattaient pour elle, elle leur a prodigué la gloire.

Qu'on se rassure donc, Messieurs, sur l'étude du passé. Elle n'a rien qui doive alarmer les amis de tout ce qui est bon et vrai. C'est en leurs mains, au contraire, et au profit des intérêts qui leur sont chers, qu'elle viendra déposer et les titres du temps et les leçons de l'expérience.

Du reste, cet injuste mépris des choses anciennes, ce bizarre dessein de se séparer des siècles antérieurs et de recommencer la société, la livrant ainsi à tous les hasards d'une situation sans racines et d'une courte sagesse, n'est pas une erreur dont nous ayons les premiers donné l'exemple. Dans un de ces parlements éphémères qui essayèrent de reprendre vie sous le joug de Cromwell, il fut sérieusement proposé de livrer au feu toutes les archives de la Tour de Londres, et d'anéantir les monuments de l'existence de la vieille Angleterre. Ces insensés voulaient abolir le passé, se flattant qu'il leur serait donné alors de dominer l'avenir. Leur dessein fut repoussé et leur espérance trompée; et bientôt l'Angleterre reprenant, avec des libertés nouvelles, le respect de tous ses souvenirs, entra dans cette carrière de développement et de prospérité qu'elle a parcourue jusqu'à nos jours.

A côté de cette manie qui a porté tant d'hommes, éclairés d'ailleurs, à négliger l'étude des anciennes institutions de l'Europe, ou à ne jeter sur leur histoire qu'un regard inattentif et dédaigneux, on a vu paraître une autre manie peut-être encore plus déraisonnable et plus arrogante. Ici, comme partout, l'impiété a provoqué la superstition. Le passé si méprisé, si abandonné des uns, est devenu pour les autres, l'objet d'un culte idolâtre. Ceux-là voulaient que la société, se mutilant elle-même, abjurât sa vie antérieure; ceux-ci lui ont demandé de rentrer dans son berceau pour y demeurer immobile et impuissante. Et comme les premiers, maîtres de l'avenir, y créaient à leur gré, en matière de gouvernement et d'ordre social, les plus brillantes Utopies, les seconds ont rêvé, à leur tour, des Utopies dans le passé. L'œuvre semblait plus difficile; le champ ouvert à l'imagination n'était pas libre, et les faits pouvaient la gêner dans son travail. Mais que ne surmonte pas un esprit prévenu ? Platon et Harrington, dans la pleine liberté de leur pensée, avaient construit l'idéal de la république; on a construit, avec plus de confiance encore, l'idéal de la féodalité, et celui du pouvoir absolu, et même celui de la barbarie. Des sociétés régulières, morales, libres, ont été conçues et façonnées à loisir pour être ensuite transportées dans les vieux siècles. Après avoir tenté de résoudre, selon des principes opposés aux tendances modernes, le grand problème de l'alliance de la liberté et du pouvoir, de l'ordre et du mouvement, on a demandé aux faits anciens d'accueillir ces théories et de s'y adapter. Et comme, dans le nombre des faits, il s'en rencontre qui sont dociles et se prêtent d'assez bonne grâce à ce qu'on exige d'eux, les inventeurs de cette antiquité prétendue n'ont manqué ni de citations ni de preuves pour lui prêter un corps et même une date dans le passé. Ainsi la France, après avoir employé plus de cinq siècles à s'échapper du régime féodal, a découvert tout à coup qu'elle avait eu tort d'en sortir, car elle y était heureuse et libre; et l'histoire qui se croyait chargée de tant de maux, d'iniquités et d'orages, s'est étonnée d'apprendre qu'elle ne nous apportait que les souvenirs de deux ou trois âges d'or.

Je n'ai pas besoin, Messieurs, de m'élever vivement contre ce culte fantastique et superstitieux du passé. A peine mériterait-il qu'on en fît mention s'il ne se rattachait à des systèmes et à des tendances où la société tout entière est intéressée. C'est un des accidents de la grande lutte qui n'a jamais cessé d'agiter le monde. Les intérêts et les idées qui l'ont successivement possédé ont toujours voulu le rendre stationnaire dans la situation qui le livrait à leur empire; et quand il leur a échappé, c'est toujours en lui offrant de cette situation les plus séduisantes images qu'on a essayé de l'y rappeler. Il n'est pas à craindre que le monde se laisse prendre à cette ruse de guerre. Le progrès est la loi de sa nature. L'espérance, et non le regret, est le principe de son mouvement. L'avenir seul possède la vertu de l'attraction. Les peuples chez qui existait l'esclavage ont toujours pourvu, par leurs lois, à ce que l'homme affranchi ne retombât point dans la servitude. La Providence n'a pas été moins soigneuse pour le genre humain, et les chaînes qui n'ont pu le retenir ne peuvent plus le reprendre. Mais les efforts du système rétrograde ont souvent perverti l'étude des temps anciens. L'empereur Julien voyait dans les fables populaires de la Grèce une philosophie capable de répondre aux besoins moraux que le christianisme était venu satisfaire; et il prétendait qu'on respectât, dans l'histoire du paganisme déchu, ce qu'il y avait rêvé. La même prétention a été portée dans l'histoire des anciennes institutions politiques de l'Europe. Elle n'y est pas plus légitime. La justice seule est due à ce qui n'est plus comme à ce qui est. Le respect du passé n'emporte ni l'approbation ni le silence sur ce qui est faux, coupable ou funeste. C'est pour le vrai que le passé a connu, pour le bien qu'il a fait ou cherché, que nous lui devons notre reconnaissance et nos égards. Le temps n'a pas reçu la mission impie de consacrer le mal ou l'erreur. Il les dévoile au contraire et les use. Les ménager parce qu'ils sont anciens, ce n'est pas respecter le passé, c'est offenser la vérité, qui est plus ancienne que le monde.

Si je ne me trompe, Messieurs, nous sommes aujourd'hui dans la situation la plus favorable pour éviter l'une et l'autre des erreurs générales que je viens de caractériser. Peu de gens le pensent peut-être; mais l'impartialité, qui est le devoir de tous les temps, est, à mon avis, la vocation du nôtre; non cette impartialité froide et stérile qui naît de l'indifférence, mais cette impartialité énergique et féconde qu'inspirent l'amour et la vue de la vérité. La justice égale, universelle, qui est maintenant le besoin le plus profond de la société, est aussi l'idée supérieure qui marche la première et domine partout où se porte l'esprit humain. Les préventions aveugles, les déclamations partiales ne sont pas plus de saison dans le monde savant que l'iniquité et la violence dans le monde politique. Elles peuvent agiter encore notre époque ; il ne leur est pas donné de la satisfaire ni d'y prévaloir. L'état particulier de notre patrie fortifie cette disposition, ou, si l'on veut, cette tendance générale des esprits en Europe. Nous n'avons pas vécu dans ce repos où les objets se montrent toujours à peu près sous les mêmes faces, où le présent, stable et régulier, retient l'homme sous un horizon qui varie peu, où des conventions anciennes et puissantes gouvernent sa pensée comme sa vie, où les opinions sont presque des habitudes, et deviennent bientôt des préjugés. Nous avons été jetés non-seulement dans des voies nouvelles, mais dans des voies sans cesse rompues et diverses. Toutes les théories, toutes les pratiques se sont déployées et combattues sous nos yeux. Les faits de tout genre nous ont apparu sous une multitude d'aspects. La nature humaine a été provoquée très-avant, et mise, pour ainsi dire, à nu dans tous les éléments qui la constituent. Les choses, les hommes, tout a passé de système en système, de combinaison en combinaison ; et l'observateur, changeant sans cesse de point de vue, a considéré un spectacle qui changeait sans cesse autour de lui. De tels temps, Messieurs, ont peu de bonheur à offrir, et préparent à ceux qui les suivent des difficultés immenses. Mais il est certain qu'ils donnent, aux esprits capables d'en soutenir le poids, une indépendance, une étendue qui n'appartiennent pas à des époques plus calmes et plus heureuses. Le nombre et la mobilité des faits qui apparaissent devant nous élargissent les idées; la diversité des épreuves que toutes choses subissent, avec si peu d'intervalle, apprend à les juger avec impartialité; la nature humaine se révèle dans sa simplicité comme dans sa richesse. L'expérience se précipite et s'accumule en quelque sorte; dans le court espace d'une vie, l'homme voit, sent, essaie ce qui eût pu suffire à remplir plusieurs siècles. Cet avantage coûte assez cher, Messieurs, pour qu'on doive du moins le recueillir. Il ne nous sied point d'avoir des vues étroites, des préventions opiniâtres, de porter dans nos jugements une préoccupation intraitable, de méconnaître enfin cette dispersion de la vérité, que tant de vicissitudes ont mise en évidence, et qui nous impose la loi de la chercher partout, de lui rendre hommage partout où elle se rencontre, si nous voulons qu'elle avoue nos pensées et prête sa force à nos discours.

C'est dans cet esprit, Messieurs, que nous essaierons de considérer les anciennes institutions politiques de l'Europe, et de retracer leur histoire. En empruntant pour ce travail le secours des lumières que fournit notre siècle, nous aurons soin de n'y porter aucune des passions qui le divisent. Nous n'aborderons point les temps passés avec ces intentions tirées du présent dont nous venons de déplorer l'influence. Nous ne leur adresserons point ces questions préméditées qui contiennent et dictent les réponses. J'honore trop ceux qui m'écoutent et la vérité que je cherche avec eux, pour supposer que l'histoire puisse, en aucun sens, être sommée de taire ce qu'elle dit, ou de dire ce qu'elle ne dit point. On doit l'interroger avec liberté, et lui laisser ensuite toute son indépendance.

Cette étude, Messieurs, a besoin d'un centre auquel elle puisse se rapporter. Il faut à tant de faits un lien qui les unisse et les enchaîne. Ce lien existe dans les faits mêmes; rien n'est moins douteux. L'unité et la conséquence ne manquent pas plus au monde moral qu'au monde physique. Le monde moral a, comme le système des corps célestes, ses lois et son mouvement; seulement le secret en est plus profond, et l'esprit humain a plus de peine à le découvrir. Nous sommes venus assez tard pour que des événements déjà accomplis nous servent de guides dans cette recherche. Nous n'avons pas besoin de demander à quelque hypothèse philosophique, peut-être incomplète et douteuse, quelle a été, dans l'ordre politique, la tendance de la civilisation européenne. Un système qui évidemment, à considérer les choses d'une vue générale, se rattache partout aux mêmes principes, dérive des mêmes besoins et tend aux mêmes résultats, se manifeste ou s'annonce dans l'Europe entière. Presque partout le gouvernement représentatif est réclamé, accordé, établi. Ce fait n'est, à coup sûr, ni un accident, ni une passagère manie. Il a certainement ses racines dans le passé politique des peuples, comme ses motifs dans leur état présent. Que si, avertis par-là, nous jetons un regard sur ce passé, nous rencontrons partout des tentatives plus ou moins énergiques, plus ou moins heureuses, faites dans le sens de ce système, et pour le produire naturellement, ou pour le conquérir sur des forces contraires. L'Angleterre, la France, l'Espagne, le Portugal, l'Allemagne, la Suède, nous en fournissent de nombreux exemples. Là, ces essais ont duré et pris une véritable consistance. Ici, à peine commencés, ils échouent. Ailleurs, ils aboutissent à une sorte de fédération des gouvernements eux-mêmes. Leurs formes sont diverses comme leurs fortunes. L'Angleterre seule les renouvelle sans relâche, et entre enfin en pleine possession de leurs développements. Mais partout ils prennent place dans l'histoire, et influent sur les destinées des peuples. Et lorsqu'enfin n'en trouvant plus même l'ombre sur le continent, ne voyant plus le gouvernement représentatif que dans le parlement britannique, un homme de génie en recherche l'origine, il dit que « ce beau système a été trouvé dans les bois de la « Germanie, » d'où les aïeux de l'Europe entière sont tous également sortis.

Je ne partage point à ce sujet, comme on le verra plus tard, l'opinion de Montesquieu ; mais il est évident, par les faits anciens comme par ceux dont nous sommes les témoins, que le gouvernement représentatif a, pour ainsi dire, constamment plané sur l'Europe depuis la fondation des États modernes. Ce n'est point au nom de quelque théorie ni par quelque conspiration qu'il a reparu tant de fois et en tant de lieux. En le cherchant on a longtemps ignoré ses principes et méconnu sa nature ; mais il était au fond de tous les besoins généraux, de toutes les tendances durables des sociétés européennes. Dans les temps difficiles, les souverains ont invoqué son secours. Les longues prospérités, les loisirs de la paix, les progrès de la civilisation lui ont toujours ramené les peuples. Ses plus informes essais ont laissé de puissants souvenirs. Telle a été enfin, presque depuis leur naissance, la situation des sociétés modernes, que dans leurs institutions, dans leurs vœux, dans le cours de leur histoire, le gouvernement représentatif, à peine soupçonné des esprits, se laisse constamment entrevoir comme le port tantôt rapproché, tantôt lointain, où elles s'efforcent d'entrer, en dépit des orages qui les en écartent ou des obstacles qui leur en ferment l'accès.

Ce n'est donc point, Messieurs, un choix arbitraire, c'est un choix naturel et commandé que celui du système représentatif pris pour centre et pour but de l'histoire des institutions politiques de l'Europe. Les considérer sous ce point de vue, ce n'est pas seulement donner aujourd'hui à leur étude un plus haut intérêt ; c'est se placer dans les faits mêmes et obéir à la vérité.

Nous ferons donc de cette forme de gouvernement le **principal** objet de notre travail. Nous la chercherons partout où on a cru la reconnaître, là où elle a essayé de s'établir, et là enfin où elle a pleinement prévalu. Nous examinerons si en effet elle a existé aux époques et dans les lieux où l'on a coutume de rapporter son origine. Quand nous la rencontrerons quelque part, **imparfaite** et grossière, nous demanderons comment elle s'y est produite, quelle a été l'étendue de son pouvoir, quelles causes l'ont étouffée en arrêtant ses progrès. Arrivés enfin au pays où elle n'a cessé de s'affermir et de s'étendre depuis le xiiie siècle jusqu'à nos jours, **nous nous y renfermerons** pour la suivre dans sa marche, démêler ses **vicissitudes**, assister au développement des principes et des institutions qui la caractérisent, pénétrer leur nature en observant leur action, étudier, en un mot, l'histoire du système représentatif là où le système représentatif possède en effet une histoire qui est celle du peuple et de son gouvernement.

Avant d'entreprendre cette tâche laborieuse, j'ai besoin, Messieurs, de mettre en peu de mots sous vos yeux les grandes phases de l'état politique de l'Europe, et la série des principaux systèmes d'institutions à travers lesquels elle a passé. Ce tableau anticipé qui n'est que le résumé des faits, et que ces faits viendront plus tard vous prouver eux-mêmes, est nécessaire non-seulement pour éclairer d'avance notre étude, mais aussi pour indiquer de quelles institutions et de quels temps le point de vue que nous avons choisi nous appelle surtout à nous occuper.

L'histoire des institutions politiques de l'Europe se divise en quatre époques générales durant lesquelles la société a été gouvernée dans des formes et selon des principes essentiellement différents.

Les peuples de la Germanie, en s'établissant sur le sol romain, y portèrent avec eux leur liberté, mais aucune de ces institutions qui en règlent l'usage et en garantissent la durée. Les individus étaient libres ; une société libre n'était point constituée. Je dirai plus ; la société n'était pas faite. Ce fut seulement après la conquête et par suite de l'établissement territorial qu'elle commença réellement à se former, soit entre les vainqueurs et les vaincus, soit entre les vainqueurs eux-mêmes. Ce fut un travail long et difficile. Les situations étaient compliquées et précaires, les forces disséminées et sans règle, l'esprit humain peu capable de combinaisons étendues et de prévoyance. Divers systèmes d'institutions, ou plutôt diverses tendances se manifestèrent et se combattirent. Les individus pour qui la liberté n'était alors que l'indépendance de l'isolement, luttèrent pour la conserver. Ceux qui étaient forts y réussirent et devinrent puissants. Ceux qui étaient faibles la perdirent et tombèrent sous le joug des forts. Les rois, d'abord simples chefs des guerriers, ensuite les premiers des grands propriétaires territoriaux, essayèrent d'assurer et d'étendre leur pouvoir ; mais à côté d'eux se forma, par les succès locaux des forces éparses et par la concentration des propriétés, une aristocratie qui ne permit pas à la royauté de se constituer avec quelque vigueur et quelque étendue. L'ancienne liberté des forêts, les premiers essais du système monarchique, les éléments naissants du régime féodal, telles étaient les puissances qui se disputaient alors la société. Nul ordre politique général et fixe ne pouvait s'établir au milieu de cette lutte. Elle dura jusqu'au xie siècle. Alors le régime féodal avait prévalu. L'indépendance primitive et l'égalité sauvage des individus étaient venues se perdre dans la servitude, ou se ranger dans la subordination hiérarchique de la féodalité. Tout pouvoir central, soit des rois, soit des anciennes assemblées nationales, avait à peu près disparu. Les libertés s'étaient réparties selon les forces. La souveraineté s'était dispersée. C'est la première époque.

Le régime féodal occupe la seconde. Trois caractères essentiels le constituent : 1° la réduction de la masse des habitants en servitude ou dans une condition voisine de la servitude ; 2° l'organisation hiérarchique et fédérative de l'aristocratie féodale, embrassant dans ses liens les personnes et les terres ; 3° la dislocation de la souveraineté presque complétement dévolue à tout propriétaire féodal capable de l'exercer et de la défendre ; d'où résultent la faiblesse du pouvoir royal et la destruction de l'unité monarchique, presque aussi effacée que l'unité nationale. Jusqu'au XIIIe siècle ce système possède la société.

Alors commence une nouvelle époque. Le roi suzerain, devenu puissant, veut devenir souverain. Une portion des habitants du territoire, ayant ressaisi quelque force, veulent devenir libres. L'aristocratie féodale est attaquée, au bas de l'échelle, par l'affranchissement des bourgeois et des colons, en haut, par l'extension du pouvoir royal. La souveraineté tend à se concentrer, et la liberté à se répandre. L'unité nationale travaille à se constituer en même temps que l'unité monarchique. C'est par des essais du gouvernement représentatif que ce travail se révèle et se poursuit. Ces essais sont tentés et renouvelés durant près de trois siècles partout où la féodalité tombe en ruines, où le système monarchique prévaut. Mais bientôt, et presque partout, les souverains s'en méfient à leur tour. Ils ne veulent pas avoir reconquis et concentré la souveraineté si longtemps éparse, pour la partager de nouveau au centre même. D'ailleurs les lumières et les forces manquent également aux peuples affranchis pour continuer, d'une part, contre le régime féodal, une lutte qui n'est pas terminée, et soutenir, de l'autre, contre le pouvoir central, une lutte nouvelle. Il est clair que les temps ne sont pas mûrs, que cette société, à peine sortie d'un joug qu'avait précédé le chaos, n'est ni assez bien liée, ni assez éclairée pour se procurer à la fois l'ordre par la bonne administration du pouvoir, la liberté par les garanties d'institutions publiques larges et fortes. Les essais du système représentatif s'éloignent, s'affaiblissent, disparaissent. Un seul pays le garde, le défend et le conquerra progressivement d'orage en orage. Ailleurs le système monarchique pur l'emporte. C'est au XVIe siècle que ce résultat se déclare.

La quatrième époque a duré depuis ce moment jusqu'à nos jours. Elle est occupée, en Angleterre, par les progrès du système représentatif ; sur le continent, par le développement du système monarchique pur, auquel s'associent des libertés locales, des institutions judiciaires qui pénètrent dans l'ordre politique, et quelques débris de ces assemblées qui, dans l'époque antérieure, avaient paru prendre un caractère de généralité, qui maintenant se resserrent dans certaines provinces, et se bornent, à peu près partout, à des intérêts d'administration. Sous ce régime, quoique la liberté politique ne se rencontre plus, la barbarie et la féodalité achèvent de s'user sous la main du pouvoir absolu ; l'ordre intérieur, le rapprochement des conditions diverses, la justice civile, la richesse et les lumières publiques font de rapides progrès ; les nations s'éclairent et prospèrent ; et leur prospérité, tant matérielle que morale, les ramène au besoin et à l'intelligence de ce système représentatif qu'elles avaient cherché dans des temps où elles ne savaient et ne pouvaient peut-être ni le pratiquer ni le maintenir.

Ce court résumé des faits vous indique déjà, Messieurs, quelles sont les époques sur lesquelles se dirigera principalement notre étude. Ce sont les institutions politiques des peuples que nous cherchons. Le système représentatif est le centre auquel nos recherches doivent se rapporter. Là donc où nous ne rencontrerons point ces institutions générales sous l'empire desquelles les peuples s'unissent, et qui provoquent la société à se manifester dans son gouvernement, là où nous n'apercevrons aucune trace du système représentatif, ni aucun effort direct pour le produire, nous ne nous arrêterons point. Toutes les formes, tous les états de la société sont un riche et curieux sujet d'observation. Mais dans cette immense série de faits, il faut choisir ceux qui se rattachent étroitement les uns aux autres, et nous touchent de plus près. La seconde et la quatrième époques, c'est-à-dire la féodalité et le pouvoir absolu, nous occuperont donc peu. Nous n'en parlerons que pour lier et éclairer les temps qui attireront surtout notre attention. La première et la troisième époques, et dans la quatrième, l'Angleterre, c'est là ce que je me propose d'étudier avec vous. La première époque qui nous montre les peuples Germains s'établissant sur le sol de Rome, la lutte de leurs institutions primitives, ou plutôt de leurs coutumes et de leurs mœurs, contre les résultats naturels de leur situation nouvelle, enfin le premier travail de la composition des nations modernes, a des droits particuliers à notre intérêt. A mon avis, c'est un temps qui, en fait d'institutions politiques, n'a rien possédé qui mérite ce nom ; mais toutes choses y étaient contenues et s'y sont agitées, comme dans le chaos qui précède la création. Il faut que nous assistions à cette naissance des gouvernements et des peuples. Il faut que nous sachions si, en effet, comme on l'a prétendu, la liberté publique et le système représentatif étaient là, ou quels symptômes annonçaient qu'un jour ils en pourraient sortir. Quand nous verrons, dans la troisième époque, le régime féodal se dissoudre, et les essais du gouvernement représentatif paraître en même temps que les efforts d'un pouvoir central qui veut devenir général et régulier, nous reconnaîtrons là, sans peine, un sujet qui nous appartient. Nous aurons besoin de savoir quelles sociétés se sont alors réveillées, et par quels moyens elles ont cherché des institutions véritables qui leur pussent assurer l'ordre avec la liberté. Et quand nous aurons vu leurs espérances déçues par le malheur des temps, quand nous aurons démêlé, dans les vices de l'état social bien plus que dans l'influence de quelques volontés désordonnées ou perverses, les causes du mauvais succès de ces tentatives généreuses, nous serons conduits par notre sujet même chez ce peuple, alors mieux traité du sort, qui a payé cher des institutions libres, mais qui enfin les a gardées quand elles périssaient partout, et qui, en les conservant et les développant pour lui-même, a offert aux autres peuples sinon un modèle, du moins un exemple.

Ce serait peu, Messieurs, de limiter ainsi, quant aux époques, le champ de nos études, si nous ne leur donnions aussi des bornes quant aux lieux. Suivre dans l'Europe entière la marche des institutions politiques, selon le plan que je viens d'indiquer, serait une tentative trop vaste et trop longue. Telle a été d'ailleurs, en Europe, la diversité des événements et des situations, que, malgré certains caractères généraux et certains résultats philosophiques que présentent partout les faits, ils se refusent très-souvent à l'unité qu'on essaie de leur imposer. Vainement s'efforce-t-on de les attirer sous le même horizon ou de les entraîner dans la même route ; ils s'en échappent à chaque instant pour aller reprendre ailleurs la place que leur assigne la vérité. Nous serions donc contraints ou de nous borner à des généralités peu instructives pour qui n'en sonde pas toute la profondeur, ou de rompre sans cesse le fil de nos travaux pour promener de peuple en peuple une attention sans cesse distraite et bientôt fatiguée. Il sera plus profitable de nous renfermer dans un cercle plus étroit. L'Angleterre, la France et l'Espagne fourniront à notre entreprise une matière bien suffisante. C'est là que nous étudierons les institutions politiques sous les diverses faces et dans les diverses époques dont je viens de vous entretenir. C'est là que ces époques se sont le plus clairement marquées, et que les grands faits qui les caractérisent apparaissent sous des formes plus complètes et plus simples. C'est aussi en France et en Espagne que les essais généraux du gouvernement représentatif, tentés du XIIIe au XVe siècle, ont pris le plus de consistance. Tout se réunit donc pour nous engager à ne point porter ailleurs nos pas. Nos recherches y gagneront en intérêt comme en solidité.

Cet intérêt, Messieurs, j'ai besoin de le dire d'avance, n'est pas simplement celui qui s'attache au spectacle des choses humaines, toujours pleines d'attrait pour l'homme, quelque légère que soit l'attention qu'il leur accorde. L'étude des anciennes institutions politiques de l'Europe exige un travail sérieux et assidu. Je viens le faire avec vous, non vous l'épargner. Je serai souvent obligé d'entrer dans des détails arides d'abord, mais importants par les résultats auxquels ils conduisent. Je ne me contenterai point de vous offrir ces résultats comme l'expression générale des faits. Il faut que vous entriez en possession des faits eux-mêmes. Il faut que les vérités qu'ils contiennent en sortent sous vos yeux et ne s'établissent dans votre esprit que munies des titres qui les prouvent. Or la vérité, Messieurs, quelque part qu'on la cherche, n'est point d'un accès facile. Comme les métaux précieux, il faut descendre très-avant pour la rencontrer. Il faut ne craindre ni les difficultés, ni la longueur de l'entreprise. Elle ne se livre qu'à l'opiniâtreté et à la patience. Et ce n'est pas seulement dans l'intérêt de notre étude que je vous demande de ne pas vous laisser rebuter par la fatigue de quelques portions du travail. Un motif plus élevé, un intérêt plus général vous le conseillent encore. Thraseas mourant disait à son gendre Helvidius Priscus : « Regarde, jeune homme : tu vis dans des temps « où il est bon d'affermir son âme par de tels spectacles, « et de voir comment meurt un homme de bien. » Grâce au ciel, ce n'est pas de semblables leçons que nous avons besoin aujourd'hui, et l'avenir n'exige point que nous nous préparions à l'attendre par de si rudes épreuves. Mais appelés à posséder et à garder des institutions libres, elles nous imposent, dès la jeunesse, une préparation forte, des habitudes laborieuses et persévérantes. Elles veulent que, de bonne heure, nous apprenions à ne redouter ni la peine, ni la lenteur et l'intensité des efforts. Les études sévères préparent seules aux destinées graves. La liberté n'est pas un bien qu'on acquière ou qu'on défende en se jouant; et si l'homme y arrive après n'avoir porté dans ses premiers travaux que des dispositions molles ou impatientes, elle refuse de lui livrer l'honneur et les avantages qu'il s'en était promis. Ce fut l'erreur du siècle dernier, au moment même où il aspirait à pousser les esprits dans une carrière plus large et plus active, de prétendre que tout leur fût facile, que l'étude devînt un amusement, et que les obstacles fussent écartés des premiers pas d'une vie qui allait devenir si grande et si occupée. La mollesse de tels préceptes était empruntée à la mollesse des temps où la liberté n'était pas. Nous savons aujourd'hui qu'elle commande à l'homme qui veut en jouir un plus ferme exercice de lui-même. Nous savons qu'elle ne souffre ni la langueur des âmes, ni la légèreté des esprits, et que les générations laborieusement studieuses dans la jeunesse deviennent seules des générations d'hommes libres. Vous jugerez, Messieurs, en assistant au développement des institutions politiques de l'Europe, que l'expérience de tous les siècles confirme en ceci la nôtre. Ce ne sera point du sein de la paresse, de la frivolité, de l'antipathie pour tout ce qui exige la patience et le travail, que vous verrez sortir les grands desseins qui ont été tentés en faveur de la vérité, de la justice et des progrès du genre humain. En remontant à la source de telles entreprises, vous y rencontrerez toujours des existences et des volontés sérieuses, pour ainsi dire, dès leurs premières années. C'est seulement par les hommes ainsi formés que les lois et les libertés publiques ont été défendues. Ils ont, selon le besoin des temps, résisté au désordre ou à l'oppression. Ils ont puisé, dans la gravité de leurs pensées et de leur vie, le sentiment de leur propre dignité, et, dans ce sentiment, celui de la dignité humaine. Et ne craignez pas, Messieurs, qu'en imitant leur exemple, le succès manque à vos efforts. Vous vous convaincrez bientôt que, malgré ses épreuves, notre siècle n'est pas au nombre des plus rudes. Vous verrez que l'amour de la patrie, le maintien de l'ordre légal, le respect de tout ce qui est juste et sacré, ont coûté souvent bien plus de peine et prescrit de bien autres sacrifices. Vous reconnaîtrez qu'il y aurait autant de faiblesse que d'ingratitude à s'effrayer ou à se décourager aujourd'hui, à la vue des obstacles qui peuvent se présenter encore, quand des obstacles beaucoup plus grands n'ont point lassé, à d'autres époques, la persévérance des hommes de bien. Et ainsi, en exerçant de bonne heure votre esprit dans ces habitudes qui préparent l'homme à tous les devoirs d'une noble destinée, vous ne rencontrerez rien qui ne vous attache chaque jour davantage à votre temps et à votre pays.

Pour moi, Messieurs, en entreprenant aujourd'hui avec vous l'étude des anciennes institutions politiques de l'Europe, qu'il me soit permis de me féliciter de pouvoir aborder ce sujet avec la liberté qui lui convient. C'est par des travaux du même genre qu'a commencé ma vie. Mais alors l'exposition publique de tels faits et des idées qui s'y rattachent eût été difficilement soufferte. Le pouvoir en était venu à ce point de craindre également le tableau de l'asservissement des peuples et celui de leurs efforts vers la liberté, comme s'il eût dû rencontrer dans ces deux séries de souvenirs la condamnation de ses actes et le pressentiment de ses périls. Nous ne sommes plus dans cette situation déplorable. Les institutions que la France tient de son Roi ont affranchi à la fois le présent et le passé. Telle est la vertu de la monarchie légitime et constitutionnelle qu'elle ne redoute ni les récits de l'histoire ni les regards de la raison. Fondée sur la vérité, la vérité ne lui est point hostile ni dangereuse. Là où tous les besoins de la société sont reconnus, où tous les droits se consacrent et se soutiennent réciproquement, les faits n'ont plus que d'utiles leçons à donner, et point d'allusions fâcheuses à fournir. L'histoire peut se dérouler devant nous : partout où nous rencontrerons ensemble la légitimité et l'ordre constitutionnel, nous verrons prospérer à la fois les gouvernements et les peuples ; nous verrons la dignité du pouvoir s'ennoblir et s'affermir par la dignité de l'obéissance. Dans toutes les situations, et quel que soit l'intervalle qui les sépare, nous verrons l'homme honorer l'homme ; nous verrons l'autorité et la liberté se porter l'une à l'autre ce respect mutuel, seul lien durable qui les puisse unir, seul gage de leur longue harmonie. Félicitons-nous, Messieurs, de vivre dans un temps où cette alliance tutélaire est devenue une nécessité, où la force sans la justice ne saurait être qu'une puissance éphémère. Les siècles où nous allons remonter ont éprouvé un sort plus rude; ils ont vu plus d'une fois le despotisme s'enraciner profondément, et l'iniquité prendre possession de la durée. Pour nous, Messieurs, qui avons traversé tant d'oppressions diverses, nous les avons toutes vues tomber. Ni les plus violentes fureurs, ni la plus brillante gloire n'ont pu les sauver du vice de leur nature. Et nous sommes enfin entrés dans un ordre de choses qui n'admet ni l'oppression de la force qui usurpe le pouvoir, ni celle de l'anarchie qui le détruit. Recueillons-en les bienfaits, Messieurs. Honorons l'auguste auteur de la Charte en nous montrant dignes et capables des belles institutions qu'il a fondées. C'est l'hommage le plus pur que lui puisse offrir notre reconnaissance.

DEUXIÈME LEÇON.

Caractère général des institutions politiques en Europe, du quatrième au onzième siècle. — Stérilité politique de l'empire romain pendant toute sa durée. — Système administratif établi par Dioclétien. — Dissolution partielle de l'empire acceptée par les empereurs. — Abandon volontaire de plusieurs provinces. — Marche progressive des invasions germaniques. — Huit royaumes fondés par les Germains, sur le territoire de l'empire romain, dans les cinquième et sixième siècles. — Pourquoi je commence par l'étude des institutions anglo-saxonnes. — Résumé de l'histoire des Anglo-Saxons jusqu'à la conquête de l'Angleterre par Guillaume, duc de Normandie.

J'ai divisé l'histoire des institutions politiques de l'Europe moderne en quatre grandes époques, dont la première s'étend du quatrième au onzième siècle. Il a fallu ce long intervalle pour qu'un peu de lumière et de fixité pénétrât dans le chaos mobile de ces empires nouveaux créés par les invasions successives des Barbares, sur les terres de domination romaine, et d'où sont sortis ces grands États dont la destinée est l'histoire de l'Europe moderne. Les caractères essentiels de cette époque sont la lutte et l'amalgame des mœurs germaines avec les institutions romaines, les premiers essais du gouvernement monarchique et le travail de formation du régime féodal. Nul système général d'institutions politiques n'existe alors; point d'influence grande et clairement dominante : tout est local, individuel, confus, obscur; c'est le combat d'une multitude de principes et de forces qui se mêlent et agissent comme au hasard, pour résoudre une question qu'ignorent complétement les hommes, et dont Dieu seul a le secret. C'était la question de savoir quel régime sortirait de tous ces éléments si divers et si violemment rapprochés. Au bout de cinq siècles seulement, la question était décidée ; la féodalité était l'état social de l'Europe.

Avant d'entrer dans l'histoire des institutions, quelques mots sur la marche de la chute de l'empire romain et des invasions des Barbares.

Depuis l'élévation d'Auguste jusqu'à la mort de Théodose-le-Grand, l'empire Romain offre, en dépit de sa grandeur, un caractère général d'impuissance et de stérilité. Tout y porte cette triste empreinte; institutions, gouvernement, philosophie, littérature; l'esprit même des plus illustres citoyens s'épuisait dans un cercle d'idées vieillies, et se consumait en regrets de la république, de ses vertus et de sa gloire. Ce n'est pas quand des idées neuves fermentent qu'il y a décadence; mais lorsque dans un grand empire la société, qui se sent opprimée et malade, ne conçoit cependant aucune grande et nouvelle espérance, lorsqu'au lieu de s'élancer vers l'avenir, elle n'invoque plus que les souvenirs et les images du passé, c'est là une décadence véritable; peu importe combien de temps un tel État met à tomber; il croule d'une ruine continue. L'empire Romain consuma quinze siècles à sa chute; il tomba pendant quinze siècles, jusqu'à la prise de Constantinople par les Turcs. Durant ce long temps, nulle idée nouvelle, nul principe de régénération ne vint renouveler la vie du gouvernement; il se soutenait par sa seule masse. Vers la fin du troisième siècle, au moment où la servitude universelle semblait le mieux établie, le despotisme impérial sentit à quel point sa situation était précaire et voulut s'organiser : Dioclétien créa un grand système d'administration; il établit partout, dans cette vaste machine, des rouages en harmonie avec le principe même du gouvernement; il régla l'action du pouvoir central dans les provinces et s'entoura d'une cour brillante et forte; mais il ne ranima point la vie morale dans l'empire; seulement il organisa mieux la résistance matérielle contre les principes de destruction qui le minaient; c'est avec cette organisation que, d'abord en Occident comme en Orient, puis dans l'Orient seul, l'empire a lutté du quatrième au quinzième siècle. Théodose-le-Grand, qui mourut en 395, est le dernier empereur qui ait fortement retenu et manié le faisceau si divers de la puissance romaine. Ce fut vraiment un grand homme ; car les grands hommes ne se montrent pas seulement dans les temps heureux ; il y en a dans les temps les plus honteux, et Théodose fut encore le maître du monde Romain. Dès qu'il fut mort, sous Honorius et Arcadius, ses fils, la dissolution éclata. Plus d'unité réelle ni de force centrale dans le gouvernement ; on voit Rome peu à peu abandonner les provinces, la Grande-Bretagne, l'Armorique, la Gaule Narbonnaise. Honorius fit savoir aux Bretons qu'il ne les gouvernerait plus à l'avenir, et aux habitants de la Gaule Narbonnaise qu'ils eussent à nommer des députés qui se rendraient à Arles pour prendre eux-mêmes le gouvernement de leur pays. L'empire n'était plus qu'un corps dénué de sève et de vigueur, dont on coupait quelques membres pour prolonger la vie du tronc. Mais si le despotisme put se retirer de ces provinces, la servitude y resta. On ne revient pas aisément à la liberté et à la vie politique ; ces peuples, rendus à eux-mêmes, ne purent se défendre. La Grande-Bretagne, plus peuplée que le nord de l'Écosse, fut impuissante à repousser quelques hordes de Pictes et de Scots qui, de mois en mois, descendaient de leurs montagnes pour la ravager. Elle demanda du secours à l'Empereur, qui lui envoya une légion ; cette légion chassa sans peine des ennemis qui ne tenaient pas devant elle ; mais elle se retira bientôt : après son départ, les incursions recommencèrent, et la Bretagne implora de nouveau l'assistance de l'Empereur. Honorius accorda encore une légion; mais il fit dire qu'on songeât à s'arranger pour l'avenir, car il envoyait ses soldats pour la dernière fois. La légion victorieuse quitta le pays pour n'y plus rentrer, et la Bretagne, assaillie de tous côtés par des bandes de Barbares, s'épuisa en vaines prières pour qu'on vînt encore l'en délivrer. Il existe une lettre intitulée *gemitus Britannûm*, où les malheureux habitants de cette contrée peignent à Aétius, Patrice des Gaules, leur situation déplorable. « Nous sommes, disent-ils, sans asile et sans demeures ; les Barbares nous poussent vers la mer, et la mer nous repousse vers les Barbares. Venez nous secourir et nous défendre. » Par susceptibilité patriotique, quelques écrivains anglais, entre autres M. Sharon Turner, dans son *Histoire des Anglo-Saxons*, ont essayé de révoquer cette lettre en doute, comme si l'honneur de l'Angleterre était engagé dans les faiblesses des Bretons du quatrième siècle. Quoi qu'il en soit, et qu'on eût ou non imploré son secours, l'Empereur avait d'autres affaires, et laissa là les Bretons. Il abandonna aussi la Gaule Narbonnaise et l'Armorique. Cette dernière province, où la civilisation romaine avait moins pénétré, montra plus d'énergie que les deux autres. Elle se défendit assez bien elle-même, en formant une espèce de ligue fédérative contre les invasions maritimes. L'Espagne, délaissée aussi, essaya de se soutenir de la même manière contre des attaques du même genre, mais elle le fit avec peu de vigueur et de succès. Le gouvernement Romain avait détruit, dans la Grande-Bretagne et dans les Gaules, l'énergie de leur indépendance native, et n'avait mis à la place que son organisation artificielle et despotique. Quand il se retira, ces fils de Gaulois, habitants de cités romaines, ne surent plus ni se gouverner, ni se battre, et furent conquis par quelques bandes d'étrangers qui ne cherchaient que les aventures et le pillage. Voyons quelle fut la marche de cette conquête.

On ne peut assigner d'époque déterminée aux premières invasions des Germains. De tout temps ces peuples se précipitèrent du fond de leurs forêts sur des contrées plus heureuses; parmi leurs anciennes irruptions, la première dont on sache la date précise et l'histoire est celle des Cimbres et des Teutons qui, au nombre, dit-on, de trois cent mille, fondirent sur l'Italie, du temps de Marius. Depuis Auguste jusqu'au cinquième siècle, ces invasions continuèrent, mais très-inégales en importance. Des bandes qui ne trouvaient pas à vivre dans leur pays, entraient sur le territoire de l'empire, pillaient, erraient, combattaient, étaient dispersées ou détruites par une défaite, ou prenaient possession de quelque coin du sol. Souvent aussi on les voit s'y fixer du consentement des empereurs. Probus, au troisième siècle, reçut en Auvergne trois ou quatre mille Francs. Des Alains s'établirent aux environs d'Orléans, des Goths dans la Thrace, des Vandales en Lorraine. Ceux des guerriers qui préféraient la guerre et le pillage à un établissement stable, entraient dans les troupes romaines. Leurs chefs devenaient généraux, et fournissaient même de ministres la cour des empereurs. Ainsi les Barbares étaient partout, sur le territoire, dans les armées, près du prince ; alliés redoutables que la faiblesse de l'empire était forcée d'accepter, et qui devaient le dominer de plus en plus, à mesure qu'il dépérissait.

Dès que le gouvernement Romain, en se retirant de plusieurs de ses provinces, déclara son impuissance à soutenir lui-même le poids de son empire, la question fut décidée ; l'empire appartint aux Germains. Depuis le commencement du cinquième jusqu'à la fin du sixième siècle, ils y fondèrent huit grandes monarchies ; les unes établies par la force, les autres en quelque sorte consenties par les empereurs.

En 409, les Vandales, les Suèves et les Alains, après avoir ravagé la Gaule et passé les Pyrénées, fondèrent à main armée en Espagne trois monarchies qui se réduisirent bientôt à une seule. Celle-là même ne tarda pas à être détruite par les Visigoths.

En 429, les Vandales passèrent d'Espagne en Afrique,

et y fondèrent une monarchie qui fut renversée par Bélisaire.

En 414, les Bourguignons fondèrent un royaume dans la Gaule, du consentement des empereurs.

En 416, les Visigoths pénétrèrent dans la Gaule méridionale, y fondèrent le royaume d'Aquitaine, et entrèrent par le nord-est en Espagne, où ils s'établirent, après avoir détruit la monarchie des Suèves.

En 450, les Saxons, sous la conduite de Hengist et Horsa, s'emparent de la Grande-Bretagne et y fondent l'heptarchie saxonne.

En 476, les Hérules, commandés par Odoacre, fondent une monarchie en Italie.

En 481, les Francs, ayant Clovis à leur tête, s'établissent dans les Gaules.

En 568, les Lombards, sous la conduite d'Alboin, font à leur tour la conquête de l'Italie, et y fondent une monarchie.

Je ne me propose point de retracer l'histoire de ces monarchies; je veux tâcher de retrouver leurs grandes institutions et leur état social. J'ai auparavant quelques mots à vous dire sur le mode de leur fondation. Ne croyez pas qu'il y eût partout cession ou abandon complet de la souveraineté par l'Empire romain. On reconnut de fait la résidence d'un chef barbare. Il continua de commander à ses guerriers, mais sans obtenir légalement l'autorité sur les anciens habitants. Les cités gardèrent longtemps encore des relations avec Rome ; plusieurs restèrent cités municipales, et nommèrent toujours leurs magistrats. Quelques villes d'Espagne, sous la domination des Visigoths, recevaient encore les leurs de Constantinople. Les empereurs, dépouillés chaque jour de quelque nouveau territoire, conservaient cependant presque partout une apparence d'empire. On les voit envoyer aux rois Francs les titres de Patrice des Gaules et de consul. C'était une protestation contre l'envahissement. Il n'y eut presque nulle part translation des droits souverains. Des sociétés abandonnées de leur gouvernement en recevaient un nouveau des mains du vainqueur, ou essayaient elles-mêmes de s'en créer un.

Parmi ces États naissants, je prendrai d'abord les Anglo-Saxons ; je passerai ensuite aux Francs ; enfin, aux Visigoths en Espagne. J'ai choisi ces trois peuples parce que c'est chez eux que les institutions de cette époque se sont le plus nettement marquées. Les Anglo-Saxons surtout étaient placés dans une situation plus favorable à ce prompt et complet développement. Plus isolés que les autres peuples, ils furent moins dérangés par des invasions continuelles et redoutables. Ils devinrent bientôt seuls maîtres du pays. Les Bretons furent à peu près détruits ; les uns se retirèrent dans le pays de Cornouailles, ou dans celui de Galles ou dans l'Armorique ; les autres furent dispersés ou réduits en servitude. Les Anglo-Saxons eurent aussi bien moins à subir l'influence des anciennes institutions romaines. C'est le peuple moderne qui a le plus vécu, pour ainsi dire, sur son propre fonds, et enfanté lui-même sa civilisation. Ce caractère éclate dans toute son histoire, et même dans sa littérature. Les classiques Grecs et Romains y ont exercé peu d'action ; les mœurs primitives et nationales ont persisté en Angleterre et s'y sont développées presque sans mélange. Chez les Francs et les Visigoths, les anciennes assemblées nationales germaniques ont été ou longtemps suspendues ou transformées ; chez les Anglo-Saxons, elles n'ont jamais cessé ; elles venaient d'année en année perpétuer les anciens souvenirs et exercer sur le gouvernement une influence directe. C'est donc chez les Anglo-Saxons que, du cinquième au onzième siècle, les institutions ont pris le développement le plus naturel et le plus complet. C'est ce qui me détermine à commencer nos études par leur histoire.

Quelques mots en courant sur les événements qui ont rempli la période de l'heptarchie anglo-saxonne. De 426 à 450, les Bretons, livrés à eux-mêmes, luttèrent comme ils purent contre les habitants du nord de l'Écosse. En 449, des Saxons venus des bords de l'Elbe débarquèrent dans l'île. Cette descente ne fut ni nouvelle ni imprévue. C'était un fait si ancien que les empereurs Romains avaient nommé un magistrat spécialement chargé de la défense des côtes, *comes littoris Saxonici*. On assure, et Hume a répété que cette expédition saxonne avait été appelée, à titre de secours contre les Pictes et les Écossais, par Wortigern, alors chef des Bretons. Cela ne me paraît ni naturel, ni vraisemblable, et on trouve dans le chroniqueur Nennius un passage qui détruit cette assertion : « Sur ces entrefaites, dit-il, vinrent de la Saxe trois vaisseaux chargés de fugitifs chassés de leur patrie. » Ils vinrent donc spontanément, selon leur coutume. Les Bretons, réduits à l'extrémité par leurs ennemis habituels, les Pictes et les Scots, essayèrent d'abord de se servir des Saxons pour les combattre. Mais les nouveaux venus sentirent bientôt leur force, tentèrent la conquête du pays qu'ils avaient d'abord défendu, et s'en emparèrent. Les Bretons luttèrent et retrouvèrent même, sous le roi Arthur et sous d'autres chefs, l'énergie de leurs ancêtres. Il fallut un long temps pour les soumettre ou les expulser. Ce fut de 455 à 582 que les Saxons fondèrent les sept ou huit royaumes qui composèrent l'heptarchie, ou l'octarchie, selon M. Sharon Turner. Le royaume de Kent fut fondé le premier, par Hengist. Les autres furent les royaumes de Sussex, Wessex, Essex, Northumberland (ou Bernicie et Deira), Est-Anglie et Mercie. Cette division subsista jusqu'en 800. Le royaume de Wessex, dont Egbert était le roi, entreprit de soumettre les autres, et parvint à en réunir cinq ; mais le Northumberland et la Mercie restèrent des royaumes séparés, bien que subordonnés, jusqu'à la fin du neuvième siècle.

Ce fut à cette époque que les Danois et les Normands pénétrèrent en Angleterre ; ils disputèrent longtemps le pays aux Saxons, et lorsqu'Alfred vint, les derniers nouveaux venus étaient presque partout les maîtres. Vous savez l'histoire de ce roi, le plus grand des rois d'Angleterre. Du fond des marais où il avait été forcé de se cacher pour échapper à ses ennemis, il prépara la délivrance de sa patrie. Déguisé en joueur de harpe, il alla jusque dans le camp des Danois épier le secret de leurs forces, et reconquit enfin son royaume après une longue lutte. Rétabli sur son trône, Alfred fonda les institutions de l'Angleterre, ou plutôt il les rédigea et les consacra. C'est de lui qu'on a coutume de les dater, et son règne fait époque dans la législation anglaise. Alfred est un glorieux exemple de ce que Gustave Wasa et Henri IV ont montré après lui, c'est que les plus grands princes sont ceux qui, nés pour le trône, ont été obligés de le conquérir comme des parvenus. A la conscience de leur droit ils joignent la preuve de leur mérite. Ils ont vécu au milieu de leur peuple, comme de simples hommes ; ils en sont devenus meilleurs hommes et meilleurs rois.

Après Alfred, les Danois, dont ce prince n'avait fait que suspendre les conquêtes, s'emparèrent de l'Angleterre. Canut-le-Grand régna, mais avec modération, et sans changer les lois du pays. Cette sagesse du vainqueur atténua l'animosité des vaincus; les Danois et les Saxons s'amalgamèrent si bien qu'on vit, peu après Canut-le-Grand, l'ancienne dynastie remonter sur le trône. Édouard-le-Confesseur recueillit les vieilles lois saxonnes; à ce titre, il est encore respecté en Angleterre comme législateur national. Mais le recueil de lois qui existe aujourd'hui sous son nom n'est pas le sien; celui qu'il avait composé est perdu.

Ce fut sous le règne d'Édouard-le-Confesseur qu'éclata le pouvoir de quelques grands seigneurs rivaux en fait, sinon en droit, de la royauté. Le comte Godwin était si puissant qu'il permit, pour ainsi dire, le trône à Édouard, à la condition d'épouser sa fille. Après lui, son fils Harold succéda à sa puissance et l'accrut. Le pouvoir de Harold embrassait tout le royaume, et il n'attendait que la mort du roi, pour se mettre à sa place. Après Édouard, Harold entra naturellement en possession du trône. Personne en Angleterre ne contesta son usurpation. Mais Guillaume-le-Bâtard, duc de Normandie, parent éloigné, supposa un testament d'Édouard qui lui léguait la couronne. Il passa la mer pour soutenir ses prétendus droits, et le 14 octobre 1066, il défit, à Hastings, Harold qui périt dans le combat. Guillaume vainqueur apporta avec lui en

Angleterre les institutions féodales en pleine vigueur en Normandie. Les relations des personnes entre elles pouvaient se prêter en Angleterre à l'établissement de ce système, et le préparaient ; mais la subordination légale et hiérarchique des terres n'y était pas encore établie. La conquête de Guillaume de Normandie troubla le cours naturel des anciennes institutions Anglo-Saxonnes, et y mêla des éléments étrangers qu'avait déjà développés, parmi les Normands, leur situation en Gaule, au milieu des villes et des populations romaines. Vous verrez plus tard quelle influence décisive exerça ce fait sur le développement politique de l'Angleterre.

TROISIÈME LEÇON.

Objet de la leçon. — Nécessité d'étudier d'abord l'état des personnes pour comprendre les institutions. — Différence essentielle entre l'antiquité et les sociétés modernes, quant à la classification des conditions sociales. — De l'état des personnes chez les Anglo-Saxons. — *Thanes* et *Ceorls*. — Thanes royaux et thanes inférieurs. — Quelles étaient leurs relations ? — Que les *ceorls* étaient des hommes libres. — Institutions centrales et institutions locales. —Que les institutions locales prédominaient chez les Anglo-Saxons. — Il en est ainsi dans le premier âge des sociétés. — Le progrès de la civilisation consiste d'abord dans le progrès de la centralisation, puis dans un retour aux institutions locales et dans une juste répartition du pouvoir entre le centre et les localités.

J'ai marqué les traits généraux de la décadence de l'empire romain et de l'invasion des Barbares, et rappelé les principaux événements de l'histoire des Anglo-Saxons en Angleterre; j'arrive à leurs institutions, véritable objet de notre étude.

Quand on veut parler des institutions d'un pays à une époque déterminée, il faut savoir d'abord quel était, à cette époque et dans ce pays, l'état des personnes; car les mots trompent beaucoup; l'histoire, en disant nation anglaise ou nation espagnole, comprend sous ce nom tous les individus qui habitent le pays; mais quand on pénètre dans la réalité, on reconnaît bientôt que les faits que l'histoire applique à un pays tout entier n'appartiennent véritablement qu'à la plus petite partie de ses habitants. C'est l'œuvre de la civilisation d'élever, d'époque en époque, un plus grand nombre d'hommes à prendre une part active dans les grands événements qui agitent une société. Plus la civilisation avance, plus elle atteint de nouvelles classes d'individus et les fait entrer dans l'histoire. Les diverses conditions sociales tendent ainsi, non à se confondre, mais à se placer toutes, sous des formes et à des degrés différents, dans cette région supérieure de la société par laquelle l'histoire est faite.

La première question à résoudre est donc celle de l'état des personnes; il faut savoir d'une manière précise quelles sont celles qui figurent réellement dans l'histoire. Viendra ensuite cette autre question : Quelles sont les institutions suivant lesquelles agit cette nation politique, qui seule fait l'histoire ?

Quand on adresse la première question à l'antiquité, on y trouve, comme dans l'Europe moderne, une grande classification : hommes libres et esclaves. Mais il y a cette différence que, dans l'antiquité, l'esclavage demeura immobile et immuable. C'est un des principaux caractères de la civilisation ancienne qu'elle ait été stationnaire en cela. On affranchissait des individus; mais la masse des esclaves restait la même, toujours réduite à la même nullité sociale. Dans l'Europe moderne, les conditions sociales ont été dans une fluctuation perpétuelle; de nombreuses masses d'hommes sont tombées en esclavage, d'autres en sont sorties; cette mobilité de la liberté et de la servitude a été un fait nouveau et important dans l'histoire de la civilisation.

Quel était chez les Anglo-Saxons l'état des personnes?

Là, comme ailleurs, paraît d'abord la grande division en hommes libres et en esclaves. Les hommes libres, seuls éléments actifs de l'histoire, se divisent en deux classes, les *thanes* et les *ceorls*. Les *thanes* sont les propriétaires du sol; ils en ont la pleine disposition. De là sont sortis les francs-tenanciers. Les *ceorls* n'étaient que des hommes personnellement libres; ils n'avaient point de propriétés territoriales. Les *thanes* se subdivisaient en deux classes, en *thanes* royaux et *thanes* inférieurs. Cette distinction ne se rencontre pas seulement dans les événements; elle est écrite dans la législation. La composition pour la vie d'un *thane* royal était de 1,200 schellings : pour celle d'un *thane* inférieur, elle n'était que de 600. Là, comme dans les autres États naissants à cette époque, la peine ne se proportionnait pas seulement à la gravité du délit, mais aussi à la qualité des personnes. C'était pour ces peuples un pas vers la justice sociale qu'une indemnité substituée au talion. Mal pour mal, injure pour injure, voilà la justice première; le dernier degré de son perfectionnement, c'est la décision de la société qui, comme raison et force suprême, juge les actes des hommes accusés de crime, et les absout ou les punit au nom de la justice éternelle. Au vi[e] siècle, la société ne punissait pas; la vie avait son prix comme autre chose; ce prix se répartissait communément entre la famille, le roi et le juge. La peine n'était donc encore que le prix de l'abandon du droit de vengeance qui appartenait à tout homme libre. Les individus lésés, ou dans la possession de leurs biens, ou dans la vie de leurs parents, recevaient du coupable une certaine composition.

J'ai indiqué la distinction légale entre les *thanes* royaux et les *thanes* inférieurs; quand on cherche quelle était en fait la différence de leur condition, on reconnaît que cette différence était vague, et provenait du temps où ils menaient tous la vie errante plutôt que de leur état sédentaire et agricole. Dans la Germanie, ou au sortir de la Germanie, les bandes, plus ou moins nombreuses, se réunissaient autour d'un chef ou roi, qui avait lui-même sa bande particulière. Après la conquête, les chefs qui approchaient le plus du roi se trouvèrent dans la situation la plus favorable pour devenir de grands propriétaires. On les appela *thanes* royaux, parce qu'ils étaient de la bande royale. Mais il n'y avait rien qui les séparât essentiellement des autres *thanes*. Pour être *thane* royal, il fallait posséder à peu près quarante ou cinquante *hides* de terrain. Les évêques et les abbés furent admis dans cette classe. Les *thanes* inférieurs n'étaient que des propriétaires moins riches qui disposaient tout aussi pleinement de leurs biens. Quelques savants ont prétendu que les *thanes* royaux étaient la noblesse, et que les autres étaient les simples hommes libres. L'examen attentif des institutions vous prouvera qu'il n'y avait pas une telle différence de situation et de droits entre ces deux classes. C'est une erreur des savants de chercher toujours, à l'origine des sociétés, des conditions nettement déterminées. Ils prétendent y découvrir dès lors ce que le temps seul a pu y introduire. On n'y rencontre point la noblesse, condition sociale supérieure, avec des priviléges reconnus, mais seulement les causes qui formeront progressivement la noblesse, c'est-à-dire l'inégalité de puissance et l'empire des forts. La noblesse a été l'œuvre des siècles. Ce fut une supériorité de fait qui, transmise par héritage, prit peu à peu la forme et les caractères d'un droit. Quand les sociétés n'ont pas longtemps vécu, on n'y trouve pas des conditions sociales à ce point distinctes, et la famille royale est la seule qu'on puisse, avec quelque raison, appeler noble. Elle puise en général son titre dans quelque filiation religieuse ; ainsi chez presque tous les peuples du Nord, en Danemark, en Norwège, en Angleterre, les rois descendaient d'Odin, et cette origine donnait à leur puissance une haute sanction.

D'autres savants ont cru que les relations des *thanes* royaux et des *thanes* inférieurs étaient d'une autre nature. Ils ont vu là les relations féodales de seigneurs et de vassaux ; dans les *thanes* royaux, les vassaux du roi, dans les *thanes* inférieurs, les vassaux des vassaux du roi. On peut bien trouver, dans les rapports de ces deux classes d'hommes, quelques-uns de ces caractères de la féodalité. Mais la féodalité, telle qu'elle se forma sur le continent, et aussi en Angleterre, après la conquête de Guillaume, consistait essentiellement dans la hiérarchie simultanée des terres et des personnes. Tels n'étaient pas les rudiments de féodalité qu'on entrevoit chez les Anglo-Saxons. Il n'y avait encore là de hiérarchie qu'entre les personnes. Tous les *thanes*, royaux ou inférieurs, jouissaient de leurs terres d'une manière également libre et indépendante. Plus tard la féodalité se compléta ; de la hiérarchie des personnes naquit celle des terres, qui finit par dominer la première. Mais ce résultat ne se déclara qu'après la conquête des Normands. Avant eux on ne connaissait guère de vassaux proprement dits, quoique le mot *vassus* se trouve dans une biographie du roi Alfred. Les causes de la subordination des personnes, indépendamment des terres, sont simples et se conçoivent aisément. Quand les chefs barbares entrèrent sur le sol romain, ils avaient sur leurs compagnons une influence qu'ils s'efforcèrent de conserver après leur établissement. Les lois saxonnes, pour imposer quelque ordre à cette société encore si rude et si flottante, s'appliquèrent à maintenir cette hiérarchie primitive : elles obligèrent tout homme libre à s'enrôler, dès l'âge de douze ans, dans une corporation d'individus, dans une décurie ou dans une centurie, ou bien à se placer sous le patronage d'un chef. Ce lien était si fort que l'engagé ne pouvait s'absenter sans la permission de l'officier de sa corporation, ou sans celle de son chef. Un étranger même ne pouvait rester quarante jours sur le sol anglais sans être tenu de s'enrôler ainsi. Cet esprit de subordination, cette obligation de discipline est l'un des principaux caractères de la législation anglo-saxonne. Tous les rois qui, après de longs désordres, voulurent réorganiser la société, s'appliquèrent à rendre leur vigueur à ces lois de police et de classement. On les a attribuées à Alfred, mais il n'en fut que le restaurateur.

A mon avis donc, rien ne légitime l'opinion de quelques savants que la relation des *thanes* royaux aux *thanes* inférieurs fût une relation féodale. C'était la relation naturelle qui s'établit nécessairement, à l'origine des sociétés, entre les divers degrés de la puissance et de la richesse. Le moins riche, le moins fort, vivait sous la surveillance et la protection du plus riche, du plus fort.

Comme je l'ai déjà dit, les hommes libres se divisaient en deux classes, les *thanes* et les *ceorls*. J'arrive à cette deuxième classe. Les *ceorls* étaient des hommes libres établis sur les propriétés des *thanes*, et qui les cultivaient. On leur a disputé la condition libre, à tort, je pense : 1º La composition pour la vie d'un *ceorl* était de deux cents schellings, et le signe caractéristique de sa liberté, c'est qu'une partie de cette composition était payée à sa famille, et non au propriétaire de la terre qu'il habitait. La vie d'un esclave n'était payée qu'à son possesseur. 2º Dans les premiers temps de la monarchie saxonne, les *ceorls* pouvaient quitter, à leur gré, la terre qu'ils cultivaient; peu à peu, ils perdirent cette liberté. 3º Ils avaient le droit de porter des armes, et pouvaient aller à la guerre, droit que n'avaient pas les esclaves. Quand le comte Godwin attaqua le roi Édouard, il arma tous les *ceorls* de ses terres ; et dans les invasions des Danois, les *ceorls* marchèrent à la défense du pays. 4º Ils étaient même capables de propriété, et, quand ils possédaient cinq hides de terrain, ils passaient dans la classe des *thanes*, comme les marchands qui avaient fait trois voyages d'outre-mer. C'est là l'origine de la *ycomanry* anglaise. Le *yeoman* est le franc tenancier qui, possédant quarante schellings de revenu, vote aux élections du comté, et peut être juré : ***probus et legalis*** *homo*. 5° Les *ceorls* étaient admis comme témoins jureurs, seulement, il est vrai, dans les affaires qui regardaient des hommes de leur condition. Les esclaves ne jouissaient point de ce droit. 6° Presque tous les *ceorls* étaient Saxons : on trouve dans un canon du clergé de Northumberland, qu'un *ceorl* accusé devra appeler en témoignage douze *ceorls* et douze étrangers Bretons. Les *ceorls* étaient donc des Saxons, et on les distinguait des anciens habitants. Il est impossible qu'une si grande partie des vainqueurs fût si vite tombée en servitude. On devrait bien plutôt s'étonner qu'elle n'eût pas de propriétés territoriales dans le pays qu'elle venait de conquérir. Mais Tacite, avec la vérité et la vigueur accoutumée de son pinceau, fait aisément comprendre ce fait. Dans les forêts de la Germanie, les guerriers Barbares vivaient toujours autour de leurs chefs ; ces chefs avaient, pour ainsi dire, l'entreprise des expéditions durant les courses, et celle de la nourriture et de l'entretien de leurs hommes dans les jours de repos. Ces mêmes habitudes se maintinrent après la conquête ; les propriétés ne se divisèrent pas entre tous. Chaque chef prit une portion de terrain plus ou moins grande, et y garda autour de lui ses compagnons. Ces hommes, accoutumés à la vie errante, n'attachaient pas encore un grand prix à la propriété territoriale. D'ailleurs, toujours harcelés par les anciens possesseurs du sol, ils avaient besoin de se rapprocher et de s'unir. Ils formaient des espèces de camps autour de la demeure du chef, dont les possessions, d'après les anciennes lois saxonnes, étaient divisées en deux parties les terres intérieures, *inlands*, et les terres extérieures, *outlands*. Ce qui prouve bien la différence alors établie entre les *ceorls* et les esclaves, c'est que ces derniers cultivaient seuls les terres attenantes à l'habitation du chef, tandis que les *ceorls*, par une conséquence naturelle de l'indépendance de leur personne, cultivaient les terres lointaines. Toutefois cet état de choses ne pouvait guère durer. Une grande partie des *ceorls* tomba en servitude, et prit le nom de vilains, *villani*; les autres acquirent des terres pour leur propre compte, et devinrent les *socmen* de l'Angleterre.

En résumé, nous voyons dans l'état des personnes, sous la monarchie anglo-saxonne, une grande division, celle des hommes libres et des esclaves; et parmi les hommes libres, une autre distinction, les *thanes* et les *ceorls*. Les *thanes* se divisaient eux-mêmes en *thanes* royaux et *thanes* inférieurs. Les uns sont les grands propriétaires, les autres sont des propriétaires plus petits, mais avec des droits égaux. Les *ceorls* sont des hommes libres, sans propriété foncière, du moins à l'origine. La plupart tombent dans la condition servile. Quant aux esclaves, on n'en peut rien dire sinon qu'ils étaient très-nombreux, et divisés en domestiques et ruraux, ou serfs de la glèbe. Les anciens habitants du pays ne tombèrent pas tous en servitude; quelques-uns gardèrent leurs propriétés, et une loi du roi Yna les autorisait à paraître en justice. Ils pouvaient même passer dans la classe des *thanes* s'ils possédaient cinq hides de terre.

Les *thanes* seuls jouaient donc, à vrai dire, un rôle actif dans l'histoire.

Passant maintenant aux institutions qui ralliaient et gouvernaient ces classes diverses, on en reconnaît de deux sortes : les unes, institutions centrales, ont pour but de garantir l'intervention de la nation dans son gouvernement; elles sont dans la main des *thanes*. Les autres, institutions locales, règlent les intérêts locaux, les garanties locales qui s'appliquent également à tous les habitants.

A l'origine de la société anglo-saxonne, elle n'avait guère que des institutions locales. C'est là que résident les garanties les plus importantes pour des hommes dont la vie ne dépasse guère les limites de leurs champs. On ne connaît pas encore, à de telles époques, la grande vie sociale, et comme la portée des institutions correspond toujours à la portée des affaires et des relations auxquelles elles s'appliquent, quand les relations sont étroites, les institutions n'ont pas plus d'étendue. Elles restent locales, parce que tous les intérêts sont locaux; point ou très-peu d'affaires ni de taxes générales; les rois vivent comme les autres, du revenu de leurs terres. Les propriétaires s'inquiètent peu de ce qui se passe au loin. Ce n'est pas une idée qui appartienne à l'origine des sociétés que celle de ces grandes agences publiques qui règlent les affaires de tous. Par degrés, au sein du chaos de la société naissante, se forment de petites agrégations qui sentent le besoin de s'allier et de s'unir. Elles établissent entre elles une justice, une milice, des taxes, une police. Bientôt, il y a inégalité de forces entre des agrégations voisines. La plus forte tend à s'asservir la plus faible ; elle usurpe d'abord les droits de taxe et de milice. Ainsi, les pouvoirs politiques sortent des agrégations qui les ont d'abord institués, pour monter plus haut. Cette centralisation n'est pas toujours imposée par la force ; elle a quelquefois une cause plus légitime. Dans des temps difficiles, un homme supérieur paraît, qui exerce d'abord son influence dans le sein de l'agrégation à laquelle il appartient. Cette petite société attaquée lui confie le soin de sa défense. Des sociétés voisines suivent cet exemple ; bientôt des pouvoirs accordés pour la guerre se continuent pendant la paix, et restent concentrés dans une seule main. Ce pouvoir victorieux garde le droit de lever des hommes et de l'argent. Ce sont là les droits que le mouvement de centralisation ravit d'abord aux petites sociétés locales ; elles conservent plus longtemps les droits de justice et de police ; elles peuvent même les conserver très-longtemps, et l'Angleterre en offre encore des exemples.

A considérer les choses d'un peu haut, la prépondérance des institutions locales appartient à l'enfance des sociétés. La civilisation tend incessamment à porter le pouvoir plus haut, car le pouvoir, exercé de plus loin, est en général plus désintéressé et plus capable de prendre pour seule règle la justice et la raison. Mais souvent aussi, en montant, le pouvoir oublie son origine et sa fin dernière; il oublie qu'il a été fondé pour le maintien de tous les droits, pour le respect de toutes les libertés; et ne rencontrant plus d'obstacles dans l'énergie des libertés locales, il se transforme en despotisme. Toutefois ce résultat n'est point nécessaire et fatal; la société peut, dans son travail de centralisation du pouvoir, garder, ou retrouver plus tard des principes de liberté. Quand les institutions centrales ont trop absolument prévalu, la société arrive à reconnaître le vice d'un édifice détaché, pour ainsi dire, du sol qui le porte. Elle refait alors sur elle-même un travail contraire à celui qu'elle avait fait d'abord; elle reporte ses regards sur les intérêts particuliers et locaux dont elle se compose; elle apprécie leurs besoins et leurs droits, et renvoyant dans les localités les pouvoirs qu'elle en avait retirés, elle les répartit convenablement. La France, quand nous l'étudierons, nous offrira le plus grand et le plus clair exemple de cette double histoire. Nous verrons la grande société française se former d'une multitude de petites agrégations, et tendre incessamment à la concentration des pouvoirs divers qui s'agitent dans son sein. Notre grande révolution a détruit à peu près tout ce qui restait des anciennes institutions locales, et a porté tous les pouvoirs au centre. Nous souffrons aujourd'hui des excès de ce système, et revenus à un sentiment juste de liberté pratique, nous voulons rendre aux localités la vie qu'on en a retirée, et faire renaître les institutions locales, du gré et par l'action même du pouvoir central. Ces grandes oscillations sont la vie sociale de l'humanité et l'histoire de la civilisation.

QUATRIÈME LEÇON.

Des institutions locales chez les Anglo-Saxons. — Institutions de hiérarchie. — Institutions de liberté. — Divisions du territoire. — Leur origine. — Leur double but. — De la police intérieure dans ces associations locales. — Cours de décurie, de centurie et de comté. — Les cours de comté demeurent seules importantes. — Leur composition. — Leurs attributions. — Comment la justice y était rendue. — Origine complexe du jury. — Comment étaient nommés les chefs de ces assemblées locales. — Des institutions centrales chez les Anglo-Saxons. — Du *Wittenagemot* ou assemblée générale. — Sa composition. — Sur quel principe elle reposait. — Que ce n'est pas le principe du gouvernement représentatif. — Prépondérance toujours croissante des grands propriétaires dans la monarchie anglo-saxonne.

J'ai indiqué les causes de l'importance particulière des institutions locales, à l'époque et au degré de civilisation qui nous occupent; j'entre dans l'examen de ces institutions.

Elles étaient de deux sortes. Les unes liaient l'homme à un supérieur; elles établissaient un certain droit de l'homme sur l'homme, une prééminence et une subordination personnelles, source de devoirs mutuels. Cette hiérarchie des personnes fut, sur le continent, le premier principe de la féodalité, qui ne se serait peut-être développée que très-imparfaitement en Angleterre sans la conquête de Guillaume qui l'y apporta toute faite. Les autres institutions locales liaient entre eux des individus égaux, réglaient leurs rapports, garantissaient leurs droits et leurs devoirs. Les premières marquent une relation de protection et de dépendance; les secondes appellent tous les habitants d'un même territoire, avec les mêmes droits et les mêmes obligations, à délibérer en commun sur les affaires communes. Celles-ci étaient les institutions dominantes chez les Anglo-Saxons. La féodalité normande ne put les abolir entièrement.

L'Angleterre était, à cette époque, divisée en décuries, centuries et comtés. On a attribué cette division au roi Alfred. Il semble le fondateur de toute la législation de cette époque, parce qu'on la voit sortir de son règne fixe et précise; mais il la trouva établie et ne fit guère que la déterminer et l'écrire. Il ne créa donc pas cette division du territoire qui paraît fondée sur la division ecclésiastique. Après leur établissement dans la Grande-Bretagne, les Saxons ne la partagèrent pas en portions systématiquement déterminées, ils adoptèrent ce qu'ils trouvaient déjà établi. Les portions de territoire qui étaient sous la direction du *decanus*, du *decanus ruralis* et de l'évêque, formèrent la décurie, la centurie et le comté. Il ne faut pas croire cependant que les noms correspondissent précisément aux réalités. Les décuries et les centuries n'étaient pas toutes égales pour l'étendue du sol et le nombre des habitants. Il y avait soixante-cinq centuries dans le comté de Sussex, vingt-six dans le Yorkshire, six dans le Lancashire. Dans le nord de l'Angleterre, les centuries portaient un autre nom ; on les appelait *Wapentakes*, prises d'armes. Là ce n'était plus la division ecclésiastique, mais bien la circonscription militaire qui prévalait, et elle subsiste encore aujourd'hui dans quelques comtés. Une circonscription analogue s'est, jusqu'à nos jours, maintenue en Suisse, chez les Grisons.

Ces divisions du sol avaient un double but. C'était, d'un côté, le moyen d'ordre et de police le plus assuré ; de l'autre, le moyen le plus commode aux habitants pour faire en commun leurs affaires communes.

Par une règle de police dont j'ai déjà parlé, tout individu libre, âgé de douze ans, était obligé de s'engager dans une certaine association d'individus qu'il ne pouvait abandonner sans la permission du chef. Un étranger ne pouvait rester plus de deux jours chez son hôte sans que cet hôte répondît pour lui, et, au bout de quarante jours, il fallait qu'il entrât sous la surveillance de quelque association. Il est remarquable que les détails de ces lois de classement et de subordination étaient à peu près les mêmes dans toutes les parties de l'empire romain qu'occupaient les Barbares, dans les Gaules et en Espagne, comme en Angleterre. Quand l'un des membres d'une association spéciale avait commis quelque délit, cette association était obligée de le représenter en justice. Ceci a donné lieu à de grandes discussions entre les savants. Les uns ont soutenu que l'association était caution pour ses membres, non-seulement de leur comparution en justice, mais encore du délit même qu'ils auraient commis. Je pense que chaque association anglo-saxonne n'était tenue que de représenter le coupable. S'il avait échappé, il fallait qu'elle prouvât, tantôt par douze, tantôt par trente témoins, qu'elle ne le possédait plus, et elle ne payait le dommage que lorsqu'elle ne pouvait trouver de témoins qui justifiassent qu'elle n'avait pas concouru à son évasion. Cette obligation, pour toute corporation locale, de payer pour ses membres coupables et absents, existait aussi alors dans les Gaules. La corporation y répondait même de l'exécution du jugement; je ne crois pas qu'il en fût de même en Angleterre, où elle ne devait que représenter le coupable.

Le second but de cette division du territoire était d'assigner des points de réunion aux habitants pour traiter de leurs intérêts communs. Il se tenait, dans chaque comté et dans chaque subdivision de comté, des assemblées de propriétaires, qui délibéraient sur les affaires de l'association locale à laquelle ils appartenaient. Il y avait donc, dans l'origine, non-seulement des cours de comtés, mais des cours de centurie et de décurie qui se réunissaient souvent. Peu à peu, comme le cercle des intérêts de ces petites associations tendait toujours à s'élargir, les cours de décurie tombèrent en désuétude. Le chef seul en resta. Les cours de centurie vécurent plus longtemps, et conservent même encore quelque existence. Cependant les Saxons, dispersés sur le territoire et occupés de leurs courses et de leurs travaux, perdirent insensiblement l'habitude de se rendre à ces assemblées. N'ayant presque point de droits écrits à défendre, et n'étant guère inquiétés dans leurs demeures, ils vivaient exempts de souci pour une liberté qu'on n'attaquait guère. La liberté des individus avait alors pour principale garantie leur isolement; la surveillance active qu'elle exige, quand le gouvernement a sur les gouvernés une influence directe et fréquente, eût été pour ces peuples une charge aussi inutile que fatigante. Ce fut aux rois de les obliger, pour ainsi dire, à garder leurs institutions. Athelstane ordonna que les assemblées de comté se réuniraient tous les trois mois. Peu de gens s'y rendaient et il fallut permettre aux citoyens de se garder encore moins bien. Les cours de comté ne s'assemblèrent plus que deux fois par an. Tous les propriétaires avaient droit d'y venir. On s'y occupait de la police intérieure du comté, de l'entretien des routes et des ponts, de la réparation des forts que les Romains avaient construits pour défendre le pays contre les invasions des Pictes et des Écossais, et dont on se servait encore pour le même usage. Tout se traitait dans la cour de comté, sous la présidence de l'*alderman*. On y convoquait la milice; on y administrait la justice; on y traitait des affaires ecclésiastiques. On y faisait tous les actes publics, ventes, affranchissements, testaments, et la publicité de l'assemblée donnait à ces actes un caractère authentique. Toutefois à chaque acte était affecté un certain nombre de témoins, et les actes étaient ensuite transcrits sur des feuillets blancs intercalés dans la bible de la paroisse. C'est dans ces assemblées que se retrouve l'origine du jury. Quand il y avait un procès à juger, l'*alderman* envoyait, sur les lieux mêmes du litige, des hommes libres de la classe des parties, pour s'enquérir des faits. On les désignait sous le nom d'assesseurs, et quand ils revenaient dans la cour du comté, munis d'informations, ils devenaient naturellement les juges du procès qu'ils avaient instruit. Les parties plaidaient publiquement leur cause, et étaient obligées de prouver leurs droits par témoins, *compurgatores*. On a beaucoup agité la question de savoir si c'est de ces témoins ou des juges assesseurs qu'est provenue l'institution du jury. Ce n'est, à mon avis, ni de l'une, ni de l'autre source exclusivement, mais de toutes les deux. L'établissement d'une grande institution a presque toujours quelque chose de complexe. Le jury naquit en quelque sorte spontanément, par l'amalgame des diverses classes de personnes qui concouraient à l'instruction et à la décision des procès. Sous la monarchie anglo-saxonne ce n'était pas une institution bien fixe et déterminée. Elle n'était pas partout en vigueur ; on y dérogeait souvent ; et Alfred, qui fut le restaurateur des anciennes institutions du pays, fit pendre un *alderman* qui avait jugé sans ses assesseurs.

Les chefs de ces différentes subdivisions territoriales, des cours de comté, de centurie et de décurie, furent d'abord au choix des propriétaires. Je ne crois pas que l'élection se fît par un vote individuel ; c'était plutôt un consentement tacite accordé à l'influence personnelle de tels ou tels hommes. Quelquefois cependant, pour réparer de longs désordres et détruire les excès de cette influence, l'autorité centrale intervenait dans la nomination de ces magistrats. Alfred, vainqueur des Danois, voulut réformer les abus que les troubles de la guerre avaient introduits dans l'administration de la justice ; il s'empara du droit de choisir les centeniers et les dixainiers, et cette nouveauté parut si peu une usurpation des droits de la nation que les historiens contemporains louent ce prince d'avoir donné aux peuples de bons magistrats. La lutte systématique des gouvernants et des gouvernés n'était pas encore établie ; les limites des droits et des devoirs des uns et des autres n'étant ni fixées ni reconnues, le pouvoir n'empiétait pas, le peuple ne se sentait pas attaqué dans ses droits ; la nécessité, ou la simple utilité du moment décidait de la valeur d'une mesure. On ne voit pas qu'après Alfred les rois aient conservé ce droit de nomination. Sous Édouard-le-Confesseur, les magistrats des comtés étaient aux choix des propriétaires. La conquête de Guillaume vint détruire en grande partie ces habitudes de liberté. L'*alderman,* le centenier, le dixainier disparurent devant les seigneurs féodaux, ou devinrent eux-mêmes des seigneurs féodaux. Cependant les assemblées des hommes libres conservèrent encore le droit de nommer des chefs qui leur appartinssent. Le *sheriff* remplaça l'*alderman*, le grand *constable* le centenier, et le petit *constable* tint lieu du dixainier. C'étaient là les officiers du peuple, les officiers municipaux.

Tel était l'ensemble des institutions locales qui, dans la monarchie Anglo-Saxonne, maintenaient l'ordre intérieur, et formaient les garanties de la liberté. Institutions vigoureuses que la féodalité ne put abattre, et qui produisirent plus tard, en Angleterre, le gouvernement représentatif, quoique le vrai principe de ce gouvernement, comme vous le verrez bientôt, n'y fût point contenu.

Passons aux institutions centrales.

Il y en avait deux chez les Anglo-Saxons, l'assemblée nationale et la royauté.

Vous avez vu, dans Tacite, ce qu'étaient les assemblées générales des anciens Germains. Rien ne s'y décidait que de l'aveu de tous le hommes libres. Chacun y apportait son droit individuel et son influence personnelle. Celle des chefs était grande. Chargés de conduire leurs hommes pendant la guerre, ils devinrent, après la conquête, les principaux, presque les seuls propriétaires territoriaux, et par là ils conservèrent, sans qu'il y eût, pour les autres, aucune exclusion légale, l'habitude de former les assemblées nationales. Chaque royaume de l'heptarchie Saxonne avait la sienne, et il est probable que les *thanes*, propriétaires, faisaient adopter et exécuter ensuite, parmi les *ceorls* qui habitaient leurs terres, les résolutions de cette assemblée. Quand l'heptarchie fut réunie en un seul royaume, il n'y eut plus qu'une assemblée générale; et, comme c'était un centre très-éloigné, les propriétaires les plus importants durent rester les seuls qui la fréquentassent. Cette assemblée s'appelait *Wittenagemot*, ou assemblée des hommes sages. On voit, dans les monuments historiques, qu'elle était composée d'évêques, d'abbés, d'abbesses, de ducs et de comtes; mais on y trouve aussi ces mots, dont le vague a été l'occasion d'explications très-diverses: « telle décision fut prise *coràm proceribus aliorumque fidelium infinitâ multitudine*. Parmi les savants, les uns, partisans du pouvoir absolu, ont voulu le voir à l'origine même de la société : ils ont prétendu que le nom seul de l'assemblée. *Wittenagemot*, prouvait qu'elle ne devait être composée que des juges et des délégués du souverain. Les autres, amis zélés des droits du peuple, ont cru retrouver les représentants des comtés et des villes dans cette multitude d'assistants. Je crois les deux systèmes faux. Quant au premier, il est évident qu'il n'y avait à cette époque aucune classe distincte de juges ; les fonctionnaires n'étaient pas enrégimentés comme de nos jours, et l'expression *wise men* s'appliquait également à tous ceux que leur condition élevait au-dessus du vulgaire. Je dirai, contre le second système, qu'on n'avait alors aucune idée de représentation. Qui avait droit d'aller à l'assemblée y allait, et y allait en personne. On n'y envoyait pas quelqu'un à sa place. Nul n'entrait dans l'assemblée qu'en son propre et privé nom. Quand nous traiterons des principes du gouvernement représentatif, nous verrons que la formation des anciennes assemblées germaniques reposait sur les principes du droit individuel et de la souveraineté du nombre, principes desquels le gouvernement représentatif n'est point sorti. D'ailleurs, l'état des villes était en ce temps si misérable qu'elles ne pouvaient guère avoir de représentants à nommer. York, seconde ville de l'Angleterre, comptait quatorze cent dix-huit familles, et Bath soixante-quatre. Une loi du roi Athelstane indique que personne n'entrait et ne pouvait entrer dans l'assemblée que pour son propre compte ; tout propriétaire qui possédera cinq *hides* de terres, dit-elle, ou tout marchand qui aura fait trois voyages d'outre-mer, sera rangé au nombre des *thanes*, et comme tel admis dans le *Wittenagemot*. Cependant l'inégalité des conditions allait croissant. Ces assemblées nationales où, dans l'origine, entraient tous les hommes libres, furent bientôt, comme vous l'avez vu, restreintes aux propriétaires territoriaux. Plus tard, à mesure que les pouvoirs se centralisèrent et que les influences prépondérantes s'affermirent, les petits propriétaires cessèrent d'user d'un droit devenu presque inutile pour eux, et les grands propriétaires restèrent les maîtres d'un terrain qu'on ne leur disputait pas. La disproportion entre les deux classes était trop grande. Il n'y avait pas de lutte possible. Comme chacun venait en son nom, chacun apportait son influence personnelle et ses intérêts particuliers. L'assemblée générale devint une arène de débats individuels. C'était la conséquence nécessaire du principe qui, en appelant tous les individus au nom d'un même droit, plaçait les inégalités dans la situation la plus favorable au développement de leur force et de leur égoïsme. Il appartient à un principe tout différent d'aller chercher dans les masses les individus qui doivent les représenter, d'envoyer ces individus au centre, pour garantir au nom de la justice tous les droits, et de prévenir ainsi les mauvaises conséquences qu'entraîne l'inégalité naturelle ou sociale des hommes, en créant entre leurs représentants une égalité factice, mais juste, qui ne leur laisse que l'influence légitime de leurs talents et de leur caractère. Mais la fondation d'un tel gouvernement est l'œuvre des siècles. L'enfance des peuples ne le connaît pas. La monarchie Anglo-Saxonne fut une lutte continuelle d'intérêts individuels qui se combattaient dans le *Wittenagemot* comme ailleurs, et sa tendance générale fut la prépondérance toujours croissante de la grande propriété.

CINQUIÈME LEÇON.

Des attributions du *Wittenagemot*.—Elles sont vagues et indécises, mais très-étendues : 1º la défense du royaume ; 2º les impôts ; 3º la surveillance des routes, ponts et forteresses ; 4º le droit de battre monnaie ; 5º le redressement de certains actes des cours de comté ; 6º la responsabilité des conseillers du roi ; 7º la surveillance du domaine royal ; 8º les affaires ecclésiastiques ; 9º les pétitions ; 10º Dans certains cas, le *Wittenagemot* était un tribunal.—Du mode de convocation du *Wittenagemot*.—Des vicissitudes de son caractère et de son importance. — De la royauté chez les Anglo-Saxons. — Comment elle devint bientôt héréditaire. — Mélange d'élection pendant quelque temps. — Étendue et progrès du pouvoir royal. — Progrès de l'isolement et du pouvoir des grands propriétaires.

Nous avons considéré l'assemblée générale des Anglo-Saxons, le *Wittenagemot,* dans son origine et dans sa composition : il nous reste à parler de ses attributions et de sa convocation.

Dans l'enfance des sociétés, tout est confus et indécis ; il n'y a encore, entre les différents pouvoirs, point de ligne démarcation fixe et précise ; les attributions du *Wittenagemot* n'étaient nullement définies. Il n'y avait point de limite déterminée où cessât son pouvoir, où commençât celui de la royauté; l'une et l'autre s'occupaient ensemble de toutes les affaires de la nation, et, pour savoir la part réelle qu'y prenait le *Wittenagemot*, il faut chercher dans l'histoire quelles étaient ses attributions de fait.

La défense du royaume était la principale affaire des assemblées nationales. Il ne faut pas croire que l'obligation du service militaire ne naquit qu'avec la féodalité; indépendamment de tout lien féodal, c'était une obligation imposée à tout homme libre dans la nation, comme aujourd'hui tout citoyen est obligé de concourir au recrutement. Le *Wittenagemot* requérait la levée des propriétaires, et ceux-ci convoquaient ensuite les hommes libres qui habitaient sur leurs terres.

Le *Wittenagemot* fixait aussi les impôts; il n'y avait alors presque point de taxes publiques; on leva la première pour repousser les Danois, et la loi qui l'ordonna dit expressément qu'elle fut consentie dans le *Wittenagemot* par tous les membres présents.

Nous avons vu que les cours de comté prenaient soin de l'entretien des routes, des ponts et des forts. On voit, par des délibérations de l'assemblée nationale anglo-saxonne, qu'elle s'en occupait aussi.

Comme le droit de battre monnaie n'appartenait pas exclusivement au roi, et que l'église et les grands propriétaires le possédaient également, le *Wittenagemot* surveillait ce droit et empêchait l'altération des monnaies.

On le voit aussi réformer les actes des cours de comté, lorsque ces actes ne sont point relatifs à des affaires particulières, mais à des règlements généraux.

Le principe de la responsabilité des agents du pouvoir n'était pas, dans la monarchie anglo-saxonne, plus clairement ni plus solidement établi que les autres principes du gouvernement libre. Mais il y était confusément mis en pratique. Un sentiment vague du juste dominait ces grandes assemblées ; elles réprimaient les grands abus ; mais souvent l'injustice punissait l'injustice.

Le *Wittenagemot* possédait en Angleterre un pouvoir que n'ont pas en général exercé sur le continent les assemblées correspondantes : il avait la surveillance du domaine royal. Dans l'origine les rois vivaient, comme les autres propriétaires, du revenu de leurs propres terres. Leurs biens étaient un domaine privé qu'ils gouvernaient à leur guise. Avec le temps, ce domaine s'accrut considérablement par la confiscation ; mais les rois, obligés de défendre une autorité incertaine et souvent attaquée, le démembraient sans cesse par les dons qu'ils faisaient à des chefs puissants et redoutés. Souvent aussi, quand ils étaient forts, ils reprenaient les biens que la nécessité leur avait arrachés. Le peu de sûreté que trouvaient les donataires dans ces donations purement royales, la garantie qu'ils recherchaient dans le consentement de l'assemblée nationale, et la prévoyance du *Wittenagemot* qui comprit que, s'il permettait au roi ces dilapidations forcées de son propre domaine, il faudrait un jour les réparer, et enrichir de nouveau un roi dépouillé de ses biens, telles furent les causes de l'intervention de l'assemblée générale dans l'administration du domaine royal. En France, ce domaine ne tomba pas sitôt sous l'influence des assemblées de la nation, et resta beaucoup plus longtemps la propriété privée des rois.

Une des attributions les plus importantes du *Wittenagemot* était la direction des affaires ecclésiastiques. Les abbés, les évêques, tout le haut clergé faisaient partie de cette assemblée. En France, quoique le clergé entrât aussi dans les assemblées nationales, il s'en séparait pour ses affaires particulières, et traitait directement avec le roi. En Angleterre, les affaires du clergé se traitaient, comme les autres, dans l'assemblée générale. Ainsi, quand des missionnaires de Rome vinrent demander aux rois de l'heptarchie d'embrasser la religion chrétienne, les rois répondirent qu'il leur fallait le consentement du *Wittenagemot*. En Suède, le roi, déjà converti lui-même, proposa à la diète assemblée d'adopter le christianisme. La diète permit la nouvelle religion et conserva l'ancienne, et cette pratique simultanée des deux religions dura assez longtemps. Le *Wittenagemot* n'avait pas toujours à s'occuper d'affaires aussi importantes que la conversion des peuples ; il nommait les évêques, et ordonnait ou sanctionnait la fondation des abbayes et des monastères.

La dernière attribution de l'assemblée nationale anglo-saxonne était de recevoir les plaintes et les pétitions qui dénonçaient des abus. Elle devenait aussi quelquefois cour judiciaire dans les appels des grands propriétaires; mais elle paraît rarement sous ce caractère; elle était surtout assemblée politique, tandis que, sur le continent, l'assemblée nationale se formait souvent en cour judiciaire.

Je viens d'examiner les attributions diverses du *Wittenagemot*, et vous avez pu, par les actes de cette assemblée, vous en former une idée assez complète. Quant à sa convocation, dans l'origine elle avait été très-fréquente; mais, pour ne pas fatiguer les hommes, on fut obligé de la réduire, comme sur le continent, aux assemblées de printemps et d'automne. Le droit de réunir le *Wittenagemot* tomba peu à peu dans les attributions royales. Cet abandon d'un droit aussi important appartient bien à ces temps où la prévoyance politique est inconnue, où la méfiance ne se montre que de loin en loin et par la révolte. Il semblait naturel que le roi, centre direct de tous les intérêts et de tous les besoins, convoquât l'assemblée pour des nécessités qu'il connaissait mieux que personne; à sa mort, les grands propriétaires se rassemblaient aussi, spontanément, pour aviser au changement de règne ou à la succession.

L'inviolabilité des membres du *Wittenagemot* était reconnue depuis le jour où ils partaient pour l'assemblée jusqu'à celui où ils étaient rentrés chez eux, pourvu qu'ils ne fussent pas des brigands notoires.

En résumé, pour les Anglo-Saxons comme pour la plupart des peuples germains, l'assemblée générale était, dans la Germanie, la réunion de tous les hommes libres ; après la conquête, ce ne fut plus que l'assemblée des propriétaires ; et, à la fin de la monarchie, elle n'était plus fréquentée que par les propriétaires les plus considérables. Chacun y venait en son droit propre et pour lui-même, tellement qu'on pouvait, d'après la charte du roi Athelstane, y envoyer un procureur à sa place. Ce signe irrécusable du droit individuel existe encore en Angleterre. Dans la chambre des pairs, chaque pair peut faire voter par procuration et en son nom. C'est du *Wittenagemot*, dans ce dernier état, et des droits de suzeraineté que la féodalité normande donna au roi sur les hauts barons qui relevaient immédiatement de lui, qu'est née la chambre des pairs anglaise, telle qu'elle est encore à présent. On ne trouve, dans le *Wittenagemot* du dernier âge de la monarchie anglo-saxonne, ni l'un ni l'autre des deux éléments qui composèrent plus tard la chambre des communes. Les villes existaient à peine et ne pouvaient envoyer de députés. Les comtés n'en avaient jamais envoyé. Le *Wittenagemot* n'était que la réunion des puissants de l'État, venus pour leur compte et en leur droit personnel. La plupart des autres individus négligèrent des droits trop difficiles à exercer, et dont ils sentaient l'impuissance réelle ; en ne les exerçant pas, ils finirent par les perdre ; et quand les besoins de la liberté vinrent tourmenter une société plus avancée et plus exigeante, il fallut un travail nouveau pour rendre aux citoyens des droits qu'ils avaient laissés périr, faute de nécessité et de capacité.

La seconde des institutions centrales chez les Anglo-Saxons est la royauté.

Un fait important a marqué la formation de tous les États d'origine germanique, c'est l'établissement assez prompt de la royauté héréditaire, caractère dominant de cette institution à cette époque, quelque mélange d'élection qu'on y puisse trouver. Les causes en sont simples. Chez une peuplade guerrière, il y a, pour la guerre au moins, un chef unique; le plus courageux, le plus expérimenté, dit à ses compagnons : « Venez avec moi, je vous conduirai là, tel butin nous attend; » sa proposition est accueillie, et de l'aveu de tous, il devient le chef de l'expédition. Ainsi, à l'origine des sociétés, on ne donne pas le pouvoir; celui qui en est capable le prend, du consentement des autres. Il n'y a pas d'élection proprement dite, mais seulement une reconnaissance de l'autorité.

Le chef qui a provoqué une ou plusieurs grandes expéditions, acquiert par le succès une grande importance; son influence s'accroît avec le temps, et il transmet à sa famille la considération et la force qu'il a acquises. Cette famille, investie d'une supériorité de fait, prend du commandement une habitude naturelle, que les autres s'accoutument bientôt à accepter.

D'ailleurs, chez les Germains, l'idée d'une filiation religieuse servit puissamment l'établissement de la royauté héréditaire. C'était presque une obligation nationale de choisir les rois dans la race divine; ils étaient tous descendants d'Odin.

Ainsi prévalut parmi ces peuples la royauté héréditaire; mais le choix dans la famille royale subsista assez longtemps. Il fallait absolument un roi homme et capable, dans cet état de société où l'on ignorait encore les moyens artificiels qui comblent le vide de l'incapacité royale. Ainsi Alfred lui-même ne fonda pas seulement ses droits sur un testament de son père et sur une convention avec son frère; il se prévalut surtout de l'aveu de tous les grands propriétaires du royaume de Wessex.

Quelquefois la force fit subir au droit héréditaire de graves échecs; mais toujours l'usurpation du trône emporta l'idée de violation d'un droit, et les usurpateurs s'efforcèrent toujours de réparer cette violation par quelque mariage avec la race légitime.

Les rois, sous la monarchie anglo-saxonne, s'appelaient d'abord *heretogs,* conducteurs d'armée; mais on s'est trompé quand on a voulu expliquer et limiter leurs attributions par le nom qu'ils portaient. Le pouvoir des armes était alors si grand, tous les autres pouvoirs semblaient tellement inférieurs et soumis à celui-ci, qu'ils rentraient tous sous le nom générique qui rassemblait presque toutes les idées de force et d'empire. Les pouvoirs les plus différents étaient compris sous cette dénomination unique; et il ne faut pas croire que les rois se bornassent aux seules fonctions qu'elle semblait indiquer; les rois anglo-saxons n'étaient pas seulement des chefs militaires; ils entraient, avec le *Wittenagemot,* dans toute l'administration intérieure. Leurs attributions n'étaient pas plus déterminées que celles de cette assemblée. Ils concouraient avec elle à toutes les affaires de la nation, et leur surveillance, qui durait toujours, était plus prochaine et plus active. On s'adressait à eux comme au plus puissant, et aussi comme au pouvoir le mieux informé des affaires publiques. Aussi le droit de présider les assemblées générales et de proposer les sujets de délibération leur appartenait-il exclusivement.

Cependant l'autorité royale, n'étant pas soutenue par une organisation forte et régulière, allait s'affaiblissant à mesure que les grands propriétaires devenaient puissants et s'affermissaient dans leurs domaines. Vers la fin de la monarchie anglo-saxonne, les grands propriétaires, seuls maîtres sur leurs terres, commençaient à tout faire par eux-mêmes. Ils battaient monnaie, rendaient la justice, levaient des soldats. Et il ne faut pas croire que cette prise de possession des droits souverains par les chefs locaux fût regardée, par les peuples, comme un acte d'iniquité et de violence ; c'était une nécessité de l'état social. La royauté n'était pas plus capable d'exercer tout le pouvoir central que la nation de maintenir et de pratiquer toutes ses libertés.

SIXIÈME LEÇON.

Objet de la leçon.—Quel est le vrai principe du gouvernement représentatif. — On a tort de classer les gouvernements par leurs formes extérieures. — Erreur de Montesquieu sur l'origine du système représentatif. — Corrélation nécessaire et formation simultanée de la société et du gouvernement. — Erreur de Rousseau dans l'hypothèse du contrat social. — Quelle est la souveraineté de droit. — Elle n'appartient pleinement et constamment à personne sur la terre. — Confusion et contradiction des idées des hommes à ce sujet. — Les sociétés, comme les individus, ont droit d'être placées sous les lois de la justice et de la raison. —Les gouvernements doivent être incessamment tenus et ramenés à les chercher et à s'y conformer.—Classification des gouvernements d'après ce principe. — C'est la vraie base du système représentatif, des pouvoirs publics et des droits politiques dans ce gouvernement.

Je me suis proposé d'examiner dans leur premier âge les institutions politiques de l'Europe moderne, et de chercher ce qu'elles ont pu avoir de commun avec le gouvernement représentatif. Je veux savoir si cette forme de gouvernement s'est établie alors avec quelque développement, ou même seulement en principe ; en quels temps, en quels lieux elle a d'abord paru, où et dans quelles circonstances elle a prospéré ou échoué. Je viens d'examiner les institutions primitives des Anglo-Saxons. Je dois, avant de sortir d'Angleterre, comparer ces institutions au type essentiel du gouvernement représentatif, pour reconnaître en quoi elles s'y rattachent et en quoi elles en diffèrent. Mais ce type nous manque encore. Je remonterai, pour le trouver, au principe même du gouvernement représentatif, à l'idée-mère qui le constitue, et je rapprocherai cette idée de l'idée fondamentale des institutions anglo-saxonnes.

L'esprit humain est naturellement porté à juger de la nature des choses et à les classer par leurs formes extérieures ; aussi a-t-on presque toujours distingué les gouvernements par des caractères qui ne tiennent point à leur essence. Là où l'on n'a trouvé aucune des institutions positives qui, dans nos idées actuelles, représentent et garantissent la liberté politique, on a cru que nulle liberté ne pouvait exister, que le pouvoir était absolu. Mais tout est mêlé dans les choses humaines ; rien n'y est simple et pur. Comme il y a du pouvoir absolu au fond des gouvernements libres, il y a aussi de la liberté dans les gouvernements en apparence absolus. Aucune forme de société n'est complétement dénuée de raison et de justice, car si toute raison et toute justice s'en retiraient, la société périrait. On voit quelquefois les gouvernements les plus opposés en apparence produire des effets semblables. Durant les xvii® et xviii® siècles, le gouvernement représentatif a élevé l'Angleterre au plus haut degré de prospérité morale et matérielle ; et la France, durant cette même époque, croissait en gloire, en richesses et en lumières sous une monarchie absolue. Ce n'est pas que je prétende que les formes de gouvernement soient indifférentes et qu'elles aient toutes des résultats égaux. Je veux seulement dire qu'on ne doit pas les apprécier par quelques-uns de leurs effets ou de leurs signes extérieurs. Pour apprécier véritablement un gouvernement, il faut remonter à ses principes essentiels et constitutifs. On s'aperçoit alors que bien des gouvernements, dont les formes sont diverses, dérivent de principes semblables, et que d'autres, qui paraissent se ressembler par les formes, sont essentiellement différents. Partout où l'on a trouvé des élections et des assemblées, on a cru trouver les éléments du système représentatif. Montesquieu, voyant le gouvernement représentatif en Angleterre, l'a fait remonter aux vieilles institutions germaniques : « Ce beau système est sorti des bois. » Les apparences ont trompé Montesquieu; il n'a pris en considération que les caractères extérieurs du gouvernement représentatif, non son vrai principe et ses vraies tendances. C'est une méthode superficielle et fausse que celle qui classe les gouvernements suivant leurs caractères extérieurs : monarchie, gouvernement d'un seul ; aristocratie, gouvernement de plusieurs ; démocratie, souveraineté du peuple, gouvernement de tous. Cette classification, qui ne se fonde que sur un fait spécial et sur une certaine forme matérielle du pouvoir, ne pénètre pas au fond des questions, ou, pour mieux dire, de la question dont la solution décide de la nature et de la tendance des gouvernements. Cette question est celle-ci : « Quelle est la source du pouvoir souverain et quelle est sa limite ? D'où vient-il et où s'arrête-t-il ? » C'est dans la réponse à cette question que réside le principe des gouvernements, car c'est ce principe-là dont l'influence directe ou indirecte, visible ou cachée, fait la tendance et le sort des sociétés.

Où devons-nous chercher ce principe ? Est-il une convention des hommes ? Précède-t-il l'existence de la société ?

Société et gouvernement, ces deux faits s'impliquent l'un l'autre ; il n'y a pas plus de société sans gouvernement qu'il n'y a de gouvernement sans société. L'idée de société emporte nécessairement l'idée de règle, de loi commune, c'est-à-dire de gouvernement.

Quelle est cette première règle sociale ?

Je me hâte de le dire : c'est la justice, la raison, règle dont tout homme porte en soi le germe. S'il ne fait que céder à la force, l'homme ne se soumet pas vraiment à la règle ; il n'y a là point de société, point de gouvernement. Si, dans ses rapports avec ses semblables, l'homme obéit, non plus seulement à la force, mais à une règle, alors il y a société, il y a gouvernement. L'abandon de la force, l'obéissance à la règle, voilà le principe fondamental de la société et du gouvernement. Sans ces deux conditions, ni la société ni le gouvernement proprement dits n'existent.

Cette coexistence nécessaire de la société et du gouvernement montre l'absurdité de l'hypothèse du Contrat social. Rousseau prétend montrer les hommes déjà réunis en société, mais sans règle, et travaillant à s'en créer une, comme si la société ne présupposait pas une règle qui la fît exister. S'il n'y a pas de règle, il n'y a pas de société; il n'y a que des individus rapprochés et retenus par la force. Cette hypothèse d'un contrat primitif, seule source légitime de la loi sociale, repose donc sur l'hypothèse d'un fait nécessairement faux et impossible.

L'hypothèse opposée, qui place l'origine de la société dans la famille et dans le droit du père sur les enfants, est moins fausse, mais incomplète. Il y a certainement société entre les parents et un enfant naissant. Mais c'est une société unilatérale en quelque sorte, et dont l'une des parties n'a pas vraiment conscience. La société n'est complète dans la famille, comme hors de la famille, qu'au moment où tous ses membres, ceux qui commandent comme ceux qui obéissent, reconnaissent, d'une manière plus ou moins vague, une certaine règle supérieure qui n'est ni le caprice arbitraire de la volonté, ni l'œuvre de la force seule. L'idée de société implique donc nécessairement une autre idée, celle de gouvernement; et l'idée de gouvernement en contient deux autres, l'idée d'une collection d'individus, et celle d'une règle qui leur est appliquée; règle qui constitue le droit du gouvernement lui-même, règle que ne créent pas les individus qui s'y soumettent et qui sont moralement tenus de s'y soumettre.

Il n'est pas un seul gouvernement qui ait tout à fait méconnu cette règle suprême, pas un qui ait proclamé la force ou le caprice pour unique loi de la société. Nous cherchions le principe du gouvernement, et nous avons trouvé le principe du droit social, la source première de toute souveraineté légitime. C'est dans cette loi de toute loi, dans cette règle de tout gouvernement que réside le principe du gouvernement.

Maintenant viennent ces deux grandes questions; comment est donnée la règle, et comment s'applique-t-elle? Ici est le caractère distinctif des divers gouvernements; c'est ici qu'ils se séparent.

Jusqu'aux temps modernes a régné cette croyance que le droit primitif et absolu de donner la loi, c'est-à-dire la souveraineté de droit, réside dans quelque portion de la société, soit qu'on reconnaisse ce droit dans un seul homme, dans plusieurs ou dans tous. Croyance toujours contredite par les faits et qui ne supporte pas l'examen de la raison. Le droit de déterminer la règle et de l'imposer, c'est le droit au pouvoir absolu ; la force qui possède essentiellement ce droit possède le pouvoir absolu, c'est-à-dire le droit de tyrannie. Prenez les trois grandes formes de gouvernement, la monarchie, l'aristocratie, la démocratie; et voyez s'il s'en est jamais rencontré une où la souveraineté de droit étant attribuée à un, à plusieurs ou à tous, il n'y ait pas eu tyrannie. Les faits ont eu raison ; ils ont tiré du principe sa conséquence nécessaire.

Telle est cependant la force de la vérité que l'erreur ne peut régner seule et absolument. Au moment même où l'on semblait croire, et où l'on croyait en effet, en théorie, que le droit primitif et absolu de donner la loi appartenait à quelqu'un, monarque, sénat ou peuple, on luttait aussitôt contre ce principe. De tout temps les hommes se sont efforcés de limiter le pouvoir qu'ils reconnaissaient comme absolument légitime. Jamais une force, même investie de la souveraineté de droit, n'a été admise au plein developpement de son droit. En Turquie, les janissaires étaient là, tantôt pour servir, tantôt pour abolir le pouvoir absolu du sultan. Dans les démocraties, quand la souveraineté de droit est attribuée aux assemblées populaires, on travaille incessamment à opposer à cette souveraineté des conditions, des obstacles, des limites. Toujours, dans tous ces gouvernements absolus en principe, on proteste de quelque manière contre leur principe. D'où vient cette protestation universelle? on serait tenté de dire, en ne regardant qu'à la surface des choses, que c'est seulement une lutte de forces. Il y a cela sans doute, mais il y a aussi autre chose, et quelque chose de plus grand. Il y a l'instinct de justice et de raison qui vit au fond de toute âme humaine. On ne s'oppose pas à la tyrannie, unique ou multiple, seulement parce qu'on en a la force, mais parce qu'on a droit contre elle. C'est la conscience de la justice et du droit, c'est-à-dire d'une règle indépendante des volontés humaines, conscience souvent obscure, mais toujours puissante, qui, tôt ou tard, relève et soutient les hommes contre toute tyrannie, quels que soient son nom et sa forme. C'est donc la voix du genre humain qui proclame que toute souveraineté de droit attribuée à des hommes, un, plusieurs ou tous, est un mensonge et une iniquité.

Si la souveraineté de droit ne peut résider dans aucun homme, ni dans aucune collection d'hommes, où réside-t-elle donc, et quel est son principe?

Dans sa vie intérieure, dans ses rapports avec lui-même, si je puis ainsi parler, comme dans sa vie extérieure, dans ses rapports avec ses semblables, l'homme qui se sent libre et capable d'action, entrevoit toujours une loi naturelle de son action. Il reconnaît quelque chose qui n'est pas sa volonté, et qui doit régler sa volonté. Il se sent raisonnablement ou moralement obligé à quelque chose ; il voit ou il sent qu'il y a quelque chose qu'il doit faire ou ne pas faire. Ce quelque chose, c'est la loi supérieure à l'homme et faite pour lui, la loi divine. La vraie loi de l'homme ne vient pas de l'homme ; il la reçoit, il ne la fait pas. Alors même qu'il s'y soumet, elle n'est pas sienne, elle est extérieure et supérieure à lui.

L'homme ne se soumet pas toujours; en sa qualité de **force** libre et de nature imparfaite, il n'obéit pas toujours à sa loi. Il porte en lui d'autres mobiles d'action que cette loi suprême, et quoiqu'il sente le vice de ces mobiles, souvent il y cède. Mais, obéie ou non, la loi suprême de l'homme est toujours là ; il n'y peut songer sans reconnaître qu'elle est placée au-dessus de lui.

Voilà donc l'individu toujours en présence d'une règle, d'une règle qu'il n'a pas faite, et qui l'oblige, et qui ne l'abandonne jamais. S'il entre ou se trouve en société avec ses semblables, quelle autre règle aura-t-il que celle-là ? La société humaine serait-elle une abdication de la nature humaine ? non : l'homme, dans la société, doit rester et reste effectivement ce qu'il est; et comme la société n'est qu'une collection d'individus, la loi suprême de la société doit être celle qui a droit de régir les individus eux-mêmes.

Voilà donc la vraie loi de la société, la loi du gouvernement trouvée. C'est la même loi qui oblige les individus. Et comme pour l'individu, la vraie loi est souvent obscure, et que l'individu, même quand il la connaît bien, ne la suit pas toujours, de même pour le gouvernement, quel qu'il soit, la vraie loi, qui a toujours à passer par l'esprit de l'homme, toujours borné et passionné, n'est ni toujours connue, ni toujours obéie. Il est donc impossible d'attribuer à un homme ou à plusieurs la souveraineté de droit, car ce serait supposer qu'ils savent et veulent, dans tous les cas, ce que veulent la justice et la raison. Supposition inadmissible, à raison de l'imperfection radicale de notre nature.

C'est pourtant à cause de cette imperfection même que les hommes ont accepté, ou plutôt se sont créé des idoles et des tyrans. Une loi toute faite leur a paru plus commode que cette recherche pénible et continuelle de la raison et de la justice à laquelle ils se sentaient obligés par cette conscience acharnée dont ils ne pouvaient se débarrasser. Toutefois, ils n'ont jamais pu tromper tout à fait leur conscience, ni s'y soustraire. La conscience défait tous les arrangements de l'ignorance ou de la paresse humaine, et force les hommes à combattre pour eux-mêmes en dépit d'eux-mêmes. Jamais les hommes n'ont pleinement accepté en fait la souveraineté qu'ils avaient admise en droit, et leur impuissance d'y consentir proclame le principe surhumain de la souveraineté. C'est dans ce principe qu'il faut chercher la vraie distinction des gouvernements.

La classification que je vais établir n'est donc plus une classification arbitraire et factice ; elle ne tient plus aux formes extérieures des gouvernements, mais à leur essence même. J'en distingue de deux sortes. Les uns, qui attribuent exclusivement la souveraineté de droit à des individus, un, plusieurs, ou tous, fondent le despotisme en principe, quoique le fait vienne toujours plus ou moins protester contre le principe, et que jamais l'obéissance absolue d'une part, le pouvoir absolu de l'autre, n'aient été pleinement en vigueur. Les autres sont fondés sur cette vérité que la souveraineté de droit n'appartient à personne, parce que la connaissance pleine et continue, l'application fixe et imperturbable de la justice et de la raison n'appartiennent pas à notre nature imparfaite.

Le gouvernement représentatif repose sur cette vérité. Je ne dis pas qu'il ait été fondé sciemment, au nom de ce principe, et tel que je l'énonce. Les gouvernements ne se font pas plus *à priori* et en vertu des préceptes que les grands poëmes. Ce que je dis, c'est que le gouvernement représentatif n'attribue la souveraineté de droit à personne, que tous les pouvoirs s'agitent dans son sein pour la découverte et la pratique fidèle de la règle qui doit présider à leur action, et que la souveraineté de droit ne leur est reconnue qu'à la condition qu'ils la justifieront incessamment.

Pascal a dit : « *La multitude qui ne se réduit pas à*

l'unité est confusion. L'unité qui n'est pas multitude est tyrannie. C'est l'expression la plus belle et la définition la plus précise du gouvernement représentatif. La multitude, c'est la société : l'unité, c'est la vérité, c'est l'ensemble des lois de justice et de raison qui doivent gouverner la société. Si la société reste à l'état de multitude, si les volontés isolées ne se réunissent pas sous l'empire de règles communes, si elles ne reconnaissent pas également la justice et la raison, si elles ne se réduisent pas elles-mêmes à l'unité, il n'y a pas société, il y a confusion. L'unité qui n'est pas sortie du sein de la multitude, qui lui a été violemment imposée par un ou plusieurs, n'importe le nombre, en vertu d'un droit à eux personnel, est une unité fausse et arbitraire; c'est la tyrannie. Le but du gouvernement représentatif est d'empêcher à la fois la tyrannie et la confusion, de ramener la multitude à l'unité en la provoquant à la reconnaître et à l'accepter elle-même.

Voyons maintenant, dans le fait même de ce gouvernement, par quelles voies il arrive à son but, et sous quelles formes son principe se développe.

Le gouvernement représentatif, partout où il a existé et où il existe, se compose de divers grands pouvoirs égaux entre eux, quoique l'un d'eux, monarchique ou démocratique, retienne ordinairement certains droits particuliers. Le nombre et la forme de ces pouvoirs ne sont point nécessairement déterminés ni semblables;

en France, maintenant, il y en a trois : la royauté, la chambre des pairs et la chambre des députés. Ces trois pouvoirs émanent de sources différentes, et résultent de diverses nécessités sociales. Aucun d'eux, isolé, ne possède la souveraineté de droit : il faut qu'ils cherchent la règle légitime en commun, et ils ne sont présumés la posséder que quand ils l'ont trouvée dans une délibération unanime, antérieure ou postérieure à l'action. La société doit soumission à cette règle ainsi cherchée; mais, comme les pouvoirs ne sont pas tous fixes et immuables, la souveraineté de droit ne réside pas constamment en eux. Le principe électif, qui, de sa nature, est mobile, peut changer d'idée et de volonté, et exercer sur les autres pouvoirs une influence périodiquement variable. Si les divers pouvoirs ne s'accordent pas, ils se réduisent momentanément à l'inaction. La souveraineté de droit alors semble hésiter à se montrer, et le gouvernement reste en suspens. Pour le tirer de cet état, on a réservé à la royauté le droit de créer des pairs et de dissoudre la chambre des députés. Alors les pouvoirs procèdent de nouveau à la recherche de la vraie loi, travail dans lequel ils ne doivent se reposer que quand ils l'ont trouvée. Ainsi nul pouvoir n'est censé posséder pleinement la règle légitime qui est le principe de la souveraineté de droit. Les électeurs eux-mêmes n'en sont pas les interprètes absolus, pas plus que les pairs, les députés ou le roi. Les électeurs ne disent pas d'avance à leurs députés : « Telle est notre volonté ; que ce soit la loi. » Ils ne leur enjoignent rien de précis ; ils leur confèrent simplement la mission d'examiner et de décider selon leur raison. Il faut qu'ils se confient aux lumières de ceux qu'ils choisissent ; l'élection est une épreuve imposée à ceux qui prétendent au pouvoir politique, et un droit souverain, mais limité, exercé par ceux qui confèrent le pouvoir politique à tels ou tels entre les prétendants.

Des pouvoirs politiques attribués ainsi à certaines conditions, passons aux droits politiques indistinctement répandus dans la nation. Ces droits sont au nombre des conditions essentielles du gouvernement représentatif. La publicité des débats dans les chambres soumet les pouvoirs à l'obligation de chercher la justice et la raison sous les yeux de tous, afin que chaque citoyen soit convaincu que cette recherche a été faite avec bonne foi et intelligence, et que, sachant ce qui y a manqué, il ait lui-même, s'il en est capable, la faculté de l'indiquer. La liberté ouvre à cette recherche la carrière. Par là tous les citoyens peuvent aider à la découverte de la vraie loi. Ainsi le gouvernement représentatif provoque la société tout entière, ceux qui exercent des pouvoirs et ceux qui possèdent des droits, à chercher en commun la raison et la justice ; il provoque la multitude à se réduire à l'unité et il fait sortir l'unité du sein de la multitude. Les pouvoirs publics, la royauté, les chambres, les électeurs sont tenus et incessamment ramenés à ce travail par la nature même de leurs relations et les lois de leur action. Les simples citoyens y peuvent concourir en vertu de la publicité des débats et par la liberté de la presse.

Je pourrais poursuivre et prouver que toutes les institutions regardées comme inhérentes au gouvernement représentatif, même celles qui n'ont pas trait à la recherche des règles générales qui doivent présider à la conduite du gouvernement, dérivent du même principe et tendent au même but. La publicité des débats judiciaires et le jury, par exemple, sont une garantie de l'application légitime de la loi aux cas particuliers. Mais il s'agit surtout ici de déterminer le principe des combinaisons essentielles qui forment le gouvernement représentatif; elles partent toutes évidemment de ce fait que nul ne sait pleinement et ne veut toujours la raison, la vérité, la justice, qui seules confèrent la souveraineté de droit et doivent être la règle de la souveraineté de fait. Elles obligent tous les pouvoirs à chercher cette règle, et donnent à tous les citoyens le droit de concourir à cette recherche en prenant connaissance de la manière dont les pouvoirs y procèdent, et en manifestant eux-mêmes ce qu'ils croyent la justice et la vérité. En d'autres termes, et pour me résumer, voici sur quelle série d'idées repose vraiment le gouvernement représentatif. Tout pouvoir est un pouvoir de fait qui, pour être pouvoir de droit, doit agir selon la raison, la justice, la vérité, seule source du droit. Nul homme et nulle réunion d'hommes ne connaissent et ne pratiquent pleinement la raison, la justice, la vérité; mais ils ont la faculté de les découvrir et ils peuvent être amenés à y conformer de plus en plus leur conduite. Toutes les combinaisons de la machine politique doivent donc tendre, d'une part, à extraire de la société tout ce qu'elle possède de raison, de justice, de vérité, pour les appliquer à son gouvernement; de l'autre, à provoquer les progrès de la société dans la raison, la justice, la vérité, et à faire incessamment passer ces progrès de la société dans son gouvernement.

SEPTIÈME LEÇON.

Comparaison du principe des divers gouvernements avec le vrai principe du gouvernement représentatif.—Des gouvernements aristocratiques.—Origine et histoire du mot *aristocratie.*—Principe de cette forme de gouvernement. — Ses conséquences. — Comment le principe du gouvernement représentatif pénètre dans les gouvernements aristocratiques. — Des gouvernements démocratiques. — Origine et conséquences du principe de la souveraineté du peuple. — Que ce principe n'est point celui du gouvernement représentatif. — En quel sens le gouvernement représentatif est le gouvernement de la majorité. — Il satisfait seul au vrai principe de la souveraineté.

J'ai démontré le vice de ces classifications superficielles qui ne distinguent les gouvernements que par leurs caractères extérieurs; j'ai reconnu et séparé avec précision les deux principes opposés, qui sont, l'un ou l'autre, la base de tout gouvernement; j'ai ramené à l'un de ces pirncipes le gouvernement représentatif; j'ai prouvé qu'il ne pouvait découler de l'autre; je veux maintenant comparer au principe du gouvernement représentatif le principe contraire, et montrer la condition opposée des gouvernements qui en dérivent. Je commencerai par l'examen du gouvernement qu'on a appelé aristocratique.

Il y a une alliance intime entre les progrès du langage et ceux de la société. Le mot *aristocratie* signifia d'abord l'empire des forts ; Ἄρης, ἀρείων, ἄριστος, était originairement le plus fort physiquement ; ce fut ensuite le plus considérable, le plus riche, et enfin le meilleur, le plus habile, le plus vertueux. C'est l'histoire même des acceptions successives du mot dans la langue à laquelle il est emprunté. Les mêmes termes qui avaient désigné d'abord la force, la supériorité de la force, finirent par désigner la supériorité intellectuelle et morale, la vertu.

Rien ne caractérise mieux la marche de la société qui commence par la prédominance de la force et tend à passer sous l'empire de la supériorité intellectuelle et morale. Le vœu et la tendance de la société sont en effet d'être gouvernée par les meilleurs, par ceux qui savent le mieux et veulent le plus fermement la vérité, la justice ; en ce sens tous les bons gouvernements, et particulièrement le gouvernement représentatif, ont pour objet de faire sortir du sein de la société cette aristocratie véritable et légitime par qui elle a droit d'être gouvernée et qui a droit de la gouverner.

Mais tel n'a pas été le sens historique du mot *aristocratie*. A le prendre dans les faits, il désigne un gouvernement où le pouvoir souverain est concentré dans une classe particulière de citoyens qui en sont héréditairement investis par le seul droit de leur naissance, d'une manière plus ou moins exclusive, quelquefois presque complétement exclusive.

Je n'examine pas quelle a été l'origine de ce système de gouvernement; comment, dans l'enfance des sociétés, il est né presque toujours de la supériorité morale de ses premiers fondateurs; comment la force, due d'abord à la supériorité morale, s'est perpétuée ensuite par elle-même et est devenue usurpatrice; ces questions, qui sont d'un grand intérêt, m'écarteraient de mon but. Je cherche le principe fondamental du gouvernement aristocratique, et je crois qu'il peut se résumer en ces termes : la souveraineté de droit, attribuée d'une manière, sinon tout-à-fait exclusive, du moins absolument prépondérante, à une certaine classe de citoyens, en vertu du seul droit de naissance.

Ce principe n'est autre que la souveraineté du peuple concentrée dans un petit nombre d'individus, dans une minorité. Dans l'un et l'autre cas, le droit à la souveraineté dérive, non de la capacité présumée à certaines conditions, non de la supériorité intellectuelle et morale prouvée de telle ou telle manière, mais du seul fait de la naissance, sans condition. Dans le système aristocratique on naît souverain, par cela seul qu'on naît dans la classe privilégiée; selon le système démocratique, on naît souverain par cela seul qu'on naît homme. La participation à la souveraineté est, dans l'un et l'autre cas, la conséquence d'un fait matériel, indépendant du mérite de celui qui la possède, et du jugement de ceux sur qui elle s'exerce. Il suit évidemment de là que les gouvernements aristocratiques sont classés parmi ceux qui reposent sur cette idée que la souveraineté de droit réside, pleine et entière, quelque part sur la terre; idée directement contraire, comme nous l'avons vu, au principe du gouvernement représentatif.

Si on regarde aux conséquences de cette idée, telles qu'elles se sont manifestées en fait dans l'histoire des gouvernements de ce genre, on voit qu'elles ne sont pas moins contraires aux conséquences, aussi naturelles et historiques, du gouvernement représentatif.

Pour maintenir la souveraineté de droit dans la classe à qui elle est exclusivement attribuée, il faut nécessairement qu'il s'établisse, entre cette classe et le reste des citoyens, une grande inégalité de fait et d'opinion. De là toutes les institutions, toutes les lois qui caractérisent les gouvernements aristocratiques, et qui ont pour objet de concentrer, aux mains des seuls possesseurs de la souveraineté, les richesses, les lumières, tous les moyens de force. Il faut que la classe souveraine ne descende pas, et que les autres ne s'élèvent pas. Autrement la puissance de fait cessant d'être au niveau de la puissance de droit, celle-ci serait bientôt mise en question, et plus tard en péril.

Dans le système des gouvernements qui n'attribuent à personne sur la terre la souveraineté de droit et qui imposent au gouvernement de fait la nécessité de chercher sans cesse la vérité, la raison, la justice, règle et source du pouvoir de droit, toutes les classes de la société sont perpétuellement invitées et provoquées à s'élever, à se perfectionner. Les supériorités légitimes se produisent et prennent leur place. Les supériorités illégitimes se dévoilent et perdent la leur. Les inégalités factices et violentes sont combattues et démenties. Les forces sociales sont, pour ainsi dire, mises au concours, et ce sont les forces morales qui concourent entre elles pour les posséder.

Une seconde conséquence du principe des gouvernements aristocratiques est de repousser la publicité. Quand chacun de ceux qui participent à la souveraineté de droit la possède par le seul fait de sa naissance et l'exerce en son propre nom, il n'en doit aucun compte à personne. Nul n'a rien à voir dans l'emploi qu'il en fait, car il agit en vertu d'un droit que nul ne peut lui contester puisque nul ne peut le lui ôter. C'est un droit qui n'a pas besoin de se prouver lui-même puisqu'il est attaché à un fait simple et constant.

Dans l'autre système, au contraire, la publicité découle nécessairement du principe du gouvernement;

car le droit au pouvoir dérivant de la supériorité dans la connaissance et dans la pratique de la raison, de la vérité, de la justice, que nul n'est censé posséder pleinement et à toujours, il faut que ce droit se prouve lui-même, soit avant d'être saisi, soit pendant qu'il est exercé.

Il serait aisé de rapprocher ainsi, en marchant toujours avec les faits, les diverses conséquences du principe des gouvernements purement aristocratiques et celles du principe du gouvernement représentatif, et de montrer qu'elles sont constamment en opposition. On mettrait par là dans la plus complète évidence l'opposition des principes mêmes, ce qui jetterait du jour sur leur nature; mais j'en ai déjà dit assez. Et qu'on ne dise pas que j'ai pressé le principe des gouvernements aristocratiques avec trop de rigueur, que jamais les conséquences que j'en ai tirées n'en ont découlé réellement d'une manière si complète, que jamais, par exemple, le droit de naissance n'a possédé exclusivement la souveraineté de droit, que jamais la non publicité n'a été absolue; j'en conviendrais pleinement. En aucun temps, en aucun lieu, il n'a été donné au mal de posséder exclusivement la société et son gouvernement. La lutte des bons et des mauvais principes est l'état permanent du monde. Les derniers peuvent remporter des avantages plus ou moins étendus, plus ou moins durables; ils ne sauraient exterminer leurs nobles adversaires. La vérité est patiente et opiniâtre ; elle n'abandonne jamais la partie ; elle exerce quelque empire au sein du règne le plus despotique de l'erreur. La Providence ne permet pas au plus mauvais gouvernement d'être aussi mauvais que l'exigerait en bonne logique le principe sur lequel il repose. Ainsi on a vu des institutions de justice et de liberté exister, et même exister puissamment, dans des sociétés régies par le principe du droit de naissance ; ces institutions ont lutté contre ce principe et l'ont modifié. Quand le mauvais principe a vaincu, société et gouvernement, tout s'est affaissé, tout est tombé en décadence ; c'est l'histoire de la république de Venise. Ailleurs la lutte a été plus heureuse : le bon principe a eu assez de force pour introduire dans le gouvernement des éléments qui l'ont fait vivre, qui ont protégé la société contre les effets du mauvais principe, qui ont même en quelque sorte sauvé le mal de lui-même, en le rendant tolérable par le bien qui s'y alliait. C'est l'histoire de l'Angleterre, ce grand exemple du mélange et de la lutte des bons et des mauvais principes. Mais leur mélange, quelque intime qu'il soit, ne prouve point qu'ils soient confondus et de même nature. Le bien ne dérive point du mal. Le gouvernement représentatif n'est point né en Angleterre, pas plus qu'ailleurs, du principe exclusif des gouvernements aristocratiques ; il est né d'un principe très-différent ; et loin que la distinction que j'ai établie en commençant soit par-là compromise, elle est au contraire mieux démontrée.

Je viens de prouver, en comparant le principe de la forme aristocratique à celui du gouvernement représentatif, qu'ils sont essentiellement divers; j'espère prouver qu'il y a une différence aussi absolue entre le principe du gouvernement représentatif et celui du gouvernement démocratique.

Personne n'a jamais entendu la souveraineté du peuple en ce sens qu'après avoir consulté toutes les opinions et toutes les volontés, l'opinion et la volonté du plus grand nombre feraient loi, mais que la minorité serait libre de ne pas obéir à ce qui aurait été décidé contre son opinion et sa volonté. Ce serait là cependant la conséquence nécessaire du prétendu droit attribué à chaque individu de n'être gouverné que par des lois qu'il aurait consenties. L'absurdité de la conséquence n'a pas toujours fait abandonner le principe, mais elle l'a toujours fait violer. La souveraineté du peuple s'est démentie dès ses premiers pas, en se réduisant à n'être plus que l'empire de la majorité sur la minorité. Il est presque ridicule de dire que la minorité peut se retirer; ce serait tenir la société en dissolution permanente. A chaque occasion la majorité et la minorité varieraient, et si toutes les minorités se retiraient, il n'y aurait bientôt plus de société. Il faut donc bien accepter la souveraineté du peuple réduite à n'être plus que la souveraineté de la majorité. Ainsi réduite, qu'est-elle ?

Son principe est que la majorité a droit par cela seul qu'elle est majorité. Mais dans l'idée de majorité entrent deux éléments très-différents ; l'idée d'une opinion qui est accréditée, et celle d'une force qui est prépondérante. Comme force, la majorité n'a aucun droit que celui de la force même qui ne peut être, à ce titre seul, la souveraineté légitime. Comme opinion, la majorité est-elle infaillible ? sait-elle et veut-elle toujours la raison, la justice, qui sont la vraie loi et confèrent seules la souveraineté légitime ? L'expérience dépose du contraire. La majorité en tant que majorité, c'est-à-dire en tant que nombre, ne possède donc la souveraineté légitime ni en vertu de la force qui ne la confère jamais, ni en vertu de l'infaillibilité qu'elle n'a point.

Le principe de la souveraineté du peuple part de la supposition que chaque homme possède, par son droit de naissance, non-seulement un droit égal à être bien gouverné, mais encore un droit égal à gouverner les autres. Comme les gouvernements aristocratiques, il attache le droit de gouverner, non à la capacité, mais à la naissance. Le gouvernement aristocratique, c'est la souveraineté du peuple dans la minorité. La souveraineté du peuple, c'est le despotisme et le privilége aristocratiques dans la majorité. Dans les deux cas, le principe est le même ; principe contraire, 1° au fait de l'inégalité établie par la nature entre les capacités et les puissances individuelles ; 2° au fait de l'inégalité de capacité provoquée par la différence des positions, différence qui existe partout et qui a sa source primitive dans l'inégalité naturelle ; 3° à l'expérience du monde qui a toujours vu les timides suivre le brave, les moins habiles obéir à l'habile, en un mot les infériorités naturelles reconnaître les supériorités naturelles et leur obéir. Le principe de la souveraineté du peuple, c'est-à-dire le droit égal des individus à l'exercice de la souveraineté, ou seulement le droit de tous les individus de concourir à l'exercice de la souveraineté, est donc radicalement faux ; car, sous prétexte de maintenir l'égalité légitime, il introduit violemment l'égalité où elle n'est pas, et viole l'inégalité légitime. Les conséquences de ce principe sont le despotisme du nombre, la domination des infériorités sur les supériorités, c'est-à-dire, la plus violente et la plus inique des tyrannies.

C'est aussi la plus passagère, car le principe est absolument inapplicable. Après avoir fait rage en vertu de sa force, le nombre se soumet nécessairement à la capacité ; les infériorités se retirent devant les supériorités ; celles-ci rentrent en possession de leur droit et la société se rétablit.

Tel ne peut pas être le principe du gouvernement représentatif. Personne ne conteste que la vraie loi du gouvernement c'est la raison, la vérité, la justice, que nul ne possède, mais que certains hommes sont plus capables que d'autres de chercher et de découvrir. Fidèle à ce but, le gouvernement représentatif repose sur la répartition du pouvoir de fait en raison de la capacité d'agir selon la raison et la justice, d'où découle le pouvoir de droit. C'est ce principe qui, de l'aveu de tous et en vertu du pur sens commun, est appliqué dans la vie commune et dans l'intérêt des individus eux-mêmes. C'est ce principe qui n'accorde la souveraineté de sa propre personne, de sa famille, de ses biens, qu'à l'individu qui est présumé capable d'en user raisonnablement, et qui la retire à celui qui en est reconnu positivement incapable. Le gouvernement représentatif applique aux intérêts généraux, au gouvernement de la société, le même principe que le bon sens du genre humain lui a fait appliquer aux intérêts individuels, au gouvernement de l'existence de chaque homme. Il distribue la souveraineté selon la capacité correspondante, c'est-à-dire qu'il ne place le pouvoir de fait, ou une portion du pouvoir de fait, que là où il découvre la présence du pouvoir de droit, présumé d'après certains symptômes ou acquis par certaines preuves. On se souvient toujours que le pouvoir de droit ne doit être déposé plein et permanent nulle part, et non-seulement on ne l'attribue pas au seul fait de la naissance, mais on ne consent jamais à le livrer complétement à lui-même, et c'est ici le second caractère du gouvernement représentatif, caractère qui ne le distingue pas moins que le précédent de la souveraineté du peuple.

On a dit souvent que le gouvernement représentatif est le gouvernement de la majorité, et il y a du vrai en cela ; mais il ne faut pas croire que ce soit le gouvernement de la majorité dans le même sens que la souveraineté du peuple. Le principe de la souveraineté du peuple prend tous les individus par cela seul qu'ils existent, sans leur rien demander de plus. Il prend ensuite la majorité de ces individus, et il dit : « Voilà la raison, voilà la loi. » Le gouvernement représentatif procède autrement ; il considère quel est l'acte auquel vont être appelés les individus ; il examine quelle est la capacité nécessaire pour cet acte ; il appelle ensuite les individus qui sont présumés posséder cette capacité, tous ceux-là, et ceux-là seuls. Il cherche ensuite la majorité parmi les capables.

C'est ainsi, en fait, qu'on a presque toujours procédé partout, même quand on a cru agir en vertu de la souveraineté du peuple. Jamais on ne lui a été vraiment fidèle ; on a toujours exigé, pour les actes politiques, certaines conditions, c'est-à-dire, les signes d'une certaine capacité. On s'est trompé en plus ou en moins, et l'erreur est grave, soit à exclure des capables, soit à appeler des incapables. Mais on a obéi au principe du droit mesuré selon la capacité, même quand on professait le principe du droit dérivé de la simple qualité d'homme. Le gouvernement représentatif n'est donc pas le gouvernement de la majorité numérique pure et simple, c'est le gouvernement de la majorité des capables; tantôt il présume la capacité d'avance, tantôt il exige qu'elle se prouve et se fasse reconnaître. La pairie, le droit d'élire et d'être élu, le pouvoir royal lui-même, sont attachés à une capacité présumée, non-seulement d'après certaines conditions, mais en raison de la situation où sont placés les hommes en qui la capacité est présumée, dans leurs relations avec d'autres pouvoirs et dans les limites de leurs attributions. Nul n'est député, ni ministre, ni fonctionnaire de droit. Ce n'est pas tout : le gouvernement représentatif ne se contente pas d'exiger la capacité avant de conférer le pouvoir; aussitôt qu'on l'a présumée ou qu'elle s'est prouvée, il la place dans une sorte de suspicion légale et lui impose la nécessité de se légitimer sans cesse pour conserver le pouvoir. D'après le principe de la souveraineté du peuple, le droit absolu réside dans la majorité; la vraie souveraineté est là où se manifeste cette force : de là découle presque nécessairement et a généralement découlé en fait l'oppression de la minorité. Le gouvernement représentatif, n'oubliant jamais que la raison, la vérité, et partant la souveraineté de droit, ne résident pleines et constantes nulle part sur la terre, les présume dans la majorité, mais ne les lui attribue point avec certitude et permanence. Au moment même où il présume que la majorité a raison, il n'oublie pas qu'elle peut avoir tort, et il s'inquiète d'assurer à la minorité les moyens de prouver que c'est elle qui a raison, et de devenir à son tour majorité. Les précautions électorales, les débats des chambres, leur publicité, la liberté de la presse, la responsabilité des ministres, toutes ces combinaisons ont pour objet de ne déclarer, pour ainsi dire, la majorité qu'à bonnes enseignes, de la contraindre à se légitimer sans cesse pour se conserver, et de mettre la minorité en état de lui contester son pouvoir et son droit.

Ainsi, en résumé, le gouvernement représentatif considère les individus qu'il appelle et la majorité qu'il cherche sous un tout autre point de vue que ne fait la souveraineté du peuple. Elle admet que la souveraineté de droit réside quelque part sur la terre ; il le nie. Elle la place dans la majorité purement numérique ; il la cherche dans la majorité des capables ; elle l'attribue pleine et entière au nombre ; il se borne à l'y présumer, présume en même temps qu'elle peut n'y pas être, et invite la minorité à le prouver, en lui en garantissant les moyens. La souveraineté du peuple voit le pouvoir légitime dans la multitude ; le gouvernement représentatif ne le voit que dans l'unité, c'est-à-dire dans la raison à laquelle la multitude doit se réduire. La souveraineté du peuple fait venir le pouvoir d'en bas; le gouvernement représentatif reconnaît que tout pouvoir vient d'en haut, et oblige en même temps quiconque s'en prétend investi à faire admettre la légitimité de sa prétention par les hommes qui sont capables de la sentir. L'une tend à humilier les supériorités, l'autre à élever les infériorités en ordonnant aux supériorités de se communiquer à elles. La souveraineté du peuple est pleine à la fois d'orgueil et d'envie; le gouvernement représentatif rend hommage à la dignité de notre nature sans en méconnaître la faiblesse, et il en reconnaît la faiblesse sans en insulter la dignité. Le principe de la souveraineté du peuple est contraire à tous les faits qui se révèlent dans l'origine réelle du pouvoir et dans la marche des sociétés; le gouvernement représentatif ne choque et n'oublie aucun de ces faits. Enfin la souveraineté du peuple, à peine proclamée, est contrainte de s'abdiquer et de se reconnaître impraticable; le gouvernement représentatif marche avec conséquence, et ne peut exister sans se développer.

Loin donc que le gouvernement représentatif dérive du principe de la souveraineté du peuple, il repousse ce principe, et se fonde sur un principe tout autre et qui a de tout autres conséquences. Peu importe que ce gouvernement ait été souvent revendiqué au nom de la souveraineté du peuple, et que ses principales crises de développement aient eu lieu au moment où dominait cette idée; les raisons de ce fait sont faciles à découvrir. La souveraineté du peuple est une grande force qui intervient quelquefois pour briser une inégalité excessive ou le pouvoir absolu, quand la société ne peut plus s'y accommoder, comme le despotisme intervient quelquefois au nom de l'ordre pour renouer violemment la société près de se dissoudre. Ce n'est qu'un moyen d'attaque et de destruction, jamais un moyen de fonder la liberté. Ce n'est pas un principe de gouvernement, c'est une dictature terrible et passagère exercée par la multitude; dictature qui cesse et qui doit cesser aussitôt que la multitude a accompli son œuvre de destruction.

Pour conclure en peu de mots, comme le but de ce cours est de retrouver dans l'Europe moderne le gouvernement représentatif là où il a pu exister, j'ai cherché le type de ce gouvernement afin de le comparer au gouvernement de la monarchie anglo-saxonne que nous avons déjà examiné, et aux autres gouvernements primitifs que nous rencontrerons en Europe. Pour distinguer avec précision le gouvernement représentatif, j'ai été obligé de remonter à la source de tout gouvernement. Je crois avoir prouvé qu'il faut classer tous les gouvernements selon deux principes différents. Les uns, fils de la justice et de la raison, ne reconnaissent qu'elles seules pour guides; et, comme il n'est pas de la faiblesse humaine, en ce monde, de suivre infailliblement ces guides sacrés, ces gouvernements n'accordent à personne absolument la souveraineté de droit, et ils provoquent la société tout entière à la découverte de la loi de justice et de raison qui seule peut la conférer. Les autres, au contraire, admettent un droit inhérent à l'homme de se faire lui-même sa loi, et ils abaissent ainsi la souveraineté de droit qui, n'appartenant qu'à la raison et à la justice, ne doit jamais tomber sous l'empire absolu de l'homme, toujours prêt à usurper la souveraineté pour l'exercer au profit de ses intérêts ou de ses passions. J'ai montré que le gouvernement représentatif satisfait seul aux vrais principes, et que tous les autres gouvernements, aussi bien les aristocratiques que les démocratiques, doivent être rangés dans une classe toute différente. J'ai maintenant à entrer dans les formes extérieures du gouvernement représentatif, et à comparer son principe avec le principe historique de la monarchie anglo-saxonne, tel que nous le révèlent ses institutions.

HUITIÈME LEÇON.

Les formes d'un gouvernement sont en rapport avec son principe, mais elles sont subordonnées à l'état des faits et varient selon les degrés de civilisation. — Quelles sont les formes essentielles au principe du gouvernement représentatif : — 1º de la division des pouvoirs ; pourquoi elle est absolument nécessaire au principe du gouvernement représentatif ; — 2º de l'élection ; — 3º de la publicité. — Comment la publicité est, en théorie, un des caractères les plus essentiels, et, en fait, une des dernières conquêtes du gouvernement représentatif.

Les formes d'un gouvernement sont dans une relation étroite avec son principe. Le principe détermine les formes ; les formes révèlent le principe. Il ne suit pas de là que les formes correspondent exactement au principe, ni que le principe ne puisse se réaliser que sous une forme unique. Le principe lui-même n'étant jamais seul ni complet dans son action sur les faits, les formes sont diverses et mêlées. A mesure que l'action de tel ou tel principe s'étend, la forme vraiment correspondante se développe ; mais, dans le cours de ce travail, le principe revêt des formes diverses qui correspondent à l'état des faits dont l'ensemble constitue la société et détermine le degré où elle est placée sur l'échelle de la civilisation.

Le même principe peut donc être contenu et agir dans des formes différentes. Si les formes sont les meilleures que puisse fournir au principe l'état réel de la société, et si, bien qu'elles ne soient pas pleinement d'accord avec sa nature, elles assurent le progrès constant et régulier de son action, il n'y a rien à leur reprocher; chaque époque, chaque état de la société ne comporte qu'un certain développement du principe de son gouvernement. Quelle est la mesure de ce développement possible à chaque époque, et quelle est la forme qui peut y satisfaire, dans le présent, en procurant, dans l'avenir, un développement plus étendu qui amènera des formes nouvelles? Toute la question est là; je veux dire la question du présent, la seule dont la politique active ait à s'occuper.

Cependant il y a certaines formes de gouvernement qui sont les conditions générales de la présence et de l'action de tel ou tel principe. Où le principe existe, il produit nécessairement ces formes; où elles manquent, le principe n'existe pas, ou cessera bientôt d'exister; son action et son progrès les exigent impérieusement; dès qu'elles subsistent quelque part, le principe qu'elles supposent est à la porte et tend à prévaloir.

Quelles sont les formes essentielles du principe du gouvernement représentatif? A quels signes extérieurs peut-on reconnaître la présence de ce principe dans le gouvernement? Quelles conditions sont requises pour qu'il agisse et se développe ?

On peut, si je ne me trompe, réduire à trois ces conditions nécessaires, ces formes essentielles du principe du système représentatif; toutes trois ne sont peut-être pas également nécessaires ; leur existence simultanée n'est peut-être pas indispensable pour révéler l'existence et assurer le développement du principe dont elles dérivent. On est autorisé cependant à les considérer comme fondamentales. Ces formes sont 1° la division des pouvoirs ; 2° l'élection ; 3° la publicité.

Nous l'avons reconnu : nul pouvoir de fait n'est pouvoir de droit qu'autant qu'il agit selon la raison et la vérité, seule règle légitime du fait, seule source du droit.

Nul pouvoir de fait ne sait pleinement et ne veut constamment la raison et la vérité selon lesquelles il est tenu de régler son action. Nul pouvoir de fait n'est donc et ne peut être, par lui-même, pouvoir de droit.

En d'autres termes, nul pouvoir de fait n'étant infaillible, il n'en est aucun qui ait droit d'être absolu.

Telle est cependant la condition des choses humaines qu'elles exigent, en dernière analyse, l'intervention d'un pouvoir qui déclare la règle du gouvernement, la loi, et qui l'impose et la fasse respecter. Dans toutes les relations qu'admet et que fait naître l'état social, depuis l'ordre domestique jusqu'à l'ordre politique, la présence d'une autorité qui donne et maintienne la règle est la condition nécessaire de l'existence même de la société.

Voici donc l'alternative où la société est placée. Nul pouvoir de fait ne saurait être, en droit, pouvoir absolu. Il faut, en chaque occasion, un pouvoir définitif, c'est-à-dire, absolu en fait.

Comment garantir à la société que le pouvoir, absolu en fait, auquel toutes les relations sociales viennent nécessairement aboutir, ne sera que l'image, l'expression, l'organe du pouvoir absolu en droit, seul légitime, et qui n'est déposé nulle part sur la terre ?

C'est là le problème du gouvernement. C'est, comme on l'a vu, le problème que se propose formellement le système représentatif, puisque toutes ses combinaisons reposent sur l'existence même de ce problème et tendent à le résoudre.

Amener le pouvoir de fait à devenir, autant que cela se peut, pouvoir de droit, en le plaçant dans la nécessité de chercher constamment la raison, la vérité, la justice, source du droit, en ne lui attribuant la force pratique que lorsqu'il a prouvé, c'est-à-dire, fait présumer son succès dans cette recherche, et en l'astreignant à légitimer sans cesse cette présomption, sous peine de perdre la force s'il n'y réussit pas, telle est la marche du système représentatif, tel est le but vers lequel se dirigent, dans leur disposition et leur mouvement, tous les ressorts qu'il fait agir.

Pour atteindre ce but, il est indispensable que le pouvoir de fait ne soit pas simple, c'est-à-dire qu'il ne soit pas attribué à une seule force. Nulle force ne pouvant posséder, par elle-même, le pouvoir de droit, s'il en est une qui possède pleinement le pouvoir de fait, non-seulement elle en abusera, mais elle prétendra bientôt à être considérée comme investie du pouvoir de droit. Unique, elle sera despotique ; et pour soutenir son despotisme, elle se dira légitimement souveraine ; et peut-être finira-t-elle par le persuader et par le croire. Tel est l'effet corrupteur du despotisme qu'il détruit tôt ou tard, et dans ceux qui l'exercent, et dans ceux qui le subissent, jusqu'au sentiment de son illégitimité. Quiconque est seul souverain n'a qu'un pas à faire pour se porter infaillible. Alexandre avait raison de vouloir se faire déclarer dieu ; il déduisait, de la plénitude de son pouvoir, une conséquence rigoureuse ; et ils ont raison aussi ceux qui, attribuant la souveraineté à la multitude, prennent pour maxime : *vox populi, vox Dei*. Partout où la souveraineté de fait est unique, quelle que soit la force qui la possède, la souveraineté de droit est sur le point d'être **usurpée**.

La division de la souveraineté de fait est donc la conséquence nécessaire du principe que la souveraineté de droit ne peut appartenir à personne. Il faut qu'il y ait plusieurs pouvoirs égaux et indispensables l'un à l'autre, dans l'exercice de la souveraineté de fait, pour qu'aucun d'eux ne soit conduit à s'arroger la souveraineté de droit. Le sentiment de leur dépendance réciproque peut seul les empêcher de se croire affranchis de toute dépendance.

De plus, c'est seulement ainsi que le pouvoir de fait peut être contraint de chercher sans cesse la raison, la vérité, c'est-à-dire la règle qui doit présider à son action pour qu'elle soit légitime. Le mot de Pascal ne s'applique pas seulement à la formation du pouvoir, il s'étend encore à son exercice. Voilà, en présence les uns des autres, des êtres, individuels ou collectifs, qui sont appelés à exercer en commun la souveraineté. Possèdent-ils entre eux, et par cela seul qu'ils existent, le pouvoir de droit? non; il faut qu'ils le cherchent; il faut qu'en chaque occasion ils découvrent la vérité qu'ils doivent proclamer loi. Isolés et distincts, ils ne sont encore qu'une multitude; lorsqu'après avoir délibéré et travaillé, ils se seront accordés dans une même idée, d'où sortira une même volonté, alors seulement l'unité véritable, qui réside dans la raison, se sera produite; alors il y aura présomption que le pouvoir de fait connaît et veut la règle légitime qui confère le pouvoir de droit. Si ce travail n'était pas obligé, si cette recherche laborieuse et commune de la vraie loi n'était pas le résultat nécessaire de l'indépendance réciproque des divers pouvoirs, le but du gouvernement serait manqué. Toutes les relations des quatre grands pouvoirs politiques qui constituent, chez nous, le gouvernement, savoir : le roi, les deux chambres et les électeurs, ont pour objet de les obliger à se mettre d'accord, c'est-à-dire, à se réduire à l'unité.

L'introduction d'un élément électif, c'est-à-dire mobile, dans le gouvernement, est aussi nécessaire que la division des pouvoirs pour empêcher que la souveraineté de fait ne dégénère, dans les mains de ceux qui l'exercent, en une souveraineté de droit pleine et constante. Elle est donc la conséquence nécessaire du gouvernement représentatif, et l'un de ses principaux caractères. Aussi les souverainetés de fait qui ont tendu à devenir souverainetés de droit se sont-elles toujours appliquées à éliminer le principe de l'élection. Venise donna, en 1319, dans l'établissement de l'hérédité du grand conseil, un exemple mémorable d'un événement de ce genre [1]. Dans le premier âge des gouvernements, en même temps qu'on voit le pouvoir venir d'en haut, c'est-à-dire, s'acquérir par la supériorité, de quelque

---

[1] Cet événement est raconté avec détail et clarté dans l'*Histoire de Venise*, de M. le comte Daru, t. I, p. 449-464.

genre qu'elle soit, habileté, richesse, bravoure, on le voit aussi obligé de faire reconnaître son titre par ceux qui en peuvent juger : l'élection est le mode de cette reconnaissance ; elle se rencontre au berceau de tous les gouvernements ; mais elle en est presque toujours expulsée au bout d'un certain temps ; c'est quand elle y rentre avec assez d'énergie pour influer puissamment sur l'administration de la société, que le gouvernement représentatif est près de paraître.

A considérer la théorie, la publicité est peut être le caractère le plus essentiel du gouvernement représentatif. Nous avons vu qu'elle avait pour but d'appeler tous les individus qui possèdent des droits à chercher, en même temps que ceux qui exercent des pouvoirs, la raison et la justice, source et règle de la souveraineté légitime. La publicité constitue le lien de la société et de son gouvernement. Considéré dans les faits, c'est là, parmi les éléments essentiels du gouvernement représentatif, le dernier qui s'y introduise et s'y établisse sûrement. Son histoire est analogue à celle du principe de l'élection. Les champs de Mars et de Mai se tenaient en plein air ; beaucoup de gens y assistaient qui ne prenaient aucune part à la délibération. L'assemblée des Lombards, à Pavie, avait lieu, *circumstante immensâ multitudine*. Il est probable que le même fait se rencontrait souvent aussi dans le *Wittenagemot* des Saxons. Quand le gouvernement aristocratique ou absolu prévaut, la publicité disparaît. Quand le gouvernement représentatif commence à se constituer par l'élection, la publicité n'y rentre pas d'abord. En Angleterre, la chambre des communes fut longtemps secrète; le premier pas vers la publicité fut de faire imprimer et vendre les actes de la chambre des communes, ses adresses, ses résolutions. Ce pas fut fait par le Long-Parlement sous Charles Ier. On revint sous Charles II au secret absolu; quelques hommes redemandèrent, mais en vain, la publication des actes de la chambre; elle fut repoussée comme dangereuse. Ce n'est que dans le dix-huitième siècle que s'est introduite dans le Parlement d'Angleterre la tolérance des spectateurs aux séances des deux chambres; elle n'est pas de droit, et la demande d'un seul membre, qui rappelle l'ancienne loi, suffit pour faire évacuer la salle. La publicité n'a donc pas toujours été inhérente au gouvernement représentatif; mais elle découle de ses principes : aussi la conquiert-il presque nécessairement; aujourd'hui on peut la regarder comme un de ses caractères essentiels. On doit ce résultat à l'imprimerie, qui a rendu la publicité facile sans réunions tumultueuses.

Nous connaissons le principe fondamental et les caractères extérieurs et essentiels du gouvernement représentatif ; nous savons ce qui le constitue et le distingue des autres gouvernements ; nous pouvons maintenant passer à son histoire. Nous aurons soin de n'admettre son existence que là où nous reconnaîtrons la présence ou l'approche de ses vrais principes; et nous nous convaincrons que ses progrès n'ont jamais été autre chose que le développement de ces principes.

NEUVIÈME LEÇON.

Des institutions primitives chez les Francs.—Nécessité de retracer les principaux événements de l'histoire de la monarchie franque. — Les Francs, en Germanie, étaient une confédération de tribus. — Établissement successif de plusieurs de ces tribus dans la Belgique et dans la Gaule.— Francs-Saliens. — Francs-Ripuaires. — Double caractère et double autorité des chefs de ces tribus après leur établissement sur le territoire romain. — Premiers chefs Francs. — Clovis. — Ses diverses expéditions. — Caractère de ses guerres et de ses conquêtes, — Prépondérance décisive des Francs dans la Gaule.

Pour poursuivre le but de ce cours, j'ai maintenant à faire sur les Francs le même travail que j'ai fait sur les Anglo-Saxons. Je veux étudier leurs institutions primitives, en chercher le principe, et le comparer à ce type du gouvernement représentatif que nous venons de reconnaître. Mais, avant d'entrer dans l'examen des institutions Franques, je crois utile de vous retracer les principaux événements de l'histoire de France. Les institutions d'un peuple ne sauraient être bien comprises sans la connaissance de son histoire. Je m'occuperai aujourd'hui de l'établissement de la monarchie Franque dans les Gaules ; nous suivrons ensuite ses progrès sous la première et la seconde race de ses rois.

Je ne m'arrêterai pas à discuter l'origine plus ou moins incertaine des Francs ; il y a lieu de croire qu'ils ne formaient pas en Germanie une nation unique et homogène. C'était une confédération de tribus établies entre le Rhin, le Mein, le Weser et l'Elbe. Les Romains semblent les avoir ignorés longtemps, même après la conquête des Gaules, et l'histoire ne les nomme pour la première fois que vers le milieu du troisième siècle, sous Gordien. Une chanson, faite pour célébrer les victoires d'Aurélien, avait pour refrain ces mots :

Mille Francos, mille Sarmatas
Semel et semel occidimus.

Depuis cette époque, on voit les tribus diverses des Francs s'avancer d'Orient en Occident par un progrès assez rapide. Au commencement du quatrième siècle, on trouve les Francs-Saliens établis en Belgique, et les Francs-Ripuaires sur les deux rives du Rhin. Ces peuples se fixèrent sur les frontières de la Gaule, tantôt de force, tantôt du gré des empereurs, qui, après avoir défait les Barbares, leur assignaient souvent des terres. C'est ce que firent Probus, Constantin, Julien, Constance, et tant d'autres.

Les chefs ainsi établis sur le territoire romain conservaient, sur leurs compagnons Barbares, leur autorité ancienne et indépendante, et recevaient en même temps des empereurs certains titres auxquels étaient attachées certaines fonctions et une certaine mesure d'autorité sur les Romains de leur territoire. On les voit paraître sous les noms de *dux, magister militiæ, comes littoris,* etc..... Cette situation était à peu près la même que celle des chefs de Tartares errants dans l'empire russe, élus par les hommes de leur tribu, recevant un titre et une certaine juridiction de l'empereur de Russie, conservant leur vie indépendante, et tenus en même temps à un service militaire et à quelque tribut en fourrures

Childéric, chef d'une tribu franque, à Tournai, avait reçu de l'empire le titre de *magister militiæ*. Lorsque par suite de querelles et de trahisons domestiques, il fut forcé de se réfugier en Thuringe, sa tribu se soumit en 460 à Égidius, maître de la milice romaine à Soissons. En 1653, on a découvert à Tournai le tombeau de Childéric, où l'on a trouvé plusieurs pièces de monnaie, déposées aujourd'hui à la Bibliothèque royale.

A la fin du cinquième siècle, lors de la dissolution de l'empire, quand les provinces restèrent, selon l'expression de Tacite, *magis sine domino quàm cum libertate,* presque tous ces chefs locaux, Romains comme

Barbares, devinrent indépendants, et ne reconnurent guère plus la souveraineté de Rome. Syagrius, fils d'Egidius, est appelé roi des Romains à Soissons. On le voit faire la guerre à Clovis, en son nom et pour son propre compte.

Les chefs Francs, devenus ainsi de petits souverains, pénètrent plus avant dans l'empire. Clodion, établi à Cambrai, pousse ses expéditions sur les rives de la Somme. Mérovée se trouvait à la bataille de Châlons-sur-Marne, où Attila fut vaincu. C'est sous la conduite du chef Clovis que ces bandes de Francs, qui formaient d'abord des colonies usr les frontières, entrent en conquérants définitifs ans les Gaules. Fils du Childéric qui régnait à Tournai, Clovis lui succède en 481. Il était probablement revêtu d'une certaine portion d'autorité au nom de l'empire. Saint Remi, dans une lettre, lui donne le titre de *magister militiæ*.

D'autres chefs Francs étaient, vers cette époque, à peu près dans la même situation que Clovis : Ragnachar à Cambrai, Siegbert à Cologne, Renomer au Mans. Clovis fut le plus ambitieux, le plus habile et le plus heureux.

Son voisin le plus proche était Syagrius, qui gouvernait à Soissons. En 486, Clovis lui envoie un défi ; Syagrius l'accepte, et désigne le champ de bataille, à Nogent près de Soissons. Syagrius vaincu se retire chez Alaric, roi des Visigoths, qui le livre au vainqueur.

En 491, Clovis fait la conquête du pays de Tongres, aujourd'hui le pays de Liége.

En 496, il pénètre plus avant dans la même direction ; il entre dans le pays des Allemands, contre lesquels Siegbert, roi de Cologne, lui avait demandé du secours. Il est vainqueur à Tolbiac et se fait chrétien à la suite de cette victoire. Une partie des Allemands vaincus se réfugie dans la Rhétie, sous la protection de Théodoric, roi des Ostrogoths : là, sous le nom de Suèves, ils devinrent la tige des Souabes. Une autre partie reste sur les bords du Rhin ; ils se soumettent à Siegbert ou à Clovis. C'est ainsi que ce chef s'étendit du côté du Rhin.

En même temps, il se défait de la plupart des chefs Francs, ses voisins, et soumet leurs tribus à son pouvoir.

En 497, il fait une expédition dans l'ouest contre les Armoricains.

En 500, il se jette à l'orient sur les Bourguignons, profite de leurs dissensions, et remporte une victoire entre Dijon et Langres.

En 507, il s'avance dans le midi de la Gaule, par l'Anjou et le Poitou ; il attaque, près de Poitiers, Alaric II, roi des Visigoths, et le tue. Il pénètre jusqu'à Angoulême, Bordeaux, Toulouse, et se vante d'avoir conquis l'Aquitaine.

En 508, Clovis reçoit de l'empereur d'Orient Anastase le titre de Patrice.

En 509, il retourne sur le Rhin, se défait de Siegbert, roi de Cologne, son ancien allié, et soumet les Francs-Ripuaires.

En 511, il meurt, après avoir ainsi promené ses guerriers Francs et étendu son pouvoir dans les diverses parties de la Gaule.

Les guerres et les conquêtes de Clovis ressemblaient peu à ce que nous entendons aujourd'hui par ces mêmes mots. Le but principal des expéditions franques était de faire du butin et d'enlever des esclaves ; c'est ce que l'on appelait alors du nom de conquête. Le vainqueur imposait quelquefois un tribut ; mais il ne résultait de sa victoire presque aucune prise de possession permanente, aucun établissement civil. Entre autres preuves, je citerai le petit nombre des guerriers de Clovis, qui n'était guère suivi, dans ses expéditions, que de cinq ou six mille hommes. Or, avec ce nombre, ni un établissement civil, ni même une occupation militaire n'étaient possibles. Quand le vainqueur s'était retiré, le peuple vaincu reprenait à peu près son indépendance, un nouveau chef s'élevait. Rarement les conquérants se fixaient dans les terres qu'ils avaient soumises. Aussi fallait-il recommencer sans cesse les mêmes conquêtes.

Pour le récit détaillé de ces événements, je vous renvoie à toutes les histoires de France, spécialement à l'ouvrage de M. de Sismondi.

Nul monument ne peint mieux que l'Iliade les

mœurs des Grecs aux temps héroïques. Il existe, sur les expéditions et les mœurs des peuples germains, un monument analogue dans le poëme des *Nibelungen*. C'est là que vous apprendrez le mieux à connaître et à comprendre l'état de la société et la nature des guerres à cette époque.

En définitive cependant, à la mort de Clovis, en 511, la monarchie franque était fondée, car il avait fait, du nom et du peuple Franc, la puissance la plus redoutée et la moins contestée dans la Gaule.

DIXIÈME LEÇON.

Des partages de territoire entre les fils des rois Francs. — Causes et conséquences de ces partages. — Formation et disparition rapide de plusieurs royaumes Francs. — Ils se réduisent à deux : la Neustrie et l'Austrasie. — Division géographique de ces deux royaumes. — Causes plus profondes de leur séparation. — Prédominance du royaume de Neustrie dans les premiers temps. — Lutte des deux royaumes sous les noms de Frédégonde et de Brunehaut. — Élévation des maires du palais. — Vrai caractère de leur pouvoir.—Prépondérance des maires du palais d'Austrasie. — Famille des Pepin. — De l'usurpation d'une partie des biens de l'Église par Charles-Martel. — Que la chute des Mérovingiens fut une seconde conquête de la Gaule par les Francs-Germains. — Intervention des idées chrétiennes dans cet événement.

J'ai expliqué comment il fallait entendre ce langage convenu de l'histoire qui attribue à Clovis la fondation de la monarchie française. Dans le sens et dans les limites que j'ai indiqués, Clovis, à sa mort, était roi de toute la France, à l'exception des royaumes des Bourguignons et des Visigoths. Après lui, chacun de ses quatre fils eut une portion de ses États. Théodoric s'établit à Metz, Chlodomir à Orléans, Childebert à Paris, Clotaire à Soissons. La question de la nature de ces partages a divisé les savants. Je crois qu'elle est aisée à résoudre. Le chef ou roi avait besoin, pour conserver sa puissance, de posséder beaucoup de domaines privés ; dans toutes ses expéditions, il s'attribuait de vastes portions de territoire : Clovis avait ainsi acquis d'immenses propriétés sur les différents points de ses conquêtes. A sa mort, elles furent partagées entre ses enfants, ainsi que ses propriétés mobilières, troupeaux, bijoux, argent, trésors de toute espèce : c'était là, pour les possesseurs, le plus sûr moyen de pouvoir. C'était, de plus, l'usage des rois Francs d'associer leurs fils au gouvernement, en les envoyant résider dans telle ou telle portion du territoire qui devait être ensuite leur royaume. Ils tâchaient ainsi de faire prévaloir l'hérédité sur l'élection. Les fils du chef devenaient à leur tour les chefs naturels des pays où ils étaient de fait les plus puissants. Ainsi on voit Clotaire II s'associer, en 622, son fils Dagobert, et l'envoyer en Austrasie. Dagobert en faisait autant, en 633, pour son fils Siegbert.

De ce partage des domaines privés et de cette participation dans le pouvoir au partage politique du royaume, le passage était naturel. Il est plus difficile de déterminer si ces partages étaient faits par le roi mourant, de sa propre autorité, ou dans l'assemblée de la nation. Plus tard, sous la seconde race, on voit Pepin,

Charlemagne et Louis-le-Débonnaire faire positivement agréer, par l'assemblée des grands, le partage de leurs États entre leurs enfants. Les faits ne sont pas si clairs ni si constants sous les Mérovingiens. Cependant, comme l'avénement de la seconde race fut un retour vers les anciennes mœurs germaniques, il est probable qu'au temps de Clovis et de ses successeurs, chaque héritier, dans sa portion, était obligé de se faire agréer par les chefs du pays.

Cinq partages de ce genre eurent lieu, sous les Mérovingiens : en 511, après Clovis ; en 561, après Clotaire I ; en 638, après Dagobert I ; en 656, après Clovis II.

De 678 à 752, toute la monarchie fut réunie en fait sous l'autorité de la famille des Pepin, originairement maires du palais d'Austrasie, et nominalement sous des rois titulaires descendants, les quatre premiers et le sixième de la race des rois de Neustrie, les cinquième et septième de celle des rois d'Austrasie.

Les royaumes que formèrent les cinq partages que je viens d'indiquer, furent les royaumes de Metz, d'Orléans, de Paris, de Soissons, d'Austrasie, de Bourgogne, de Neustrie, d'Aquitaine.

Je ne parlerai pas des vicissitudes et des démembrements perpétuels de ces divers royaumes l'un par l'autre. Ce ne fut qu'une longue suite de guerres et de meurtres. L'ancien royaume de Bourgogne fut conquis par les enfants de Clovis I; un nouveau royaume de Bourgogne naquit, dans lequel disparut le royaume d'Orléans. Le nouveau royaume de Bourgogne fut envahi, tantôt par les rois de Neustrie, tantôt par ceux d'Austrasie. Le royaume d'Aquitaine ne paraît qu'un moment sous Childebert II, fils de Clotaire II, en 628, et vers 716, sous Eudes, duc d'Aquitaine, qui se déclare indépendant et roi. Enfin ces quatre royaumes disparaissent; la lutte et la division fondamentale s'établissent entre les royaumes de Neustrie et d'Austrasie, les deux principaux et les deux derniers survivants.

La division géographique des royaumes de Neustrie et d'Austrasie est incertaine et variable. On voit les rois d'Austrasie posséder des pays fort éloignés du centre de leur domination, des pays que leur situation semblait placer nécessairement sous la main des rois de Neustrie. Ainsi ils étaient les maîtres de l'Auvergne et tenaient presque jusqu'au Poitou. Ces possessions incohérentes avaient leur source dans les expéditions fréquentes des deux royaumes l'un contre l'autre, ou dans des pays lointains qui n'appartenaient ni à l'un ni à l'autre. On peut saisir cependant certaines lignes de séparation : la forêt des Ardennes séparait l'Austrasie et la Neustrie; la Neustrie comprenait les pays situés entre la Meuse et la Loire; l'Austrasie ceux entre la Meuse et le Rhin.

Cette division avait bien une autre importance que celle d'une division géographique, et il y a une cause plus profonde à la disparition successive des autres royaumes Francs et à la prédominance de ces deux-là.

Les contrées qui formaient l'Austrasie étaient les premières qu'eussent habitées les Francs. Elles touchaient à la Germanie, et se liaient aux portions de la confédération franque qui n'avaient pas passé le Rhin. Elles étaient donc le berceau, la première patrie des Francs. De plus, après leurs expéditions, ces peuples revenaient souvent avec leur butin dans leur ancien établissement, au lieu de se fixer dans leurs nouvelles conquêtes. Ainsi Théodoric, fils de Clovis, fait au ve siècle une grande expédition en Auvergne et rentre ensuite en Austrasie. La civilisation et les mœurs romaines avaient été presque complétement expulsées de cette rive du Rhin. Les anciennes mœurs germaines y dominaient. Dans les pays qui formaient la Neustrie, au contraire, les Francs étaient moins nombreux, plus dispersés, plus séparés de leur ancienne patrie et de leurs compatriotes. Les anciens habitants du pays les environnaient de toutes parts. Les Francs étaient là comme des colonies de Barbares transportées au milieu de la population et de la civilisation romaines. Cette situation devait entraîner, entre les deux royaumes, une distinction bien autrement profonde et motivée que la division purement géographique. D'une part était le royaume des Francs-Germains, de l'autre celui des Francs-Romains.

Les témoignages historiques confirment positivement ce résultat probable des faits. L'Austrasie est appelée *Francia Teutonica*, la Neustrie *Francia Romana*. La langue germaine prévalait dans la première, et la romaine dans la seconde.

Enfin, sous la première race, les événements portent l'empreinte évidente de cette distinction fondamentale, ou plutôt ils en sont le résultat naturel. En les considérant d'une manière générale, il est impossible de méconnaître ce caractère. J'en résumerai les principales preuves.

1° La prédominance du royaume de Neustrie dans l'origine. Elle est incontestable en fait. Quatre rois, depuis Clovis, et avant l'anéantissement de l'autorité royale sous les maires du palais, ont réuni toute la monarchie franque. Ce sont des rois de Neustrie ; Clotaire I de 558 à 561, Clotaire II de 613 à 628, Dagobert I de 631 à 638, Clovis II de 655 à 656. Cette prédominance de la Neustrie a été le résultat naturel 1° de l'établissement de Clovis en Neustrie ; 2° de la position centrale de ce royaume par rapport au reste de la Gaule ; 3° de la supériorité de civilisation et de richesse qu'y assurait la population romaine ; 4° de la rapide extension qu'y put prendre l'autorité royale, à la faveur des mœurs et des idées romaines ; 5° des fluctuations continuelles qu'entraînaient, en Austrasie, la proximité des Barbares germains, les guerres contre les Thuringiens, les Saxons, etc.

2° L'état des deux royaumes, durant l'époque de Frédégonde et de Brunehaut (de 598 à 623). La lutte a été constante entre la Neustrie et l'Austrasie, sous le nom de ces deux reines. Le pouvoir de Chilpéric et de Frédégonde en Neustrie était plus grand que celui des rois d'Austrasie et de Brunehaut. Frédégonde agissait sur un pays où prévalait encore la vieille administration romaine; Brunehaut essaya en vain de dompter l'indépendance grossière des chefs de bandes germaines devenus grands propriétaires territoriaux. Son audace et son habileté échouèrent contre l'aristocratie austrasienne et bourguignonne. L'aristocratie austrasienne s'allia sous main avec celle de Neustrie. La chute et le supplice de Brunehaut furent évidemment un triomphe de l'aristocratie austrasienne qui, plus forte et plus compacte que celle de Neustrie, imposa à Clotaire II la mort de cette reine. Les restes du despotisme romain furent vaincus en Austrasie par l'aristocratie germaine, et les conséquences de cet événement furent l'affaiblissement de l'autorité royale et la prédominance de l'influence austrasienne.

3° L'élévation des maires du palais et la chute de la race mérovingienne sont la troisième preuve du grand fait que je signale. L'élévation des maires du palais fut due aux mêmes causes dans les deux royaumes. C'est à tort qu'on a voulu voir dans ce fait la lutte des Francs conquérants contre les Gaulois et les Romains. Ceux-ci, plus façonnés au despotisme, avaient trouvé un accès facile à la cour des rois barbares, et l'on en a conclu que c'était pour s'opposer à leur influence que l'aristocratie germaine avait créé les maires du palais. C'est une erreur : les maires du palais furent l'œuvre et l'instrument de l'aristocratie barbare, romaine ou gauloise, contre l'autorité royale.

On a dit aussi que les rois avaient voulu s'attacher l'un des principaux membres de l'aristocratie territoriale pour contenir ou opprimer les autres. Cela a pu être dans l'origine. Mais le maire du palais trouva bientôt plus sûr de se faire lui-même le chef et l'instrument des grands. Il servit leurs intérêts et prit le caractère de protecteur des grands propriétaires, qui finirent par le désigner eux-mêmes. De ce moment, l'autorité royale fut à peu près détruite.

Le même phénomène eut lieu dans les deux royaumes; mais l'aristocratie austrasienne était plus purement germaine et plus compacte que l'aristocratie neustrienne. Elle fut donc plus forte, et ses maires du palais poussèrent de plus profondes racines. Aussi vit-on, par une élévation progressive, de 630 à 752, la famille des Pepin arriver à la royauté. Cette famille descendait de Carloman, grand propriétaire du domaine de Haspengau, situé sur la Meuse, entre le pays de Liége et le duché de Brabant. Elle était bien germaine, et se plaça naturellement à la tête de l'aristocratie des Francs-Germains.

La chute des Mérovingiens fut donc l'œuvre de l'Austrasie, et comme une seconde conquête de la France romaine par la France germaine. Les rois de la France romaine ne purent se soutenir, et les maires du palais de Neustrie, chefs d'une aristocratie mêlée de Francs et de Gaulois, ne parvinrent pas à leur succéder. Ce fut des bords du Rhin et de la Belgique, c'est-à-dire de l'ancienne patrie des Francs, que vinrent les conquérants nouveaux, chefs d'une aristocratie purement germaine.

C'est là, on n'en saurait douter, le vrai caractère de la chute des Mérovingiens et de l'élévation des Carlovingiens, qui fondèrent un nouveau royaume Franc, dans cette Gaule où les Francs-Neustriens avaient dégénéré. Aussi verrons-nous, à cette époque et par suite de cette révolution, un retour marqué vers les institutions et les mœurs franques primitives.

Cela se voit déjà dans la manière même dont la révolution s'opéra. Les détails de cet événement confirment pleinement ce que nous venons de dire sur la marche générale des choses. La famille des Pepin travaillait depuis cent ans à se placer à la tête de la nation franque. Elle prit son point d'appui non-seulement dans l'aristocratie des grands propriétaires, mais dans le patronage des guerriers engagés dans les expéditions militaires. Le développement de la puissance de cette famille, sous le premier rapport, fut l'œuvre de Pepin-le-Vieux et de Pepin de Herstall; sous le second, ce fut l'œuvre surtout de Charles-Martel. Ses guerres continuelles contre les Germains d'outre-Rhin, contre les Sarrazins et les petits tyrans de l'intérieur le rendirent un chef de guerriers plus puissant qu'aucun de ses ancêtres.

Charles-Martel employa aussi d'autres moyens pour attacher ses compagnons à sa personne. Il envahit et leur distribua des biens ecclésiastiques. Il ne prit pas ces biens d'une manière aussi absolue qu'on l'a cru. Les églises avaient l'habitude d'affermer librement leurs propriétés pour un revenu déterminé, et les propriétés ecclésiastiques ainsi affermées s'appelaient *precaria*. Souvent les rois, quand ils voulaient récompenser un de leurs chefs, ordonnaient à un chapitre de lui affermer un bien à titre de *precarium*, pour un revenu modique. Charles-Martel ne fit d'abord que généraliser cet usage. Un très-grand nombre de ses compagnons eurent part à cette faveur; ils ne reçurent d'abord les biens ecclésiastiques que pour deux ou trois ans; mais, au terme expiré, les usufruitiers ne voulurent plus rendre ce qu'ils s'étaient approprié par l'habitude de la jouissance. La lutte des églises contre les propriétaires usurpateurs occupa longtemps les rois de la seconde race. Comme ils eurent souvent besoin du clergé, ils s'efforcèrent d'apaiser ses plaintes. Pepin-le-Bref et Charlemagne lui rendirent une grande partie de ses biens jadis accordés à leurs guerriers à titre de *precaria*, ou tout au moins ils augmentèrent le revenu payé à l'Église par les propriétaires nouveaux qui s'obstinaient à ne pas se considérer comme de simples usufruitiers.

La prépondérance des Pepin avait éclaté, avant Charles-Martel, par l'hérédité de la mairie du palais dans cette famille. Pendant la vie de ce grand chef, il y eut plusieurs interrègnes en Austrasie et en Neustrie, et il continua à exercer toute l'autorité, avec le seul titre de duc des Francs. A sa mort, ses enfants, Pepin et Carloman, se partagèrent le royaume. Pepin, pour respecter encore les apparences, fit Childéric III roi en Neustrie, et bientôt par l'abdication de Carloman, son frère, il se trouva lui-même duc d'Austrasie, et maire du palais tout puissant en Neustrie. Tel était cependant l'empire qu'avait déjà pris l'idée de l'hérédité légitime de la couronne que Pepin n'osa s'emparer, au nom de la force seule, du trône qui était regardé comme appartenant de droit aux descendants de Clovis. Il chercha des droits à sa force dans l'élection populaire et dans la religion. Comme chef d'une aristocratie, il était contraint de lui déférer souvent, de la faire concourir au pouvoir. Il fit revivre les anciennes assemblées des grands propriétaires, et leur rendit leur part dans les affaires publiques. Il pouvait dès-lors se regarder comme assuré de l'élection, mais cela même ne lui suffit pas. Il crut que son usurpation avait besoin d'une sanction plus auguste et plus sacrée. Il mit dans ses intérêts Boniface, évêque de Mayence, et le chargea de sonder le pape Zacharie qui, de son côté, pressé par les Lombards, avait besoin du secours du chef Franc. Quand Pepin fut sûr des dispositions du pontife, il lui fit proposer cette question, en forme de cas de conscience, par Burckhardt, évêque de Wurtzbourg, et Fulrad, abbé de Saint-Denis : « Quand il y a un roi de fait et un roi de droit, lequel est roi? » Le pape répondit que celui qui exerçait en fait l'autorité royale devait en prendre le titre. En 752, Pepin convoqua l'assemblée nationale à Soissons; il y fut élu roi, et puis sacré par l'évêque Boniface. En 754, le pape Etienne III fit un voyage en France, et sacra de nouveau Pepin avec ses deux fils et sa femme Bertrade. Le pape ordonna aux Francs, sous peine d'excommunication, de ne plus prendre leurs rois que dans la famille de Pepin, et les Francs prêtèrent ce serment : *Ut nunquàm de alterius lumbis regem in œvo præsumant eligere.*

Voilà donc une seconde dynastie qui se fonde à peu près comme s'était fondée la première. Le principal chef des guerriers, le plus grand des grands propriétaires se fait élire par ses compagnons, resserre l'élection dans sa famille, et demande à la religion de consacrer son élection. Il tient le pouvoir de fait de ses pères et de lui-même; il veut tenir le pouvoir de droit de Dieu et du peuple. Les mœurs et les institutions germaines reparaissent, mais associées aux idées chrétiennes. C'est une seconde conquête de la Gaule, accomplie par des guerriers germains, et sanctionnée, au nom du monde romain, non plus par l'empereur, mais par le pape. L'Église a hérité de l'ascendant moral de l'Empire.

ONZIÈME LEÇON.

Objet de la leçon. — Caractère général des événements sous les Carlovingiens. — Ils tendent au démembrement, à la dissolution de l'État sur le territoire et du pouvoir dans l'État. — Règne de Pepin-le-Bref. — Comment il traite avec les grands propriétaires, le clergé et la papauté. — Règne de Charlemagne. — Époque de transition. — Halte de la société par l'action d'un grand homme, entre le chaos de la barbarie et la prédominance définitive de la féodalité. — Règnes de Louis-le-Débonnaire et de Charles-le-Chauve. — La dissolution recommence et prévaut. — Invasions des Normands. — Derniers Carlovingiens. — Avènement de Hugues-Capet. — Conformité des oscillations de cette époque avec la marche générale de l'histoire et de la nature.

J'ai retracé la marche générale des événements dans la Gaule Franque sous les Mérovingiens; j'ai le même travail à faire sur l'époque des Carlovingiens. Je ne veux entrer ni dans l'examen des institutions, ni dans le détail des événements; je cherche à résumer les faits dans le fait général qui les embrasse tous.

La tendance générale des événements sous les Mérovingiens était vers la centralisation, et cette tendance était naturelle. C'était une société et un État qui travaillaient à se former, à se créer, et les sociétés et les États ne se créent que par la centralisation des intérêts et des forces. Les conquêtes et l'autorité de Clovis, quelque passagères et incomplètes qu'elles fussent, témoignent de ce besoin de centralisation qui pressait alors la société **romaine et barbare.** Après Clovis, ses États se démembrent et se forment en royaumes distincts ; mais ces royaumes ne peuvent rester séparés ; ils tendent toujours à se réunir, et se réduisent bientôt à deux qui finissent par n'en former qu'un seul. Il en est de même, quant à l'autorité dans l'intérieur de chaque État. L'autorité royale veut d'abord être le principe centralisant, mais elle n'y réussit pas ; l'aristocratie des chefs, grands propriétaires, travaille à s'organiser et à produire son gouvernement ; elle le produit enfin dans la personne des maires du palais qui deviennent enfin rois. Après deux cent soixante-onze ans de travail, tous les royaumes Francs sont de nouveau réunis en un seul. L'autorité est plus concentrée dans les mains du roi, aidé du concours des assemblées nationales, qu'elle ne l'avait été jusqu'alors.

Sous **Pepin-le-Bref** et Charlemagne, la centralisation se maintient, s'étend, se règle et paraît s'affermir. De nouveaux pays, de nouveaux peuples sont incorporés à l'État Franc. Les rapports du souverain avec les populations deviennent plus nombreux, plus réguliers. De nouveaux liens s'établissent entre l'autorité, ses délégués et ses sujets. On dirait qu'un État et un gouvernement sont près de se former.

Après la mort de Charlemagne, les choses présentent un tout autre spectacle, et prennent un cours contraire. Autant la tendance à la centralisation, soit des États entre eux, soit du pouvoir dans l'intérieur de chaque État, avait été visible sous la race Mérovingienne, autant la tendance au démembrement, à la dissolution, soit des États, soit du pouvoir dans chaque État, devient évidente sous les Carlovingiens. Vous avez vu sous les Mérovingiens cinq démembrements successifs, sans qu'aucun ait pu être durable; après Charlemagne, les royaumes une fois séparés ne se réunissent plus. Louis-le-Débonnaire partage l'Empire entre ses enfants, en 838, et fait de vains efforts pour y maintenir quelque unité. Le traité de Verdun, en 843, sépare définitivement les trois monarchies. Charles-le-Gros fait, en 884, une tentative pour les réunir de nouveau. Cette tentative échoue, la réunion ne peut se maintenir.

Dans l'intérieur de chaque État, et particulièrement en France, le même phénomène se manifeste. L'autorité qui, sous les Mérovingiens, avait tendu à se concentrer dans les mains soit des rois, soit des maires du palais, qui avait paru atteindre ce but sous Pepin et Charlemagne, suit la pente contraire depuis Louis-le-Débonnaire, et tend constamment à se dissoudre. Ces grands propriétaires qui, sous la première race, avaient été naturellement poussés à se grouper contre l'autorité royale, et à grandir leur chef placé à côté du roi, ne travaillent maintenant qu'à s'élever isolément et à devenir souverains dans leurs domaines. L'hérédité des bénéfices et des charges prévaut. La royauté n'est plus qu'une seigneurie directe ou une suzeraineté indirecte et sans force. La souveraineté se disperse ; il n'y a plus d'État, plus de chef de l'État. L'histoire des Carlovingiens n'est que la lutte de la royauté en déclin contre cette tendance qui la dépouille et la resserre de plus en plus.

C'est là le caractère dominant, la marche générale des événements, de Louis-le-Débonnaire à Hugues Capet. Je vais reprendre les faits principaux de cette époque ; j'y trouverai les preuves du fait général.

1° Pepin-le-Bref (752—768). Comme il s'était élevé avec l'aide des grands propriétaires, du clergé et du pape, il fut, dans le cours de son règne, obligé de ménager les forces qui l'avaient soutenu. Il convoqua fréquemment les assemblées nationales, et y rencontra souvent de la résistance. Ce ne fut qu'avec d'extrêmes difficultés qu'il décida les chefs, ses compagnons, à aller faire la guerre aux Lombards, à la demande du pape Étienne III. Pepin, pour se conserver l'appui du clergé, ordonna aux détenteurs des bénéfices ecclésiastiques de remplir les conditions qui y étaient attachées; il prodigua aux églises les donations, et augmenta l'importance des évêques. C'est de la réponse de Zacharie à Pepin que les papes ont prétendu déduire leur droit historique de faire et de défaire les rois. Pepin favorisa ainsi l'accroissement des trois forces, l'aristocratie, le clergé et la papauté, qui lui avaient été et lui étaient encore très-utiles, qu'il savait contenir en les maniant, mais qui, dans d'autres circonstances, devaient travailler à se rendre indépendantes du pouvoir royal et concourir au démembrement, après avoir servi à la concentration. Le moment favorable au développement de ces forces était venu. Elles se mirent d'abord au service du roi qui les servait et savait s'en servir : elles devinrent ainsi en état de s'en affranchir et d'agir ensuite seules et pour leur propre compte.

2° Charlemagne (768-814). Les époques de transition, dans l'histoire des sociétés, ont ce singulier caractère qu'elles sont marquées tantôt par une grande agitation, tantôt par un grand repos. Il vaut la peine d'étudier les causes de cette différence entre des époques qui sont au fond de même nature, et qui ne constituent point pour la société un état fixe et destiné à durer, mais seulement un passage. Quand la transition a lieu d'un état de choses établi depuis longtemps et qu'il faut détruire, à un état nouveau et qu'il faut créer, elle est en général pleine d'agitation et de violence. Quand au contraire il n'y a pas eu d'état antérieur depuis longtemps fondé et par conséquent difficile à renverser, la transition n'est qu'une halte momentanée de la société fatiguée par le désordre du chaos et le travail de la création. Ceci fut le caractère du règne de Charlemagne. Le pays Franc tout entier, lassé des désordres de la première race et n'ayant pas encore enfanté le système social qui devait naturellement sortir de la conquête, c'est-à-dire le régime féodal, s'arrêta quelque temps sous la main d'un grand homme qui lui procurait plus d'ordre et une activité plus régulière qu'on n'en avait encore connu. Jusque-là les deux grandes forces qui agitaient le pays, les grands propriétaires et le clergé, n'avaient pu prendre leur assiette. Elles attaquaient l'autorité royale qui leur était ennemie. Charlemagne sut les contenir en les satisfaisant, et les occuper sans se livrer à elles. Ce fut sa force et la cause de l'ordre momentané qu'il obtint dans son empire. Nous verrons plus tard, en étudiant les institutions de son époque, quel fut le trait caractéristique de son gouvernement. Je ne m'occupe aujourd'hui que du fait lui-même, de cette autorité singulière d'un roi très-puissant placé entre un temps où la royauté n'était presque rien et un temps où elle cessa presque d'être quelque chose. Charlemagne fit de la monarchie barbare tout ce qu'elle pouvait être. Il avait en lui-même, dans les besoins de son esprit et de sa vie, une activité qui répondait aux besoins généraux de son époque, et qui les surpassait en même temps. Les Francs voulaient la guerre et le butin ; Charlemagne voulait des conquêtes pour étendre son nom et sa domination ; les Francs ne voulaient pas être étrangers à leur gouvernement : Charlemagne tint de fréquentes assemblées nationales, et employa les principaux membres de l'aristocratie territoriale comme ducs, comtes, *missi dominici*, etc. Le clergé voulait de la considération, de l'autorité et de la richesse. Charlemagne le tint en grande considération, se servit des évêques, les enrichit, les gagna en se montrant l'ami des études qu'ils cultivaient presque seuls. Partout où se portaient naturellement les esprits actifs et énergiques du temps, Charlemagne s'y portait le premier, plus guerrier que les guerriers, plus occupé des intérêts ecclésiastiques que les plus dévots, plus ami des lettres que les plus savants, toujours en avant dans toutes les carrières, et ramenant ainsi toutes choses à une sorte d'unité, par ce seul fait que son génie était partout en harmonie avec son temps parce qu'il lui était semblable, et capable de le régler parce qu'il lui était supérieur. Mais les hommes qui précèdent ainsi leur siècle dans toutes les routes sont les seuls qui se fassent suivre ; la supériorité personnelle de Charlemagne était la condition absolue de l'ordre passager qu'il établit. L'ordre ne naissait pas naturellement alors de la société ; l'aristocratie conquérante n'avait pas atteint son but d'organisation. Charlemagne, en l'occupant, l'en détourna un moment. Charlemagne mort, l'aliment manqua à toutes les forces sociales qu'il avait concentrées et absorbées ; elles reprirent leurs tendances naturelles, leurs luttes intestines ; elles recommencèrent à aspirer à l'indépendance de l'isolement et à la souveraineté dans leur voisinage.

3° Louis-le-Débonnaire (814-840). Son succès comme roi d'Aquitaine se démentit dès qu'il fut empereur. Les faits prouvèrent bientôt cette tendance à la dissolution qui travaillait l'empire de Charlemagne, et qui dispersa l'autorité qu'il avait su retenir dans ses mains. Louis donne des royaumes à ses fils, et ils se révoltent incessamment contre lui. Les trois forces sociales que Charlemagne avait si puissamment maniées et contenues, les grands propriétaires, le clergé et le pape, échappent à Louis-le-Débonnaire, et prennent parti tantôt pour lui, tantôt contre lui. Le clergé lui adresse des reproches et le force à une pénitence publique dans l'assemblée de Worms (829). On veut le faire moine à la suite de l'assemblée de Compiègne (830) où il a fait l'aveu de ses fautes, et il est déposé en 833, dans une autre assemblée, à Compiègne, à la suite d'une conspiration dans laquelle était entré le pape Grégoire IV. Dans tout le cours de ce règne, rien ne tient plus ensemble, tout se sépare, et les États qui formaient l'empire, et dans chaque État, les grandes forces sociales, laïques et ecclésiastiques. Chacune de ces forces aspire à se rendre indépendante. C'est un singulier spectacle, au milieu de cette dissolution, que Louis-le-Débonnaire essayant de pratiquer en écolier les maximes du gouvernement de Charlemagne, rendant des lois générales contre des abus généraux, prescrivant des règles à toutes ces forces qui lui échappent, essayant même de corriger les injustices particulières qui avaient été commises sous le règne précédent. Les rois, les grands propriétaires, les évêques, tous ont acquis le sentiment de leur importance et refusent d'obéir à un empereur qui n'est plus Charlemagne.

4° **Charles-le-Chauve (840-877).** La dissolution qui a commencé sous Louis-le-Débonnaire continue sous son fils Charles-le-Chauve. Les trois frères, s'appuyant tour à tour sur les prétentions du clergé ou des grands propriétaires, se disputent le vaste empire de Charlemagne. La sanglante bataille de Fontenai, le 25 juin 841, fit Charles-le-Chauve roi de Neustrie et d'Aquitaine, c'est-à-dire de France. Son règne n'est qu'une alternative continuelle, une série de vains efforts pour arrêter le démembrement de son État et de son pouvoir. Il dépouille tantôt le clergé pour satisfaire à l'avidité des grands propriétaires qu'il veut s'attacher, tantôt les grands propriétaires pour apaiser le clergé qu'il a besoin de reconquérir. Ses capitulaires ne contiennent presque que ces impuissantes alternatives. L'hérédité des bénéfices et des charges triomphe, et chaque chef fonde son indépendance particulière.

5° Normands. C'était le nom générique des peuplades germaines et scandinaves qui habitaient les bords de la Baltique. Leurs expéditions maritimes remontent à un temps très ancien. On en rencontre sous la première race des rois Francs; elles deviennent fréquentes à la fin du règne de Charlemagne et sous Louis-le-Débonnaire; elles sont continuelles sous Charles-le-Chauve. Ce fut une nouvelle cause de démembrement du pays et de l'autorité. Les Gaules Franques offrent au IXe siècle le même spectacle qu'avaient offert 400 ans auparavant les Gaules Romaines : un gouvernement incapable de défendre le pays, chassé ou se retirant de toutes parts, et des Barbares pillant, imposant des tributs, éloignés à prix d'argent, et reparaissant sans cesse. Cependant une différence notable se rencontre entre ces deux époques. Dans toutes deux, le gouvernement central était également incapable et usé; mais au IXe siècle, il existait sur le territoire Franc une multitude de chefs naguères barbares, devenus indépendants, entourés de guerriers qui se défendaient contre les nouveaux envahisseurs, bien plus énergiquement que ne l'avaient fait les magistrats Romains, et qui profitaient de ces désordres pour fonder leur souveraineté. C'est parmi ces chefs qu'on rencontre Robert-le-Fort, souche des Capétiens, duc de Neustrie, depuis l'an 861, et tué en 866, en défendant la Neustrie contre les Normands. Les Normands s'établirent définitivement en Neustrie, en 912, sous Charles-le-Simple, qui céda cette province à leur chef Rollon, en lui donnant en mariage Gisèle sa fille.

6° Charles-le-Gros. En 884, Charles-le-Gros, fils de Louis-le-Germanique, réunit momentanément presque tous les États de Charlemagne. Le maintien de cette nouvelle concentration de territoire et de pouvoir fut impossible, elle fut dissoute même avant la mort de Charles-le-Gros.

7° Eudes (888) et Raoul (923) se font rois. Le premier, comte de Paris, était fils de Robert-le-Fort, et prit le titre de roi dans une assemblée nationale tenue à Compiègne. Le second était duc de Bourgogne, et mari d'Emma, petite-fille de Robert-le-Fort, sœur de Hugues-le-Grand, duc de France. Ces rois ne sont plus, comme les maires du palais à la fin de la première race, les représentants d'une aristocratie puissante. L'aristocratie territoriale du xe siècle n'a plus besoin de se faire représenter. Aucune force ne lutte efficacement contre elle. Tout grand propriétaire est maître chez lui, et les rois ne sont que des grands seigneurs devenus indépendants, qui prennent le titre de rois, avec l'appui de leurs vassaux. Une partie des seigneurs ainsi devenus indépendants demeurent indifférents à des querelles qui n'inquiètent pas leurs droits et leur pouvoir.

Peu leur importe qu'il y ait un roi et quel il est. Les descendants de Charlemagne conservent quelque temps encore un parti, car l'idée et le sentiment du droit de l'hérédité royale, c'est-à-dire de la légitimité, sont déjà puissants ; mais en 987, la lutte finit, Hugues Capet se fait roi.

Le fait général qui caractérise cette époque, la tendance au démembrement, à la dissolution, se retrouve souvent dans le cours de l'histoire du genre humain. On voit d'abord les intérêts, les forces, les idées qui existent dans la société, travailler à se réunir, à se concentrer, et à produire le gouvernement qui leur convient. Cette concentration une fois opérée, ce gouvernement une fois produit, on le voit, au bout d'un certain temps, s'épuiser et devenir incapable de retenir le faisceau ; de nouveaux intérêts, de nouvelles forces, de nouvelles idées qui ne s'y accommodent point, s'élèvent et agissent ; alors la dissolution commence, les éléments sociaux se séparent, les liens du gouvernement se relâchent. Une lutte s'établit entre les forces qui veulent se séparer et l'autorité qui s'applique à les retenir. Quand la dissolution sera consommée, alors commencera un nouveau travail de concentration. C'est ce qui arriva après la seconde race. Le système féodal, en prévalant, avait dissous le gouvernement et l'État ; le gouvernement et l'État travaillèrent à se reconstituer, à reprendre de la consistance et de l'unité. Ce grand travail ne fut définitivement accompli que sous Louis XIV ; les forces sociales s'étaient alors de nouveau concentrées entre les mains de la royauté. Nous avons assisté de nos jours à une dissolution nouvelle.

Ce que nous observons de l'an 481 à l'an 987 est donc un phénomène général qui caractérise la marche du genre humain. Ce phénomène se présente non-seulement dans l'histoire politique des sociétés, mais encore dans toutes les carrières où s'exerce l'activité de l'homme. Dans l'ordre intellectuel, par exemple, on voit d'abord régner le chaos ; les tentatives les plus divergentes pour résoudre les grandes questions de la nature et de la destinée humaine, éclatent au sein de l'ignorance universelle. Peu à peu les opinions se rapprochent, une école se forme, un homme supérieur la fonde ; presque tous les esprits s'y rallient. Bientôt, dans le sein même de cette école, des opinions diverses s'élèvent, se combattent, se séparent ; la dissolution recommence dans l'ordre intellectuel, et elle durera jusqu'à ce qu'une nouvelle unité se reforme et ressaisisse l'empire.

C'est la marche de la nature elle-même dans ses grandes et mystérieuses opérations. C'est cette alternative continuelle de formation et de dissolution, de la vie et de la mort, qui se reproduit en toutes choses et sous toutes les formes. L'esprit assemble et anime la matière. Il l'use et l'abandonne. Elle retombe en proie à une fermentation après laquelle elle reparaîtra sous un nouvel aspect, pour recevoir de nouveau l'esprit qui peut seul lui imprimer la vie, la règle et l'unité.

DOUZIÈME LEÇON.

Anciennes institutions des Francs. — Pourquoi elles sont plus difficiles à étudier que celles des Anglo-Saxons. — Nécessité d'étudier d'abord la condition et les relations des terres pour bien comprendre celles des personnes. — Trois sortes de propriétés territoriales : les alleux, les bénéfices, les terres tributaires. — Première origine des alleux. — Sens du mot *alode*. — De la terre salique chez les Francs. — Deux caractères essentiels des alleux. — Charges dont les alleux étaient libres. — Charges qui pèsent peu à peu sur les alleux.

Les institutions primitives des Francs sont d'une étude bien plus difficile que celles des Anglo-Saxons.

1° Dans la monarchie Franque, l'ancien peuple Gaulois-Romain a subsisté; il a conservé en partie ses lois et ses mœurs; sa langue même a prédominé; les Gaules étaient plus civilisées, plus organisées, plus romaines que la Grande-Bretagne où presque tous les habitants du pays furent détruits ou dispersés.

2° Les Gaules ont été divisées entre divers peuples barbares qui ont eu chacun ses lois, son royaume, son histoire : les Francs, les Visigoths, les Bourguignons ; et les alternatives continuelles de dislocation et de réunion de la monarchie des Francs détruisirent longtemps toute unité dans son histoire.

3° Les vainqueurs furent dispersés sur un bien plus vaste territoire ; les institutions centrales furent plus faibles, plus diverses, plus compliquées.

4° Des deux systèmes d'ordre social et politique contenus dans le berceau des peuples modernes, le système féodal et le système représentatif, le dernier a depuis longtemps prévalu en Angleterre, le premier a longtemps dominé en France. Les anciennes institutions nationales des Francs se sont abîmées dans le régime féodal, à la suite duquel est venu le pouvoir absolu. Celles des Saxons se sont, au contraire, plus ou moins maintenues et perpétuées, pour aboutir enfin au régime représentatif qui les a rendues claires en les développant.

Peut-être aussi la difficulté de l'étude des anciennes institutions Franques vient-elle de ce que nous possédons plus de documents sur les Francs que sur les Saxons. Parce que nous savons plus de faits, nous avons plus de peine à les mettre d'accord. On croit savoir mieux parce qu'on sait moins.

Dans cet embarras, je veux déterminer avec précision ce que je cherche pour ne pas me perdre en divagations inutiles. Ce n'est point l'état de la société Franque dans toutes ses parties ni l'histoire de toutes ses vicissitudes que je me propose d'étudier avec vous. Je voudrais savoir et vous montrer 1° quelle était en France, du cinquième au dixième siècle, la nation politique, ayant des libertés et des droits politiques ; 2° par quelles institutions ces droits étaient exercés et ces libertés garanties.

Nous serons souvent obligés de faire des excursions hors de cette enceinte pour rechercher les faits nécessaires à la solution des questions qui y sont renfermées; mais nous nous hâterons d'y rentrer.

L'utilité des écrivains allemands dans cette étude est incontestable : une singulière cause d'erreurs pour les principaux écrivains français qui s'en sont occupés, c'est qu'ils ont voulu faire dériver toutes nos institutions de la Germanie, de l'état des Francs avant l'invasion, et qu'en même temps, souvent ils n'ont connu ni la langue, ni l'histoire, ni les savantes recherches des peuples purement Germains, c'est-à-dire des pays où se sont le mieux conservés les éléments primitifs de la société Franque, et qui formaient une grande partie de la monarchie des Francs.

Le docteur Hullmann, professeur à l'Université de Bonn, a écrit un livre [1] sur l'origine des divers états ou conditions sociales, dont le but est de prouver que

---

[1] *Geschichte*, etc. (*Histoire de l'origine des états en Allemagne*), in-8°, 1806.

l'ordre social moderne tout entier, politique comme civil, a dérivé de cette circonstance que les peuples modernes ont été des peuples agricoles, adonnés à la propriété et à la culture fixe de la terre. Cette vue, quoiqu'incomplète, a beaucoup d'importance. Il est certain que dans l'histoire de notre Europe, depuis la chute de l'Empire Romain, l'état des personnes est étroitement lié à l'état des propriétés territoriales, et que l'un s'éclaire par l'autre. Quand tous les faits ne prouveraient pas cela dès l'origine, la seule et longue prédominance du système féodal, qui consiste précisément dans le mélange et l'amalgame intime des relations des terres avec les relations des personnes, le démontrerait invinciblement.

C'est, dans l'origine, l'état des personnes qui a fait l'état des terres; selon qu'un homme a été plus ou moins libre, plus ou moins puissant, la terre qu'il possédait ou cultivait a pris tel ou tel caractère. La condition des terres est devenue ensuite le signe de la condition des personnes; selon qu'un homme a possédé ou cultivé telle ou telle terre, il a été plus ou moins libre, plus ou moins considérable dans l'État. L'homme avait commencé par qualifier la terre; la terre a fini par qualifier l'homme; et comme les signes deviennent promptement des causes, l'état des personnes a été enfin non-seulement désigné, mais déterminé, entraîné par l'état des terres. Les conditions sociales se sont en quelque sorte incorporées avec le sol, et l'homme s'est trouvé placé à tel rang, dans telle ou telle mesure de liberté et d'importance sociale, selon qu'il a été placé sur telle ou telle terre. En étudiant l'histoire moderne, il ne faut pas perdre un moment de vue ces vicissitudes de l'état des terres et de ses diverses influences sur l'état des personnes.

Il y a avantage à étudier d'abord l'état des propriétés en tant que signe de l'état des personnes, parce que le premier de ces deux états a eu quelque chose de plus fixe que l'autre. Il est aussi moins compliqué; l'état des personnes a souvent varié sur les terres de même condition; les mêmes personnes ont possédé des terres de diverses conditions. Enfin les monuments de l'état des terres sont plus clairs.

En étudiant l'état des propriétés territoriales et ses vicissitudes, je ne me propose point d'en rechercher la condition civile, ni d'envisager la propriété dans toutes les relations civiles où elle est engagée, successions, testaments, aliénations, etc.; je ne veux la considérer que dans ses rapports avec l'état des personnes, et comme signe ou cause des diverses conditions sociales.

Nous avons l'avantage que, dans la période que nous allons étudier (du cinquième au dixième siècle), un système complet est renfermé, aussi bien en ce qui touche à la propriété territoriale que pour l'état des personnes et les institutions politiques de la nation.

On rencontre, à cette époque, trois espèces de propriétés territoriales : 1° les terres allodiales ; 2° les terres bénéficiaires ; 3° les terres tributaires.

1° *Des terres allodiales* ou *alleux*.

C'étaient les terres possédées en toute propriété, que le propriétaire ne tenait de personne, à raison desquelles il ne devait rien à aucun supérieur et dont il disposait en toute liberté.

Les terres prises ou reçues en partage par les Francs, au moment de la conquête, ou dans leurs conquêtes successives, furent originairement des alleux.

On ne tenait un alleu, disait-on plus tard, que de Dieu et de son épée. Hugues Capet disait tenir ainsi la couronne de France, parce qu'elle ne relevait de personne. Ce sont là des souvenirs de conquête.

Le mot *alode* lui-même indique que les premiers alleux furent les terres qui échurent aux vainqueurs par tirage au sort ou partage ; *loos*, sort ; *allotted*, *allottment*, d'où, en Français, *loterie*. On trouve chez les Bourguignons, les Visigoths, les Lombards, etc., la trace positive de ce partage des terres allouées aux vainqueurs. Ils prirent les deux tiers des terres, ce qui ne veut pas dire les deux tiers de toutes les terres du pays, mais les deux tiers des terres du lieu où un Barbare un peu considérable s'établit. Les terres ainsi échues aux Barbares furent appelées *sortes Burgundionum, Gothorum,* etc.

On ne trouve pas chez les Francs des traces positives d'un tel partage des terres, mais on voit cependant qu'ils tiraient leur butin au sort.

Le mot *alode* ne désigna donc probablement d'abord que les terres prises par les vainqueurs en vertu de la conquête. Ce qui le prouve encore, c'est qu'on distingua longtemps les alleux, proprement dits, des autres terres possédées également en toute propriété, et ne devant rien à personne, mais acquises par achat ou de toute autre manière.

Enfin on distinguait, entre les alleux, la terre salique qui ne pouvait être héritée que par les mâles. C'était probablement l'alleu originaire, la terre acquise lors de la conquête, et qui devint alors l'établissement primitif et principal du chef de famille. *Terra salica* est la *terra aviatica* des Francs-Ripuaires, *terra sortis titulo adquisita* des Bourguignons, *hæreditas* des Saxons, *terra paterna* des formules de Marculf.

On a donné de la terre salique diverses explications. Montesquieu a prétendu que c'était la terre de la maison, du mot *sal, hall.* Cette explication est appuyée par Hullmann. Ce serait l'*inland* des Anglo-Saxons. Il est probable que dans l'origine la *terra salica* fut en effet la terre de la maison, du principal établissement. Les deux explications rentreraient l'une dans l'autre ; mais la première est plus complète et plus historique.

Le nom d'*alleu* s'étendit peu à peu à toutes les terres possédées en toute propriété, et qu'on ne tenait de personne, qu'elles fussent ou non des alleux originaires. On employa alors, comme synonymes d'*alleu*, les mots *proprium, possessio, prædium, hæreditas*.

Ce fut probablement alors que tomba en désuétude la rigueur de l'interdiction qui excluait les femmes de la succession à la terre salique. Il eût été trop dur de les exclure de la succession à tous les alleux. Il y avait déjà des doutes à cet égard quand la loi salique fut rédigée ; et Marculf nous a conservé une formule qui prouve que, quoique ce fût la loi commune de priver les femmes de toute succession aux alleux primitifs, un père pouvait cependant, par son testament, donner à sa fille un droit égal à celui de ses fils dans le partage de tous ses biens, de quelque nature qu'ils fussent.

Le caractère essentiel et primitif de l'alleu consistait dans la plénitude de la propriété, le droit de donner, d'aliéner, de transmettre par héritage ou testament, etc.

Le second caractère était de ne dépendre d'aucun supérieur, de ne devoir à aucun individu aucun service foncier, redevance, tribut, etc.

De ce que les alleux étaient exempts de toute charge particulière envers un individu, s'ensuit-il qu'ils fussent aussi exempts de toute charge publique envers l'État, ou envers le roi comme chef de l'État? Cette question a divisé les savants.

Il n'y avait, à l'époque qui nous occupe, point de charges publiques proprement dites, point d'obligations imposées et remplies envers l'État ou son chef. Tout se bornait à des relations personnelles entre les hommes, et des relations des hommes naissaient les relations des terres, qui ne s'étendaient pas au-delà des personnes. Nous l'avons déjà vu : la position des Francs après la conquête dériva de leurs relations antérieures combinées avec leur situation nouvelle. L'homme libre, qui ne tenait sa terre de personne, n'avait, à raison de sa terre, aucune obligation ni charge envers personne. Dans cet état de civilisation la liberté est l'apanage de la force. Les Francs propriétaires d'alleux, et assez forts pour ne devoir rien à aucun individu plus puissant, n'auraient pas compris la nécessité de devoir quelque chose à un être abstrait comme l'État, avec lequel ils n'avaient d'ailleurs aucune relation personnelle.

Cependant, comme la société ne peut subsister dans cet état de dissolution qui naît de l'isolement des individus, des relations nouvelles se formèrent progressivement entre les propriétaires d'alleux, et imposèrent aux alleux certaines charges.

1° Les dons qu'on faisait aux rois, soit à l'époque de

la tenue des Champs-de-Mars ou de Mai, soit lorsqu'ils venaient passer quelque temps dans telle ou telle province. Les rois n'avaient pas de demeure fixe. Ces dons, d'abord purement volontaires, se convertirent peu à peu en une sorte d'obligation dont les alleux n'étaient pas exempts. Ce qui prouve que ces dons étaient devenus obligatoires, c'est une liste arrêtée à Aix-la-Chapelle en 817, sous Louis-le-Débonnaire, et qui énumère les monastères qui les devaient et ceux qui ne les devaient pas.

2° Les denrées et les moyens de transport à fournir aux envoyés du prince et aux envoyés étrangers qui traversaient le pays.

3° Parmi les diverses nations Barbares successivement agrégées par la conquête au royaume des Francs, plusieurs payaient aux rois Francs des tributs dont probablement les terres libres, les alleux possédés par ces nations, avaient leur part. C'était une certaine quantité de vaches, de cochons, de chevaux. La nature de ces tributs prouve qu'ils n'étaient pas répartis sur les terres, mais imposés à la nation en masse.

4° Une charge plus importante, le service militaire, pesait aussi sur les alleux. Nous verrons, dans la leçon prochaine, comment cette charge s'introduisit.

TREIZIÈME LEÇON.

Origine du service militaire. — A quel titre il était imposé à tous. — Dans quelles limites il pesait sur les propriétaires d'alleux. — Comment Charlemagne en fit une obligation générale, réglée en raison de la propriété. — Les alleux étaient d'abord exempts de tout impôt. — Efforts des rois et des chefs pour soumettre les alleux à certains impôts. — Y avait-il primitivement un grand nombre d'alleux ? — Disparition progressive des petits alleux. — Par quelles causes. — Des bénéfices. — Leur origine. — Changement de situation des chefs germains par leur établissement territorial. — Leurs richesses mobilières et immobilières. — Caractère privé de ces richesses. — Point de trésor public. — Différence, sous ce rapport, entre les républiques de l'antiquité et les États fondés sur les ruines de l'empire romain. — De l'*œrarium* et du *fiscus* dans l'ancienne république romaine. — Comment se formait et s'accroissait le domaine privé des rois en France. — Les bénéfices étaient-ils donnés à temps et révocables, ou à vie et réversibles, ou héréditaires ? — Erreur de Montesquieu à ce sujet. — Simultanéité de ces divers modes de concession.

J'ai indiqué quelques-unes des relations nouvelles qui s'établirent progressivement entre les propriétaires d'alleux, et les charges qui en découlèrent. J'ai à vous entretenir aujourd'hui du service militaire et des bénéfices.

Dans l'origine, le service militaire fut imposé à l'homme, en raison de sa qualité, de sa nationalité avant la conquête, et non de ses biens. Après la conquête, ce ne fut pas même d'abord une obligation légale ; c'était le résultat naturel de la situation des Francs qui avaient besoin de défendre leurs conquêtes, et de leur goût pour les expéditions guerrières et le pillage. C'était aussi une sorte d'obligation morale de chaque homme libre envers le chef qu'il avait choisi. Cela se passait encore comme en Germanie ; le chef proposait une expédition à ses hommes, et s'ils l'approuvaient, ils partaient. On voit Théodoric proposer ainsi aux Francs-Austrasiens une expédition contre la Thuringe. Souvent les guerriers eux-mêmes sommaient leur chef de les conduire à telle expédition, le menaçant de le quitter et d'en aller trouver un autre, s'il ne voulait pas marcher avec eux.

On voit s'introduire, sous les Mérovingiens, une sorte de régularité, d'obligation légale dans les convocations militaires, et une peine est infligée à ceux qui ne s'y rendent pas. L'obligation était imposée et la peine infligée même dans des cas où il ne s'agissait pas de la défense du territoire. Les propriétaires d'alleux n'en étaient pas exempts ; beaucoup y allaient sans doute volontairement; les faibles y étaient contraints. C'était cependant encore une obligation attachée plutôt à la qualité d'homme libre, et Franc, ou de compagnon, qu'à la propriété.

C'est sous Charlemagne qu'on voit l'obligation du service militaire imposée à tous les hommes libres, propriétaires d'alleux comme de bénéfices, et réglée en raison de la propriété. Ce service paraît alors, non plus un acte volontaire, non plus le résultat de la simple relation du compagnon à son chef, mais un véritable service public imposé à tous les hommes de la nation, à raison de la nature et de l'étendue de leurs propriétés territoriales. Charlemagne veilla très-sévèrement à l'exécution du système de recrutement qu'il avait établi : la preuve en est dans son capitulaire en forme d'instruction aux *missi dominici*, de l'année 812. C'est le monument le plus détaillé des charges du service militaire.

Ces charges subsistèrent aux mêmes conditions sous les premiers successeurs de Charlemagne. Sous Charles-le-Chauve, elles furent restreintes au cas d'une invasion du pays par l'étranger (*landwehr*). La relation du vassal au seigneur prévalait complétement alors sur celle du citoyen au chef de l'État.

Quoique les alleux fussent exempts d'impôts proprement dits, plus encore parce qu'il n'y avait pas d'impôts généraux qu'en vertu de la condition particulière des alleux, on voit de très-bonne heure les rois faire des tentatives pour mettre des impôts sur des hommes et des terres qu'on en croyait exempts de droit : on se plaint de ces tentatives comme d'une injustice ; on se révolte ; on en exige le redressement, sous Chilpéric en 578, en Austrasie, sous Théodebert, en 547, et sous Clovis II en 615.

On voit aussi, dans de grandes et fâcheuses circonstances, les rois imposer certaines charges aux propriétaires sans distinction, pour venir au secours soit des pauvres, soit de l'État ; Charlemagne, en 779, à l'occasion d'une famine, et Charles-le-Chauve, en 877, pour le tribut à payer aux Normands. Dans les deux cas, cette charge est répartie selon la qualité des personnes et des propriétés.

Il y a lieu de croire que, dans l'origine, les alleux n'étaient pas en grand nombre, surtout parmi les Francs.

Il ne faut pas croire que les Francs prissent et se partageassent des terres partout où ils faisaient des expéditions et des conquêtes. Ils voulaient surtout du butin qu'ils emportaient, du bétail qu'ils emmenaient dans le lieu de leur établissement. Pendant longtemps la plupart des Francs ont peu quitté leurs premières habitations sur les bords de la Meuse et du Rhin ; ils y revenaient après leurs expéditions.

Voici probablement de quelle manière les terres se

distribuaient. Chaque chef en prenait pour lui-même et pour ses compagnons, qui vivaient sur les terres de leur chef. C'est une absurdité de croire que chaque bande vînt à se dissoudre en individus qui se séparaient pour aller habiter chacun sur une portion de terre isolée. Point ou peu de partages individuels. Ce qui le prouve, c'est le grand nombre de Francs qui paraissent sans propriétés foncières et vivant comme colons sur les terres et dans les *villæ* d'un chef ou du roi. Souvent même un homme se mettait, non-seulement sous la protection d'un autre, mais à sa disposition, pour le servir sa vie durant, à charge d'être nourri et vêtu, sans cesser d'être libre. Ce genre de contrat, dont la formule a été conservée, devait être assez commun, et explique le grand nombre d'hommes libres qu'on rencontre vivant et servant sur les terres d'autrui.

Il y eut probablement plus de Francs qui devinrent successivement propriétaires par les bénéfices, que de Francs primitivement propriétaires d'alleux.

La plupart des propriétaires de petits alleux furent peu à peu dépouillés ou réduits à la condition de tributaires, par les envahissements de voisins ou de chefs puissants. Il y en a des exemples innombrables. Du septième au dixième siècle, les lois attestent la tendance des grands alleux ou des grands bénéfices à absorber les petits alleux. L'ordonnance de Louis-le-Débonnaire sur les plaintes des Espagnols réfugiés dans le midi, explique fort bien quelle était alors la marche du système des propriétés.

Les donations aux églises tendaient aussi incessamment à diminuer le nombre des alleux. Ils auraient probablement bientôt disparu si une cause contraire n'avait tendu à en créer sans cesse de nouveaux. Comme la propriété des alleux était sûre, perpétuelle, et celle des bénéfices précaire et plus dépendante, les propriétaires de bénéfices cherchaient sans cesse à les convertir en alleux. Les capitulaires le prouvent à chaque pas. Il est probable qu'il se créait ainsi de grands alleux nouveaux; mais les petits tendaient à disparaître.

Enfin, sous Charles-le-Chauve, un phénomène singulier se présente. On touche au moment où le système de la propriété allodiale va, pour ainsi dire, s'abîmer dans le système de la propriété bénéficiaire, qui est celui de la féodalité ; et précisément alors le nom d'alleux est plus fréquent que jamais. On le voit donné à des propriétés qui sont évidemment des bénéfices. Ce nom désignait encore une propriété plus sûrement héréditaire et indépendante, et comme l'hérédité et l'indépendance des bénéfices prévalaient, on les appelait des alleux précisément pour marquer leur nouveau caractère ; et le roi lui-même qui avait le plus grand intérêt à ce que ses bénéfices ne devinssent pas des alleux, leur donne ce nom comme si c'était une chose convenue. Soixante ans auparavant, Charlemagne faisait les plus grands efforts pour empêcher que les bénéfices ne devinssent des alleux.

Je viens d'expliquer la nature et les révolutions des alleux; je passe aux bénéfices.

Les bénéfices, berceau du régime féodal, résultèrent naturellement des anciennes relations des chefs avec leurs compagnons, en Germanie. Comme la puissance de ces chefs n'était que dans la force de leur bande, tout leur soin était de s'attacher un grand nombre d'hommes. Tacite raconte comment, chargés de l'entretien et de la subsistance de leurs compagnons, ils les acquéraient et les conservaient par des guerres continuelles, par le partage des dépouilles de l'empire, par des dons d'armes et de chevaux. Après la conquête, la situation des chefs changea par l'établissement territorial. Jusque-là, dans leur vie errante, ils n'avaient vécu que de rapines; ils possédèrent alors deux espèces de richesses, le butin mobilier et des terres. Ils firent à leurs compagnons d'autres présents qui les engagèrent dans un autre genre de vie. Ces richesses, mobilières et immobilières, restèrent pour les chefs, comme pour tous les autres, des propriétés personnelles et privées. La société franque n'était encore arrivée à aucune idée de propriété publique. Il n'y avait que des individus puissants par leur courage et leur habileté dans la guerre, par l'ancienneté de leur famille et l'éclat de leur nom, qui rassemblaient autour d'eux d'autres individus, passant leur vie dans les mêmes hasards. Les républiques anciennes n'avaient point commencé ainsi. Rome eut bientôt son trésor public, l'*ærarium*. Vers la fin de la république, l'*ærarium* subsistait encore. Auguste créa le *fiscus*, la caisse du prince, qui devait absorber l'*ærarium*. Le *fiscus* ne reçut d'abord que des dons particuliers au prince, mais envahit bientôt tous les revenus publics, et finit par rester seul. Ainsi le despotisme transforma le domaine public en domaine privé. Les États fondés sur les ruines de l'empire romain ont suivi une marche contraire. Ils ont commencé par les seules propriétés privées. C'est le développement de la civilisation et des institutions libres qui ont, par degrés, et dans presque toutes les monarchies, rendu public le domaine privé.

Le domaine privé des chefs de bandes, et particulièrement des rois Francs, se composa d'abord de terres prises sur les habitants du pays où l'on s'établissait. Je vous l'ai déjà dit; on ne prenait pas toutes les terres, mais on en prenait beaucoup. La part du chef devait être considérable, comme le prouvent les nombreux domaines des rois des deux premières races, en Belgique, en Flandre, et sur les bords du Rhin, lieu de leur premier établissement. Hullmann a donné l'état de cent vingt-trois domaines de la famille Carlovingienne, au-delà de la Meuse.

Les propriétés privées des chefs des peuples vaincus passaient, en grande partie du moins, dans le domaine du chef vainqueur. Clovis soumit successivement plusieurs petits rois voisins, Ragnachaire, à Cambrai, Chararich, en Belgique, Siegbert, à Cologne ; il s'empara de tous leurs biens personnels.

La substitution d'une famille à une autre dans la royauté augmentait le domaine privé du roi. Aux propriétés du roi détrôné, le nouveau roi ajoutait les siennes propres. Les grands domaines que possédait la famille des Pepin, en Belgique et sur le Rhin, devinrent des domaines royaux.

Les confiscations légales par suite de crimes, les cas de déshérence, les confiscations injustes et violentes étaient, pour les rois, autant de sources de richesse personnelle.

Le domaine privé des rois s'accrut ainsi considérablement, et les rois l'employèrent surtout à s'attacher leurs compagnons et à en acquérir de nouveaux. Les bénéfices sont donc aussi anciens que l'établissement des Francs sur un territoire fixe.

Les bénéfices étaient-ils donnés à temps et révocables à volonté, ou à vie et réversibles, ou héréditaires ? C'est la question fondamentale qui divise nos historiens, purs érudits ou philosophes. Montesquieu a voulu établir, entre ces modes divers, une progression historique. Il prétend que les bénéfices furent d'abord révocables à temps, puis à vie, et enfin héréditaires. Je crois qu'il s'est trompé, et son erreur vient de ce qu'il a essayé de régulariser l'histoire, et de soumettre les faits à une marche systématique. Il y a toujours eu deux tendances quant aux bénéfices ; celle des hommes qui les avaient reçus à les garder, même héréditairement ; celle des rois à les reprendre, ou à ne les concéder que temporairement. Tous les débats des rois avec leurs sujets puissants, tous les traités qui les terminent, toutes les promesses dont le but est d'apaiser les mécontentements, prouvent que les rois ne cessaient de reprendre violemment les bénéfices, et les seigneurs d'en retenir violemment la possession. Les maires du palais fondèrent leur pouvoir en se plaçant à la tête des grands possesseurs de bénéfices, et en secondant leurs prétentions. Sous l'administration de Pepin-le-Bref et de Charlemagne, la lutte paraît cesser, parce que les rois ont momentanément une grande supériorité de force. Ce sont les rois à leur tour qui sont en agression à cette époque pour remettre la main sur les bénéfices, et en conserver la libre disposition. Sous Charles-le-Chauve, la faiblesse des rois recommence, et par suite les traités et les promesses redeviennent favorables aux bénéficiers. En résumé, l'histoire des bénéfices, depuis Clovis jusqu'au plein établissement du régime féodal, n'est que la lutte de ces deux tendances contraires. L'examen attentif et précis des faits vous prouvera que les trois modes de concessions bénéficiaires n'ont point été successifs et distincts dans le temps, mais qu'ils se rencontrent et ont été pratiqués simultanément dans tout le cours de cette période.

QUATORZIÈME LEÇON.

Preuves de la simultanéité des divers modes de concession des bénéfices, du cinquième au dixième siècle : — 1º des bénéfices absolument et arbitrairement révocables ; — ce fut souvent le fait, jamais le droit ; — 2º des bénéfices concédés pour un temps limité ; — des *précaires* ; — histoire des biens enlevés aux églises par Charles-Martel ; — 3º des bénéfices concédés à vie ; — 4º des bénéfices concédés héréditairement. — On peut affirmer qu'en général les bénéfices étaient concédés à titre d'usufruit et à vie, et qu'ils tendaient constamment à devenir héréditaires. — Cette tendance prévaut décidément sous Charles-le-Chauve. — Des obligations attachées aux bénéfices. — Services militaires. — Services judiciaires et domestiques. — Origine, sens et vicissitudes de la fidélité due par le vassal au seigneur.

Depuis l'envahissement des Gaules par les Francs jusqu'au moment où le régime féodal s'est définitivement constitué, on trouve, dans tout le cours de cette époque :

1º Des bénéfices révoqués, non-seulement par suite de condamnations légales, mais par la volonté arbitraire du donateur. L'amovibilité absolue et arbitraire des bénéfices était pratiquée en fait sous les rois Mérovingiens. Il est fort douteux cependant qu'elle ait jamais été reconnue comme le droit du donateur. Un tel acte avait quelque chose d'imprévu et de violent qui choque les idées de justice naturelle. Peu d'hommes consentiraient à recevoir une grâce qu'ils seraient légalement exposés à perdre au premier caprice. Montesquieu affirme que l'amovibilité absolue des bénéfices fut d'abord de droit. Les preuves qu'il en donne sont peu concluantes : 1° La clause contenue dans le traité conclu à Andely, en 587, entre les rois Gontran et Childebert, prouve le fait, mais non le droit ; 2° la formule de Marculf ne prouve également qu'un usage commun. D'ailleurs le donateur a dans cette formule un motif, la nécessité de l'échange ; 3° la loi des Lombards se borne à caractériser le bénéfice comme une propriété précaire, ce qui est indubitable ; 4° le *Livre des fiefs*, compilé au douzième siècle, a probablement converti le fait en droit ; 5° la lettre des évêques à Louis-le-Germanique ne prouve également qu'un fait. Il est évident que le droit a toujours été contesté, et qu'on a toujours cherché à empêcher le fait. Charlemagne, dit Éginhard, « ne souffrait pas que tout seigneur pût enlever à son vassal, pour quelque accès de colère, les bénéfices qu'il lui avait accordés. » Le capitulaire de Louis-le-Débonnaire, qui donne un an au bénéficier averti dont le bénéfice est en mauvais état, avant de le lui retirer, prouve également que certaines formes étaient observées à cet égard, et proteste contre une disposition purement arbitraire. Que le donateur eût le droit de retirer le bénéfice, quand le bénéficier avait manqué à ses obligations, c'est ce qui est indubitable. Or, il était très-facile d'abuser de ce principe et de retirer les bénéfices, sous prétexte de révolte ou d'infidélité ; aussi est-ce contre un tel procédé que s'élèvent toutes les réclamations et se prémunissent tous les traités.

Ainsi on trouve, du cinquième au dixième siècle : 1° de nombreux exemples de bénéfices retirés arbitrairement : c'était la pratique du donateur, quand sa force répondait à son désir ; 2° des bénéfices retirés pour cause d'infidélité, de révolte, de trahison : c'était le droit.

2° Quant aux bénéfices concédés pour un temps limité, Montesquieu affirme, d'après le *Livre des fiefs*, qu'ils furent concédés d'abord pour un an. Je n'en ai trouvé aucun exemple positif. Cependant il n'est pas impossible qu'il y en ait eu, à l'exemple des *precaria* des églises. *Precarium*, chez les Romains, signifiait une concession gratuite de l'usufruit d'une propriété pour un temps limité, et en général assez court. Sous la monarchie des Francs, les églises, vous l'avez déjà vu, affermaient souvent leurs biens de la sorte, pour un revenu déterminé. Charles-le-Chauve ordonna que les précaires seraient faits pour cinq ans, et renouvelés tous les cinq ans. Les seuls bénéfices qui me paraissent avoir été concédés à temps, du moins en apparence, sont ceux qui dérivèrent des biens ecclésiastiques pris par Charles-Martel (vers 720), et qui furent ensuite possédés à titre de précaires. Avant cette époque, on voit les rois ou les maires interposer leur autorité, pour faire obtenir, à titre de précaires, à certaines personnes, la jouissance de certains biens de l'église. Il paraît que Charles-Martel fit plus alors que faire accorder ou retenir des biens d'église à titre de *precaria*, et qu'il déposséda complétement les églises, pour conférer leurs biens comme bénéfices. Mais après lui, Pepin et Carloman, ses fils, en prenant aussi des biens d'église pour les conférer à leurs vassaux, ne les prirent qu'à titre de *precaria*. Les ecclésiastiques réclamèrent vivement contre la spoliation de Charles-Martel, et ce fut sur leurs réclamations que Pepin ordonna que les biens qui pourraient être rendus le seraient en effet, et que ceux qui ne pourraient l'être seraient tenus à titre de *precaria*, sous certaines redevances, jusqu'à ce qu'ils fissent retour à l'église. Pepin et Charlemagne tinrent soigneusement la main à ce que les détenteurs *in precario* des biens de l'église remplissent leurs obligations envers les propriétaires primitifs; et on voit, par la fréquence de leurs ordres, que ces ordres étaient souvent méconnus. Cependant il est évident que la pratique de prendre des biens d'église et de les donner, soit absolument, soit à titre de précaires, continua même sous les rois les plus faibles et les plus superstitieux. Les évêques disent que Charles-le-Chauve s'y laissa entraîner, « en partie à cause de sa jeunesse, en partie par faiblesse, séduit souvent par les avis de mauvais conseillers, et souvent contraint par les menaces des détenteurs qui lui disaient que, s'il ne leur concédait pas ces propriétés sacrées, ils l'abandonneraient aussitôt. » Il est probable que peu de ces biens furent rendus aux églises, et que la plupart de ceux qui étaient tenus *sub precario* devinrent, avec les autres bénéfices, la propriété héréditaire des détenteurs.

On voit que, loin que Charles-Martel doive être considéré comme le premier auteur de la concession des bénéfices à vie, les bénéfices, au contraire, qui dérivaient soit de l'acte par lequel il dépouilla les églises et les monastères, soit d'actes analogues aux siens, furent longtemps plus précaires que les autres, et devaient même légalement être restitués aux églises, toujours à la mort des détenteurs, et plus tôt si cela se pouvait.

3° On trouve, durant toute l'époque dont nous nous occupons, et à la fin comme au commencement, des bénéfices donnés à vie. Il est évident que sous Pepin et Charlemagne la plupart des bénéfices étaient donnés à vie. Cela résulte de toutes les précautions que prenaient les rois pour empêcher qu'on ne les transformât en alleux. Louis-le-Débonnaire prit les mêmes précautions. Mabillon rapporte un diplôme de ce roi, contenant concession formelle d'un bénéfice à vie. En 889, le roi Eudes confère un bénéfice à Ricabod, son vassal, « en droit bénéficiaire et à titre d'usufruit » avec cette addition, que, s'il a un fils, le bénéfice passera à ce fils pour sa vie. On voit, sous Pepin, un vassal, qui avait un bénéfice, mourir, et son bénéfice donné aussitôt à un autre vassal.

4° On rencontre aussi durant toute cette époque des bénéfices donnés ou retenus héréditairement. En 587, il fut stipulé par le traité d'Andely, au sujet des concessions faites par la reine Clotilde, qu'elles seraient à perpétuité. La loi des Visigoths (de Chindasuinthe, vers 540) porte que les concessions faites par les princes ne doivent point être révoquées. Marculf donne la formule de la concession héréditaire. En 765 Charlemagne donne à un nommé Jean, qui avait battu les Sarrazins dans le comté de Barcelone, un domaine (dit Fontaines), situé près de Narbonne : « afin que lui et sa postérité le possèdent sans aucun cens ni trouble, tant qu'ils resteront fidèles à nous ou à nos enfants. » Le même Jean se présente à Louis-le-Débonnaire avec la donation de Charlemagne, et en demande la confirmation. Louis la confirme, et l'étend à de nouvelles terres. En 884, Jean étant mort, son fils Teutfred se présente à

Charles-le-Chauve avec les deux donations ci-dessus, et lui demande de les lui confirmer. Le roi le lui accorde, « afin que tu les possèdes, toi et ta postérité, sans aucun cens. » Ces demandes successives de confirmation, soit à la mort du premier donateur, soit à celle du premier bénéficier, prouvent que l'hérédité des bénéfices n'était pas encore censée de droit, même quand elle avait été promise, et qu'ainsi elle n'était pas une loi générale et reconnue dans l'État.

Les trois modes de concession des bénéfices dont je viens de donner des exemples existèrent donc en même temps, et je crois qu'on peut affirmer deux faits généraux, bien que non exclusifs : 1° la condition commune des bénéfices durant cette époque était d'être donnés à titre d'usufruit et à vie ; 2° la tendance des événements allait à rendre les bénéfices héréditaires. C'était la suite de la tendance au triomphe du système féodal ou aristocratique sur le régime monarchique. On voit sous Charlemagne, qui est le point culminant du système monarchique, que la plupart des bénéfices étaient donnés en usufruit à vie, et non comme propriété. Non-seulement Charlemagne ne voulait pas qu'on usurpât la propriété des bénéfices, mais il veillait à leur bonne administration. Sous Charles-le-Chauve, qui est le moment où prévaut le système aristocratique, l'hérédité devient la condition commune des bénéfices. Cette condition des bénéfices résulta de l'immense quantité de concessions héréditaires qui furent faites sous ce règne et qui avaient commencé sous Louis-le-Débonnaire, et de quelques dispositions générales des Capitulaires de Charles-le-Chauve, qui reconnaissent ou confèrent aux fidèles du roi le droit de transmettre leurs bénéfices héréditairement. On doit conclure de là que l'hérédité des bénéfices prévalait alors presque complétement en fait, et commençait à être avouée en principe, mais non qu'elle fût déjà un droit universel et reconnu. On la demande et on la reçoit individuellement, ce qui n'eût pas eu lieu si elle eût été de droit. Dans les monarchies démembrées de celle de Charlemagne, par exemple en Allemagne, elle n'est point reconnue comme droit, et prévaut moins en fait.

N'oublions jamais, je le répète, que tous ces faits généraux ne sont point exclusifs, et que les divers modes de concession de bénéfices ont eu lieu dans tous les temps. Il découlait de la nature des choses que la condition commune des bénéfices fût d'abord d'être à vie. Les relations du chef aux compagnons étaient toutes personnelles; les concessions durent être personnelles aussi. Il était aussi dans la nature des choses, les Francs une fois établis et fixés, que les compagnons qui pouvaient acquérir une existence indépendante, et devenir puissants de leur côté, tendissent à se séparer de l'ancien chef, et à se fixer sur leurs propriétés, pour y devenir eux-mêmes centre d'un groupe d'hommes. De là tous ces efforts pour l'hérédité des bénéfices.

Après avoir déterminé l'origine et le mode de concession et de transmission des bénéfices, il faut savoir quelles conditions y étaient attachées, quelles relations se formaient par-là entre le donateur et le bénéficier.

Mably pense que les bénéfices n'imposaient d'abord aucune obligation particulière, et que ceux de Charles-Martel furent les premiers qui entraînèrent formellement des services militaires et civils. Cette opinion va contre la nature des choses. L'origine des bénéfices dépose du contraire. Ils étaient, comme l'avaient été en Germanie les dons de chevaux ou d'armes et les banquets, une manière de s'attacher des compagnons. Cette relation seule emporte une obligation. L'idée de Mably est également en contradiction avec les faits. Dans tous les débats élevés entre les bénéficiers et les rois Mérovingiens, on réclame toujours les bénéfices en faveur de ceux qui ont gardé fidélité à leur patron. On ne se plaint pas d'en voir dépouillés ceux qui ont manqué à la fidélité qu'ils devaient. Siggo perd les bénéfices de Chilpéric en 576 pour avoir quitté son service et avoir passé à celui de Childebert II. La loi des Ripuaires prononce la confiscation des biens de tout homme qui a été infidèle au roi. Marculf donne la formule de l'acte par lequel un homme était reçu au nombre des fidèles. Charles-Martel, en donnant des bénéfices à ses soldats, ne fit que leur imposer les obligations qui avaient toujours dérivé de telles concessions. Seulement ces obligations devinrent progressivement plus formelles et plus explicites, précisément à mesure que les anciennes relations des compagnons à leurs chefs tendaient à se relâcher et à se dissoudre, par la dispersion des hommes et leur établissement sur des propriétés. Originairement les compagnons vivaient avec leur chef, autour de lui, dans sa maison, à sa table, en paix comme en guerre ; ils étaient ses vassaux dans le sens primitif du mot qui signifiait *convive, compagnon*, homme de la maison [1]. Quand la plupart des vassaux se dispersèrent pour aller habiter chacun dans sa propriété allodiale ou bénéficiaire, on sentit la nécessité de déterminer les obligations qui leur étaient encore imposées ; mais cela ne se fit que progressivement et imparfaitement, comme il arrive quand il s'agit de choses qui ont été longtemps et généralement connues et convenues. C'est vers la fin de la première race et sous la seconde que les obligations attachées

---

[1] Il y a diverses étymologies du mot *vassus*, de *haus*, maison, de *gast*, hôte, de *fest* établi, de *geselle* (*vassallus*).— Le mot *Gasinde*, qui exprimait la *familia* en tant qu'elle comprenait les hommes habitant la maison, les hôtes, par opposition à *mancipia*, me fait croire que *vassus* vient de *gast*. (Anton, (*Gesch. der Deuts. Landw.*, t. 1, p. 526.)

On lit dans la loi salique (tit. 43) : *Si quis romanum hominem convivam regis occiderit, sol. 300 culpabilis judicetur*. Les rédacteurs romains de cette loi auront rendu par *conviva* le mot *gast*.

à la concession des bénéfices paraissent clairement déterminées. Elles se rangent sous deux chefs principaux : 1° l'obligation du service militaire, à la réquisition du donateur ; 2° l'obligation à certains services judiciaires et domestiques, auprès de sa personne et dans sa maison. Ces services, auxquels les bénéficiers étaient tenus, sont impossibles à spécifier à cette époque. On voit seulement, dans une foule d'actes, que les rois imposaient aux bénéficiers *servilia*, qui les obligeaient de se rendre à leur cour. Ces obligations étaient comprises sous le mot général *fidélité*. Elles furent d'abord personnelles et attachées à la qualité de *fidèle*, indépendamment de toute possession de bénéfices. C'était encore les anciens compagnons Germains. Lorsqu'il fut devenu nécessaire de donner des terres en bénéfice pour s'assurer de la fidélité des fidèles, l'obligation s'attacha à la qualité de bénéficier. On voit constamment les bénéfices donnés sous la condition de fidélité. Charlemagne, en donnant à perpétuité un bénéfice à Jean, y met cette condition. Il y a lieu de croire qu'il y eut aussi des bénéfices donnés à charge de certaines redevances, *census*. Je ne trouve pas, à cette époque, de concession de bénéfice qui renferme expressément l'imposition d'une redevance ; mais la nature des choses semble indiquer que cela a dû être, et je trouve des concessions faites *absque ullo censu*. Le soin d'exempter de la redevance dans certains cas prouve qu'en d'autres cas on l'imposait. Il est probable que des redevances ont été attachées aux bénéfices accordés héréditairement, et non à ceux qui n'étaient donnés qu'à vie.

La fidélité n'était due d'abord qu'au chef même à qui on l'avait promise et de qui on tenait un bénéfice. Charlemagne entreprit d'en faire une obligation commune à tous les hommes libres de ses États. Marculf nous a conservé la formule dans laquelle il écrivait aux comtes d'exiger de tous les hommes le serment de fidélité. Ainsi ce prince essaya de traverser la hiérarchie féodale qui se formait, de se mettre en relation directe avec tous les hommes libres, et de faire prédominer la relation du roi au sujet sur celle du seigneur au vassal. Le serment de fidélité fut universellement exigé par les successeurs de Charlemagne, Louis-le-Débonnaire et Charles-le-Chauve, mais sans effet réel, car la tendance à l'aristocratie hiérarchique et féodale prévalait. On trouve d'ailleurs de nombreux exemples du maintien des relations du bénéficier au donateur, même sous Charlemagne. Sous Charles-le-Chauve, cette relation devient plus positive et plus indépendante du roi. Le prince même, pour la répression des délits publics, fait passer son autorité par l'intermédiaire de celle du seigneur ; c'est le seigneur qu'il rend responsable des délits de son homme. C'était donc surtout dans l'empire du seigneur sur ses hommes qu'on cherchait alors les moyens d'ordre et de répression. Cela seul indique la force toujours croissante des relations féodales, et la décadence de l'autorité royale.

QUINZIÈME LEÇON.

Des bénéfices concédés par les grands propriétaires aux hommes qui les entouraient : — 1° bénéfices concédés pour toutes sortes de services, et comme mode de salaire ; — 2° les grands propriétaires usurpent les terres voisines des leurs, et les confèrent en bénéfices à leurs hommes ; — 3° conversion d'un grand nombre d'alleux en bénéfices par la pratique de la *recommandation*. — Origine et sens de cette pratique. — Permanence des alleux, surtout dans certaines parties de la monarchie franque. — Des terres tributaires. — De leur origine et de leur nature. — Elles s'étendent rapidement. — Par quelles causes. — Résumé de l'état de la propriété territoriale, du sixième au onzième siècle : — 1° conditions diverses de la propriété territoriale ; — 2° dépendance individuelle de la propriété territoriale ; — 3° état stationnaire de la richesse territoriale. — Pourquoi le système de la propriété bénéficiaire, c'est-à-dire le système féodal, était nécessaire à la formation de la société moderne et des grands États.

Les rois n'étaient pas les seuls qui donnassent des bénéfices. Tous les grands propriétaires en donnaient. Beaucoup de chefs de bande étaient primitivement réunis sous la conduite du roi ; ces chefs furent dans la suite propriétaires de grands alleux. Ils en concédaient des portions en bénéfice à leurs compagnons directs. Ils devinrent ensuite de grands bénéficiers, et donnèrent aussi en bénéfice des portions des bénéfices qu'ils tenaient du roi. De là vint la pratique de la sous-inféodation. Les capitulaires sont pleins de ces mots : *vassalli vassallorum nostrorum*.

On trouve, durant toute cette époque, même sous Charlemagne, de nombreux exemples de bénéfices tenus d'autres que du roi. Deux lettres d'Éginhard mentionnent expressément la concession en bénéfice de certaines portions de bénéfices royaux.

C'est l'opinion de Mably qu'après Charles-Martel seulement, d'autres que les rois commencèrent à donner aussi des bénéfices. Il se trompe, parce qu'il ne comprend pas que la relation du chef au compagnon, qui devint ensuite celle du seigneur au vassal, fut d'abord une relation purement personnelle, indépendante de toute concession de bénéfices, et antérieure à ces concessions. Il est impossible de déterminer à quelle époque précise vinrent s'y joindre les concessions de bénéfices, et la relation du bénéficier au donateur. Ce fut probablement presque aussitôt après l'établissement territorial.

Le nombre des bénéfices fut bientôt très-considérable, et le devint de jour en jour davantage.

1° On donnait des bénéfices à des hommes libres d'une condition très-peu relevée, et employés à des services subalternes. Les *majores villæ* et les *poledrarii*, c'est-à-dire les intendants des terres et les gardiens des chevaux de Charlemagne, en avaient. Il était dans la politique de ce prince de disperser ses dons, et de récompenser partout le zèle et la fidélité.

2° Les grands propriétaires s'emparaient sans cesse des terres voisines des leurs, soit qu'elles fussent du domaine royal ou des terres vagues et abandonnées ; ils les faisaient exploiter, et obtenaient souvent ensuite qu'elles fussent jointes à leurs bénéfices. L'étendue de cet abus est sensible sous Charles-le-Chauve, par les nombreux règlements de ce prince pour y remédier.

3° On convertissait un grand nombre d'alleux en bénéfices par un usage assez ancien. Marculf nous a laissé la formule de cette conversion, dont il faut chercher l'origine dans la pratique de la recommandation. La recommandation ne fut primitivement autre chose que le choix d'un chef, d'un patron. Une loi des Visigoths, loi dite *antiqua*, et qu'il faut rapporter au roi Euric, vers la fin du cinquième siècle, dit : «Si quelqu'un a donné des armes, ou toute autre chose, à un homme qu'il a reçu dans son patronage, que ces dons demeurent à celui qui les a reçus. Si ce dernier choisit un autre patron, qu'il soit libre de se *recommander* à qui il voudra ; on ne peut le défendre à un homme libre, car il s'appartient à lui-même ; mais qu'il rende alors, au patron dont il se sépare, tout ce qu'il en a reçu.»

Ce sont encore les anciennes mœurs germaniques. La relation du recommandé au patron est purement personnelle. Les présents sont des armes. La liberté demeure entière. La loi des Lombards laissait à chacun la même liberté que la loi des Visigoths. Cependant on voit, par le même capitulaire, que cette liberté commençait à être restreinte. Charlemagne fixa les causes pour lesquelles on pouvait quitter son seigneur, quand on en avait reçu quelque chose. On voit ainsi se resserrer les liens de la recommandation. Cette pratique devint très-fréquente. C'était un moyen d'ordre dans l'intention des lois, un moyen de protection et de sûreté dans l'intention du recommandé. Après avoir contracté ainsi avec un patron des relations purement personnelles de service et de protection, on en vint à contracter des relations réelles de propriété à propriété. Le recommandé reçut des bénéfices du seigneur, et devint vassal terrier; ou bien on recommanda ses terres comme on avait auparavant recommandé sa personne. La recommandation prit ainsi place dans le système féodal, et contribua puissamment à la conversion des alleux en bénéfices.

Il ne faut pas croire cependant que tous les alleux furent ainsi convertis en bénéfices. Dans les premiers temps, une telle conversion, ou seulement l'acceptation d'un bénéfice, était considérée par l'homme libre comme l'abandon d'une partie de sa liberté, comme l'entrée dans un service personnel. Les grands propriétaires, souverains presque absolus sur leurs terres, ne renonçaient pas aisément à leur fière indépendance. Etichon, frère de Judith, femme de Louis-le-Débonnaire, ne voulut plus recevoir son fils Henri qui, à son insu, avait reçu de son oncle un bénéfice de 400 arpents, et était entré par là au service du roi. Après le triomphe du régime féodal, un assez grand nombre d'alleux subsistèrent dans plusieurs provinces, particulièrement en Languedoc.

Après les alleux et les bénéfices, il me reste à parler des terres tributaires. Tous les monuments de cette époque attestent leur existence. Il ne faut pas entendre par là des terres qui payent un impôt public, mais des terres qui payent un cens, une redevance à un supérieur, et que celui qui les cultive ne possède pas réellement et pleinement.

Ce genre de propriété existait dans les Gaules avant l'invasion des Francs. La conquête, par diverses conséquences, en augmenta beaucoup le nombre. 1° Là où s'établit un Barbare un peu puissant, il ne prit pas toutes les terres; mais il exigea très-probablement un cens ou certains services équivalents de presque toutes celles qui avoisinaient les siennes. Cela est certain *à priori*. L'exemple des Lombards le prouve; ils ne firent autre chose d'abord que rendre tributaires toutes les terres du pays conquis. Ils exigèrent le tiers des revenus; ils prirent ensuite les propriétés mêmes. Ce fait révèle clairement la façon de procéder des Barbares. Presque toutes les terres possédées par des Romains ou des Gaulois trop peu puissants pour prendre place eux-mêmes dans les rangs des chefs Barbares, durent tomber dans la condition tributaire.

2° La conquête ne fut pas l'œuvre d'un jour. Elle continua après l'établissement ; tous les documents attestent que les grands officiers et les grands propriétaires travaillaient sans cesse soit à envahir les propriétés de leurs voisins plus faibles, soit à leur imposer des redevances ou des charges. Ces envahissements sont prouvés par la multiplicité des lois qui les défendent. Dans l'état de dissolution où était alors la société, les faibles étaient livrés aux forts; la puissance publique était incapable de les protéger ; beaucoup de terres, libres d'abord, et appartenant soit à d'anciens habitants, soit à des Barbares faibles, tombèrent dans la condition tributaire; beaucoup de petits propriétaires achetèrent eux-mêmes la protection des forts en plaçant leurs terres dans cette condition. La manière la plus commune de rendre les terres tributaires était de les donner soit aux églises, soit aux propriétaires puissants, et de les recevoir ensuite à titre d'usufruit, pour en jouir pendant sa vie, moyennant un cens. Ce genre de contrat revient sans cesse à cette époque. Les mêmes causes qui tendaient à détruire les alleux, ou à les convertir en bénéfices, agissaient avec bien plus d'énergie pour augmenter le nombre des terres tributaires.

3° Beaucoup de grands propriétaires, soit d'alleux, soit de bénéfices, ne pouvaient cultiver directement toutes leurs terres, et les aliénaient par petites portions à de simples cultivateurs, à charge d'un cens et de certaines servitudes. Cette aliénation se fit sous une multitude de formes et de conditions diverses; elle créa certainement beaucoup de terres tributaires. Le nombre et l'infinie variété des redevances et des droits connus plus tard sous le nom de féodaux dérivèrent probablement, soit de contrats semblables, soit des usurpations commises par les propriétaires puissants. Le retour continuel, dans les écrivains et dans les lois, des mots *census* et *tributum,* la multitude des dispositions qui s'y rapportent, le cours des événements, enfin l'état dans lequel s'est trouvée la propriété foncière en général quand l'ordre a commencé à renaître, tout donne lieu de croire qu'à la fin de l'époque qui nous occupe, la plupart des propriétés étaient tombées dans la condition tributaire. La propriété et la liberté étaient au pillage. Les individus étaient si isolés et leurs forces si inégales que rien ne pouvait arrêter les effets de cette situation.

Le grand nombre de terres abandonnées, attesté par la facilité avec laquelle on les concédait à ceux qui voulaient les cultiver, atteste à son tour la dépopulation et le déplorable état de la propriété. La concentration de la propriété foncière est une forte preuve de cet état de choses. Quand cette propriété est sûre et prospère, elle tend à se diviser, parce que tout le monde en veut. Quand on la voit s'accumuler de plus en plus dans les mêmes mains, il est à peu près certain que sa condition est mauvaise, que les faibles s'y trouvent mal, et que les forts seuls peuvent la défendre. La propriété foncière, comme la propriété mobilière, va où elle se trouve en sûreté.

Il y a lieu de croire que la plupart des terres tributaires, même celles qui dans l'origine n'étaient pas la propriété du colon qui les exploitait, devinrent par la suite des propriétés véritables, grévées de services et de redevances : c'est le cours naturel des choses. Il était trop difficile d'expulser le colon dont la famille exploitait depuis longtemps le sol.

Telles furent les vicissitudes de la propriété territoriale, du sixième au onzième siècle. Je voudrais maintenant résumer les caractères généraux de cet état de choses, et apprécier leur influence sur la marche de la civilisation en général, et des institutions politiques en particulier.

1° Il y avait une grande diversité dans les conditions de la propriété. De nos jours la condition de la propriété est unique, et partout la même ; quiconque est propriétaire possède sa propriété, quelle qu'elle soit, du même droit et sous l'empire des mêmes lois que tout autre. Il y a identité de nature entre les propriétés les plus inégales. C'est le symptôme le plus clair et la garantie la plus sûre des progrès de l'égalité légale. A l'époque qui nous occupe, la diversité des conditions de la propriété devait nécessairement amener la formation de plusieurs classes sociales d'une grande inégalité factice et permanente. Les hommes n'étaient pas seulement plus grands ou plus petits propriétaires. A l'inégalité des richesses s'ajoutait la diversité de la nature des richesses. C'est le principe d'oppression le plus énergique qui se puisse concevoir. C'était cependant un pas fait hors de l'esclavage des anciens. L'esclave ne pouvait rien posséder, n'était pas capable de propriété. Dans les temps dont je parle, la masse de la population n'arrivait pas à la propriété pleine et libre, mais elle parvenait à une propriété plus ou moins imparfaite et précaire, qui fut pour elle un échelon pour monter plus haut.

2º La propriété territoriale était alors soumise à des liens de dépendance individuelle. Aujourd'hui toute propriété est libre et ne dépend que de son maître. La société générale s'est formée, l'État s'est constitué, tout propriétaire tient à ses concitoyens par une multitude de liens, de relations, et à l'État par la protection qu'il en reçoit, et par les charges qu'il supporte en échange : ainsi il y a indépendance sans qu'il y ait isolement.

Du sixième au onzième siècle, l'isolement accompagnait nécessairement l'indépendance. Le propriétaire d'un alleu vivait sur sa terre, à peu près sans rien vendre ni rien acheter. Il ne devait à peu près rien à l'État qui n'existait pas, et qui ne pouvait lui promettre une protection efficace. La condition des alleux et de leurs propriétaires était donc alors une condition en quelque sorte anti-sociale. Jadis, dans les forêts de la Germanie, les hommes sans propriétés territoriales vivaient du moins en commun. Devenus propriétaires, si le régime allodial avait pu prévaloir, les chefs et les compagnons se seraient séparés sans être appelés à se rapprocher comme citoyens. La société ne se serait pas faite. Elle réside dans les rapports qui unissent les hommes et les liens qui constituent ces rapports. Il lui faut nécessairement une loi, une dépendance. Quand elle n'est pas assez avancée pour qu'il s'établisse entre l'État et les individus un nombre suffisant de rapports et de liens, alors les individus tombent sous la dépendance les uns des autres : c'est ce qui est arrivé au septième siècle. C'est l'imperfection de la société qui a fait périr, quant à la propriété territoriale, le régime allodial, et prévaloir le régime bénéficiaire ou tributaire. L'indépendance des alleux ne pouvait se concilier qu'avec leur isolement, et l'isolement est anti-social. La dépendance hiérarchique des bénéfices est devenue le lien des propriétés et de la société elle-même.

3° De cette distribution et de cette nature de la propriété foncière est résulté un fait très-important; c'est que pendant plusieurs siècles elle n'a guère été une source d'accroissement de richesses, ni pour l'État ni pour les individus. La plupart des propriétaires de quelque importance ne cultivaient point la terre; elle était pour eux comme un capital dont ils percevaient le revenu sans s'appliquer à l'augmenter et à en accroître les produits. D'un autre côté, la plupart de ceux qui cultivaient la terre n'étaient pas propriétaires, ou ne l'étaient que d'une façon précaire et incomplète; ils ne demandaient à la terre que de les faire vivre, et non de les enrichir, de les élever. Le travail agricole était presque inconnu des riches, et pour les pauvres il ne produisait pas au-delà des nécessités de l'existence. De là ce continuel appauvrissement des grands propriétaires, qui les forçait de recourir sans cesse à la violence pour conserver leur fortune et leur rang. De là, en même temps, cet état stationnaire de la population des campagnes, qui s'est prolongé si tard. La propriété territoriale allait toujours se concentrant, par cela seul que ses produits ne croissaient pas. Aussi n'est-ce point dans les campagnes et dans le travail agricole, mais dans les villes, dans le commerce et l'industrie que se rencontrent les premiers germes de l'accroissement de la richesse publique et des progrès de la civilisation. L'oisiveté des classes supérieures et la misère des classes inférieures, dans le moyen-âge, provenaient surtout du mode de distribution et de la nature des propriétés territoriales.

4° La propriété bénéficiaire fut l'un des principes les plus efficaces de la formation des grandes sociétés. En l'absence d'assemblées publiques et d'un despotisme central, elle établit pourtant un lien, des rapports entre des hommes dispersés sur un vaste territoire. Par-là seulement devint possible une hiérarchie fédérative qui pût embrasser un grand espace. Dans l'antiquité, l'étendue de l'État était incompatible avec les progrès de la civilisation; il fallait ou que l'État se disloquât, ou que le despotisme y prévalût. Les États modernes ont offert un autre spectacle, et la nature de la propriété bénéficiaire y a puissamment contribué.

SEIZIÈME LEÇON.

De l'état des personnes, du cinquième au dixième siècle. — Il est impossible de le déterminer d'après un principe général et fixe. — Preuves que l'état des terres n'était pas toujours le signe de l'état des personnes. — Des propriétaires d'alleux. — Des propriétaires de bénéfices. — Des possesseurs de terres tributaires. — Variété et instabilité de ces conditions sociales. — Des esclaves. — De la tentative de déterminer l'état des personnes d'après le *wehrgeld*, ou la valeur légale de la vie des hommes. — Tableau des vingt-un principaux cas de *wehrgeld*. — Confusion et mobilité de ce principe. — Il faut examiner l'état des personnes en fait, et rechercher, dans les documents historiques, comment elles étaient classées à raison de leur importance et de leur force, sans prétendre faire dériver cette classification d'aucun principe fixe.

Nous avons étudié l'état des propriétés territoriales, du cinquième au dixième siècle. Nous avons reconnu trois natures de propriété territoriale : 1° allodiale, ou indépendante; 2° bénéficiaire; 3° tributaire. Si de là nous voulions déduire l'état des personnes, nous trouverions trois conditions sociales correspondantes : 1° les hommes libres ou propriétaires d'alleux, ne relevant et ne dépendant de personne, si ce n'est des lois générales de l'État ; 2° les vassaux ou propriétaires de bénéfices, dépendant à certains égards du seigneur dont ils tiennent leur propriété, à vie ou héréditairement ; 3° les propriétaires des terres tributaires, tenus à certaines obligations particulières. A quoi il faut ajouter une quatrième classe, celle des serfs.

Nous dirions de plus que la première classe de personnes tendait à disparaître pour se fondre dans la seconde, la troisième et même la quatrième. C'est là le résultat des faits que nous venons d'exposer.

Cette classification des personnes est en effet réelle, et se rencontre dans l'histoire ; mais il ne faut pas croire qu'elle fût primitive, générale et régulière.

L'état des personnes a précédé celui des terres. Il y avait des hommes libres avant les alleux, des vassaux ou compagnons avant les bénéfices. La condition et les rapports des personnes ne dépendent donc point originairement de la condition et des rapports des propriétés territoriales, et ne peuvent s'en déduire.

Les savants sont tombés dans une double erreur. Les uns ont voulu voir dans tous les Francs, avant la conquête et l'établissement du système des propriétés foncières tel que nous venons de l'exposer, des hommes libres et égaux, dont la liberté et l'égalité ont résisté longtemps à l'établissement de ce système. Les autres n'ont voulu voir d'hommes libres que là où ils ont reconnu des propriétaires de terres, soit à titre d'alleux, soit à titre de bénéfices.

La chose n'est pas si simple, ni si absolue. Les conditions sociales ne se sont pas ainsi déterminées et encadrées d'un seul coup, pour la commodité des érudits futurs.

Qu'est-ce que la liberté dans l'enfance des sociétés? La force en est la condition, et elle n'a d'ailleurs presque aucune garantie. Tant que la société reste peu nombreuse et resserrée, la liberté individuelle subsiste, parce que chaque individu y est important; c'est ce qui arrivait dans les tribus Germaines, dans les bandes guerrières. Dès que la société s'étend ou se disperse, la liberté des individus est en péril, car leur force personnelle ne suffit plus à la protéger. C'est ce qui eut lieu parmi les Germains établis dans la Gaule. Un grand nombre de compagnons vivaient dans la maison du chef, sans être eux-mêmes propriétaires, et sans s'inquiéter de le devenir, grâce à l'imprévoyance naturelle aux Barbares. La propriété devint un grand moyen de force, et beaucoup d'hommes libres ne le possédèrent pas.

Les progrès de la civilisation placent les garanties des libertés individuelles dans la force publique, hors des forces individuelles. Mais c'est une œuvre difficile et lente que de parvenir à créer la force publique et à garantir par là les libertés individuelles. C'est l'œuvre d'un long temps et d'un savoir-faire social difficile à acquérir. Là où la force publique n'existe pas, les libertés individuelles sont sans garantie.

De là l'erreur de ceux qui cherchent la liberté dans l'enfance des sociétés. On l'y rencontre en effet, mais seulement dans le premier berceau des sociétés, lorsque tous les individus sont assez forts pour défendre eux-mêmes leur liberté dans une société très-bornée. On voit cette liberté périr dès que la société grandit et s'étend; l'inégalité des forces se développe, les forces individuelles deviennent impuissantes pour préserver les libertés individuelles. Alors naît l'oppression dans le désordre.

C'était l'état de la société Franco-Romaine à l'époque qui nous occupe. Il y a une sorte de puérilité à chercher qui était libre alors ; nul ne l'était, quelle que fût son origine, s'il n'était fort. Il faut chercher qui était fort, ce qui est assez difficile à découvrir.

Dans une société bien assise et qui a duré longtemps, il est facile de savoir qui est fort. Il y a une transmission constante des propriétés, des influences anciennes, le pouvoir a des formes stables, les hommes sont classés. On voit où est la force et qui la possède.

Au temps qui nous occupe, les forces sociales travaillaient à se créer. Elles existaient à peine, et n'étaient ni connues, ni stables, ni en possession régulière du pouvoir; l'habitude de la violence rendait les propriétés très-mobiles; les forces individuelles garantissaient mal les libertés, et étaient elles-mêmes mal garanties.

L'esprit humain a peine à croire au désordre, parce qu'il ne peut se le représenter clairement ; il ne s'y résigne pas ; il veut y mettre de l'ordre pour y trouver de la lumière. Il faut cependant accepter les faits.

On conçoit maintenant combien il est difficile d'exposer l'état de la condition des personnes du cinquième au dixième siècle, de savoir quels hommes étaient libres, et quels ne l'étaient pas, et surtout ce que c'était réellement qu'un homme libre, sa situation, et son influence.

On le concevra encore mieux quand nous aurons essayé de déterminer l'état des conditions, d'après les divers principes de classification qu'on peut appliquer à ce travail. On verra qu'il n'en est aucun dont on puisse déduire un état des conditions sociales conforme aux faits, et que ces mêmes faits ne renversent à chaque pas, ou du moins dont ils ne prouvent l'insuffisance et l'incertitude.

Appliquons d'abord le principe tiré de l'état des propriétés territoriales.

Les propriétaires d'alleux semblent devoir être les hommes libres par excellence. Un propriétaire d'alleux qui avait de grandes terres, jouissait d'une indépendance complète, et exerçait une souveraineté presque absolue dans son territoire, au milieu de ses compagnons.

De grands propriétaires d'alleux ont pu demeurer assez longtemps dans cette situation. Mais elle n'était certainement pas la plus forte, ni par conséquent la plus sûre et la plus libre, car nous avons vu la propriété allodiale se dénaturer, décliner, et presque tous les propriétaires d'alleux devenir des bénéficiers. On connaît la colère d'Étichon. Le fait général dépose contre l'existence allodiale. Son indépendance même était une cause d'isolement, et partant de faiblesse. Les propriétaires d'alleux, ennuyés de vivre isolés dans leurs terres, venaient chez le roi, chez le grand propriétaire plus puissant qu'eux. Ce fut bientôt un usage d'envoyer là ses enfants, pour qu'ils devinssent les compagnons du prince ou du grand seigneur.

Quant aux petits propriétaires d'alleux, ils n'ont pu subsister longtemps ; ils étaient trop faibles pour défendre leur indépendance ; les monuments l'attestent ; leurs propriétés sont envahies ; on en voit qui prennent en même temps la condition de colons ; la condition allodiale se mêle à la condition tributaire. Il n'y a qu'un pas de là à la perte totale de la liberté. Ce pas est fait par un grand nombre de propriétaires d'alleux ; ils s'ennuyent ou se ruinent, et abdiquent leur liberté entre les mains de propriétaires plus riches et plus forts.

Passons aux bénéficiers.

Les bénéfices ont créé de grandes forces. C'est la

source de l'aristocratie féodale. Les grands bénéficiers sont devenus les grands seigneurs.

Mais il ne faut pas croire que la possession des bénéfices fut, durant l'époque qui nous occupe, le gage d'une condition sociale permanente, et à laquelle fussent attachées la force et la liberté. 1° Cette possession était précaire, mobile, attaquée dans les petits bénéficiers par les grands, dans ceux-ci par les rois. La propriété bénéficiaire commence à peine à se fixer à la fin du neuvième siècle ; 2° une multitude de petits bénéfices étaient conférés à des gens trop faibles pour défendre efficacement leur situation et leur liberté. Pour s'assurer le service d'un homme qui n'était pas esclave, on lui donnait un bénéfice : on en donnait pour faire vivre ses serviteurs. La terre même était une denrée comme ses productions. Les bénéfices des intendants et des gardiens de chevaux de Charlemagne étaient de véritables bénéfices, et non des concessions de terres tributaires, comme le pense M. de Montlosier.

On ne peut donc pas dire non plus que la qualité de bénéficier fût le signe d'une condition sociale bien déterminée, ni qu'elle donnât la mesure du degré d'importance et de liberté des personnes.

Quand on a nommé les propriétaires d'alleux et les bénéficiers, on croit avoir épuisé les hommes libres. On se trompe. Il y avait diverses classes de possesseurs et fermiers de terres tributaires, connus sous des noms divers : *fiscalini, fiscales, tributarii, coloni, lidi, aldi, aldiones,* etc.... Ces noms ne désignaient pas tous la même condition, mais des nuances très-diverses dans une situation au fond semblable. Il y avait 1° des hommes libres, à la fois propriétaires d'alleux et colons; 2° des hommes libres, à la fois propriétaires de bénéfices et colons; 3° des hommes libres, sans propriétés propres ni bénéficiaires, et colons; 4° des hommes non libres, à qui la possession héréditaire de la terre tributaire avait été cédée, à charge de services et de redevances; 5° des hommes non libres, qui n'avaient que la jouissance amovible de la terre tributaire.

Ce n'est donc pas encore ici une condition sociale générale et réglée, qui détermine positivement la qualité d'un homme, ses droits, etc. On se tromperait si on croyait que tout propriétaire était libre, que tout homme libre était propriétaire. On voit les colons des rois vexer et opprimer les petits propriétaires d'alleux, leurs voisins, trop faibles pour leur résister, bien que Francs.

Je ne vous parle des esclaves que pour dire que beaucoup d'hommes libres le devenaient par l'effet des violences et de l'incertitude des propriétés qui entraînait celle des conditions. On se donnait à un homme, en abdiquant complétement sa liberté. On se donnait aussi sans l'abdiquer tout à fait, quoiqu'en l'aliénant pour la vie, et en s'obligeant à payer une somme si on voulait rompre son engagement.

Il est évident qu'on ne saurait tirer, de l'état et de la distribution des propriétés territoriales, un tableau vrai et fixe des diverses conditions sociales, de l'importance et des droits attribués à chacune d'elles. Ces conditions étaient trop indéterminées, trop différentes sous le même nom, et trop peu stables pour fournir la mesure des libertés de chaque homme, et de la place qu'il occupait dans l'ordre social. L'état des personnes était presque individuel; la mesure de l'importance d'un individu était dans sa force particulière et accidentelle, beaucoup plus que dans la condition générale à laquelle il semblait appartenir; les individus passaient sans cesse d'une condition dans une autre, ne perdant pas complétement et tout d'un coup les attributs de celle dont ils sortaient, ne prenant pas complétement et tout d'un coup les attributs de celle où ils entraient.

Essayons d'un autre principe.

On a tenté de déterminer l'état des personnes et de classer les hommes d'après le *wehrgeld*, c'est-à-dire d'après la composition à payer pour le meurtre d'un homme, prix qui était par conséquent la mesure de sa valeur: Trouverons-nous là un principe de classification des conditions sociales plus sûr et plus permanent?

J'ai fait le relevé de tous les cas de *wehrgeld* stipulés dans les lois barbares. Je ne les énumérerai pas tous, mais je vais vous en indiquer vingt-et-un, les principaux, en partant de la somme de 1,800 *sous* (*solidi*), la plus haute valeur légale de la vie d'un homme, jusqu'à celle de 20 *solidi*.

Le *wehrgeld* était de :

1800 sol. (*solidi*) pour le meurtre du Barbare libre, compagnon du roi (*in truste regiá*), attaqué et tué dans sa maison par une bande armée ; chez les Francs-Saliens.

960 sol. 1º Le duc, chez les Bavarois ; 2º l'évêque, chez les Allemands.

900 sol. 1º L'évêque, chez les Francs-Ripuaires ; 2º le Romain *in truste regiá*, attaqué et tué dans sa maison par une bande armée, chez les Francs-Saliens.

640 sol. Les parents du duc, chez les Bavarois.

600 sol. 1º Tout homme *in truste regiá*, chez les Ripuaires ; 2º le même, chez les Francs-Saliens ; 3º le comte, chez les Ripuaires ; 4º le prêtre né libre, chez les Ripuaires ; 5º le prêtre, chez les Allemands ; 6º le comte, chez les Francs-Saliens ; 7º le *Sagibaro* (espèce de juge) libre, *ibid* ; 8º le prêtre, *ibid* ; l'homme libre, attaqué et tué dans sa maison par une bande armée, *ibid*.

500 sol. Le diacre, chez les Ripuaires.

400 sol. 1º Le sous-diacre, chez les Ripuaires ; 2º le

diacre, chez les Allemands ; 3° le même, chez les Francs-Saliens.

300 sol. 1° Le Romain convive du roi, chez les Francs-Saliens ; 2° le jeune homme élevé au service du roi, et l'affranchi du roi qui a été fait comte, chez les Ripuaires ; 3° le prêtre, chez les Bavarois ; 4° le *Sagibaro* qui a été élevé à la cour du roi, chez les Francs-Saliens ; 5° le Romain tué par une bande armée dans sa maison, *ibid*.

200 sol. 1° Le clerc né libre, chez les Ripuaires ; 2° le diacre, chez les Bavarois ; 3° le Franc-Ripuaire libre ; 4° l'Allemand de condition moyenne ; 5° le Franc ou le Barbare vivant sous la loi salique ; 6° le Franc voyageant, chez les Ripuaires ; 7° l'homme affranchi par le denier, chez les Ripuaires.

160 sols. 1° L'homme libre en général, chez les Allemands ; 2° le même, chez les Bavarois ; 3° le Bourguignon, l'Allemand, le Bavarois, le Frison, le Saxon, chez les Ripuaires ; 4° l'homme libre, colon d'une église, chez les Allemands.

150 sols. 1° L'*Optimas*, ou grand, Bourguignon tué par l'homme qu'il avait attaqué ; 2° l'intendant d'un domaine du roi, chez les Bourguignons ; 3° l'esclave bon ouvrier en or, *ibid*.

100 sols. 1° L'homme de condition moyenne (*mediocris homo*), chez les Bourguignons, tué par celui

qu'il avait attaqué; 2° le Romain qui possède des biens propres, chez les Francs-Saliens, 3° le Romain voyageant, chez les Ripuaires ; 4° l'homme du roi ou d'une église, *ibid;* 5° le colon (*Lidus*) par deux capitulaires de Charlemagne (*ann.* 803 et 813); 6° l'intendant (*actor*) du domaine d'un autre que le roi, chez les Bourguignons; 7° l'esclave ouvrier en argent, *ibid.*

80 sol. Les affranchis en présence de l'Église ou par une charte formelle, chez les Allemands.

75 sol. L'homme de condition inférieure (*minor persona*), chez les Bourguignons.

55 sol. L'esclave barbare, employé au service personnel du maître ou à des messages, chez les Bourguignons.

50 sol. Le forgeron (esclave), chez les Bourguignons.

45 sol. 1° Le serf d'église et le serf du roi, chez les Allemands; 2° le Romain tributaire, chez les Francs-Saliens.

40 sol. 1° Le simple affranchi, chez les Bavarois; 2° le pâtre qui garde quarante cochons, chez les Allemands; 3° le berger de quatre-vingts moutons, *ibid*; 4° le sénéchal de l'homme qui a douze compagnons (*vassi*) dans sa maison, *ibid;* 5° le maréchal qui soigne douze chevaux, *ibid;* 6° le cuisinier qui a un aide (*junior*), *ibid;*

7° L'orfèvre, *ibid*; 8° l'armurier, *ibid*; 9° le forgeron, *ibid*; 10° le charron, chez les Bourguignons.

36 sols. 1° L'esclave, chez les Ripuaires ; 2° l'esclave devenu colon tributaire, *ibid*.

30 sols. Le gardeur de cochons, chez les Bourguignons.

20 sols. L'esclave, chez les Bavarois.

On voit, d'après ce tableau, que, malgré l'opinion commune, le *wehrgeld* n'est point le signe exact et certain des conditions sociales. Il n'est point fixé uniquement d'après l'origine, la qualité, la situation des personnes. Les fonctions, les circonstances du meurtre, le plus ou le moins d'utilité ou de rareté de l'homme tué, tous ces éléments variables entrent dans la fixation du *wehrgeld*. Le simple fait d'avoir été tué dans la cour du duc, en allant ou en revenant de chez le comte, triple le *wehrgeld* de tout homme, qu'il soit esclave ou libre, barbare ou romain. Les éléments du *wehrgeld* sont très-nombreux. Il varie selon les lieux et les temps. Le Romain, le tributaire, l'esclave, selon les circonstances, valent tantôt plus, tantôt moins que l'homme libre et Barbare. On voit bien des indications générales qui prouvent que communément le Romain était moins estimé que le Barbare, le tributaire ou l'esclave moins que l'homme libre. Cela est fort simple, et on peut le savoir d'avance. Mais il n'en est pas moins impossible de tirer de là un signe assuré de l'état des personnes, une classification précise et complète des conditions sociales.

Il faut renoncer à classer les conditions sociales et à déterminer l'état des personnes d'après un principe général puisé soit dans la nature des propriétés territoriales, soit dans l'appréciation légale de la valeur des hommes. Il faut simplement rechercher, dans les faits historiques, quels étaient les forts, les puissants du temps, quel nom commun on leur donnait, quelle part d'influence et de liberté restait aux hommes appelés simplement libres. Nous arriverons ainsi à des résultats plus clairs et plus sûrs. Nous rencontrerons souvent la propriété foncière comme un grand moyen, comme le principal moyen de force, et le *wehrgeld* comme un signe du degré d'importance ou de liberté des individus; mais nous n'attribuerons point à ces deux principes une autorité générale et décisive, et nous ne mutilerons pas les faits pour les adapter à des hypothèses.

DIX-SEPTIÈME LEÇON.

Des leudes ou antrustions. — Hommes, fidèles des rois et des grands propriétaires. — Moyens divers de les conserver ou de les acquérir. — Obligations des leudes. — Les leudes sont-ils l'origine de la noblesse ? — Les évêques et les chefs de monastères étaient comptés parmi les leudes des rois. — Puissance morale et matérielle des évêques. — Efforts des rois pour s'emparer de la nomination aux évêchés. — Des hommes libres. — Formaient-ils une classe distincte et nombreuse ? — **Des *arimanni* et *rathimburgi*.** — Erreur de M. de Savigny. — Extension rapide et générale de la hiérarchie féodale. — Des affranchis. — Divers modes d'affranchissement : — 1º les *denariales*, affranchis devant le roi ; — les *tabularii*, affranchis devant l'Église ; — 3º les *chartularii*, affranchis par charte. — Conséquences diverses de ces divers modes d'affranchissement.

Les premiers qui se rencontrent au plus haut degré de l'échelle des conditions sociales de ce temps, sont les leudes ou antrustions. Leur nom désigne leur qualité : *trust* signifiait fidélité. Ils étaient les hommes, les fidèles, et succédaient aux compagnons des chefs germains. Après la conquête, chacun des chefs s'établit avec les siens sur un certain territoire Le roi en avait un plus grand nombre et de plus considérables. Beaucoup restèrent auprès de lui. Il avait, et il employait avec grand soin divers moyens de s'attacher ses leudes ou d'en acquérir de nouveaux.

1º C'était là évidemment le but de la concession des bénéfices. En 587, Gontran donnant des conseils à Childebert II, sur la conduite à tenir envers les hommes qui l'entourent, lui indique « quels sont ceux qu'il doit honorer par des charges et des dons, et quels sont ceux qu'il doit en écarter. »

2º L'organisation de la maison, du palais, de la cour, empruntée en partie aux traditions de l'empire romain, les plaisirs de vanité et les avantages réels qui y étaient attachés, engageaient beaucoup d'hommes importants à se faire leudes, ou donnaient de l'importance aux leudes originaires du roi. Voici les noms de quelques-unes de leurs fonctions : « Comte du palais, référendaire, sénéchal, maréchal, fauconnier, bouteiller, chambellan, portier, chef des portiers, etc. »

3º Marculf nous a conservé la formule par laquelle un homme considérable venait, *cum arimanniâ suâ*, « avec ses hommes libres, sa bande » se mettre au nombre des leudes du roi. Charlemagne prend des précautions pour que les gens qui viennent à lui pour se faire ses fidèles (*de truste faciendâ*), n'éprouvent aucun obstacle.

4° C'était à leurs leudes que les rois donnaient les grands emplois publics de ducs, comtes, etc. Il y a lieu de croire qu'au commencement ces fonctions furent attribuées au chef principal qui s'établit dans un territoire. Par le cours naturel des choses, ces chefs devinrent eux-mêmes leudes du roi ou furent remplacés par ses leudes.

5° Le nombre des leudes était le principal moyen de force. Aussi se les enlevait-on par toutes sortes de moyens. En 587, dans le traité d'Andely, entre Gontran et Childebert II, « il fut convenu qu'aucun d'eux ne tâcherait d'attirer à lui les leudes de l'autre, ou ne les recevrait s'ils venaient d'eux-mêmes. » On voit sans cesse des leudes considérables menacer le roi de passer de son service à celui d'un autre.

L'obligation générale des leudes était la fidélité, le service dans le palais et le service militaire. Le prix de cette obligation était, pour les leudes, la puissance et la richesse. Ils avaient aussi certains avantages civils, mais plus incertains. Leur *wehrgeld* était plus considérable, quelle que fût d'ailleurs leur origine. On voit leurs prérogatives s'accroître à mesure que leur puissance se consolide par la longue possession des bénéfices. Charlemagne veut que ses vassaux soient honorés et tiennent la première place auprès de lui.

Il y avait pourtant, parmi les leudes du roi, des hommes peu puissants et même pauvres.

Tout grand propriétaire avait des leudes ; sa maison était organisée sur le modèle de celle du roi : les mêmes charges y existaient.

C'est l'opinion de Montesquieu, combattue par Montlosier, que c'est dans les leudes qu'il faut chercher l'origine de la noblesse. Ni l'un ni l'autre ne se sont formé, selon moi, une idée juste et nette, ni de la condition des leudes, ni du caractère de la noblesse. L'hérédité est essentielle à la noblesse. La qualité de leude et ses avantages étaient purement personnels. La qualité d'homme libre barbare était héréditaire avec ses avantages ; mais la qualité de leude, c'est-à-dire, ses avantages et la supériorité qui en dérivait, tendaient à devenir héréditaires ; celle d'homme libre au contraire, isolée et réduite à elle-même, tendait à s'effacer et à perdre ses avantages. La plupart des hommes libres qui ne devinrent pas bénéficiers, vassaux, leudes de quelque importance, cessèrent d'être libres.

L'aristocratie des leudes tendait à se constituer, la liberté des hommes libres à se perdre. Les hommes libres étaient, quant aux hommes non libres, une noblesse en décadence ; les leudes étaient, quant aux hommes libres, une aristocratie en progrès.

Mannert, dans son traité intitulé : *Liberté des Francs, Freyheit der Franken*, a fort bien expliqué la formation de la noblesse chez les Francs. Il y avait beaucoup de Gaulois romains parmi les leudes des rois Francs. On voit des *Protadius*, des *Claudius*, des *Florentinianus*, maires du palais vers la fin du sixième et le commencement du septième siècle. Ils changeaient souvent leurs noms en noms barbares. Ainsi le frère du duc Lupus, né romain, s'appelait *Magn-Wulfus* (grand loup) et son fils, qui fut évêque de Reims, *Rom-Wulfus* (loup romain.) Ces Romains entraient parmi les leudes parce qu'ils avaient besoin de la protection des rois, qu'ils étaient disposés à servir leur pouvoir, qu'ils connaissaient bien le pays, que les rois avaient besoin d'eux, parce qu'enfin les rois, en adoptant le christianisme, se rapprochèrent des Gaulois considérables et riches.

Les évêques et les principaux chefs des monastères ou grandes corporations ecclésiastiques étaient comptés au nombre des leudes du roi. La puissance des évêques dans les Gaules, avant l'arrivée des Germains, est prouvée directement par les faits; leur influence, leurs richesses se prouvent indirectement par l'ardeur qu'on mettait à devenir évêque. Leur importance augmenta beaucoup après l'établissement des Barbares. Ils protégeaient les anciens habitants auprès des rois Barbares, et servaient ceux-ci pour le gouvernement des anciens habitants; ils avaient presque seuls conservé quelque science, quelque culture intellectuelle; l'action des idées et des pratiques religieuses sur les barbares convertis était puissante; les impressions sont vives et fortes à ce degré de la civilisation : le clergé frappait les imaginations, calmait ou troublait les consciences. Les évêques et les chefs des monastères acquéraient, par une multitude de sources, de grandes richesses; ils finirent par devenir de grands bénéficiers; la plupart des biens donnés aux églises l'étaient à titre de bénéfices, et emportaient par conséquent les obligations attachées à ce titre ; certaines concessions étaient faites « avec droit complet de propriétaire. » En 807, Charlemagne prescrit à son fils Pepin d'empêcher que les ducs et les comtes, chargés du gouvernement des provinces, n'exigent des églises tous les services dus en général par les hommes libres. En 816, Louis-le-Débonnaire ordonne que chaque église aura une métairie absolument libre de toute charge. Les faits révèlent à chaque pas l'importance des évêques. Ils sont employés dans les grandes affaires, et concourent à la rédaction des lois. Des comtes, des ducs, de grands propriétaires barbares deviennent évêques. Les conséquences temporelles attachées à l'excommunication ecclésiastique ne tardèrent pas à mettre dans leurs mains une arme puissante. Les églises obtinrent des immunités de toute espèce, du service militaire, des droits de douane, etc.; elles devinrent des lieux d'asile ; droit populaire et qui, dans ces temps de violence brutale, sauvait beaucoup plus d'innocents qu'il ne couvrait de coupables.

La nomination des évêques était un droit ancien des

prêtres et des fidèles. L'importance de ces fonctions et la richesse des églises portaient les rois à l'envahir. De plus ils y prétendaient en qualité de seigneurs des églises auxquelles ils avaient conféré de grands bénéfices. Ils usèrent du droit de confirmation pour s'emparer du droit de nomination. Sous la première race, les évêques étaient les leudes les plus sûrs et les plus dévoués aux rois; rois et évêques avaient besoin les uns des autres. Sous la deuxième race, les évêques devinrent assez puissants pour se passer du secours des rois.

Les couvents prirent aussi à cette époque une grande importance; cependant leurs chefs ne paraissent pas jouer alors un aussi grand rôle en France qu'en Angleterre.

A tout prendre, la puissance du clergé à cette époque fut aussi utile que grande. Il éveilla et développa les besoins moraux chez les Barbares. Il commanda et inspira le respect pour les droits et les maux des faibles: il donna l'exemple de la force morale, quand tout était en proie à la force matérielle. C'est une idée fausse que d'attaquer une institution ou une influence en raison des fâcheux effets qu'elle a pu produire après des siècles d'existence ; c'est dans les temps où elle s'est formée qu'il faut la considérer et l'apprécier.

Des leudes passons aux simples hommes libres.

Il y a des mots qui ont, de notre temps, un sens si déterminé et si clair que nous les appliquons sans réflexion et sans scrupule à des temps auxquels leur sens actuel ne convient pas du tout. Le mot *homme libre* en est un exemple. Si on veut désigner par là l'opposé de l'*esclave*, l'homme qui n'est pas la propriété d'un autre homme et ne peut être ni donné, ni vendu comme un meuble, il y avait, du cinquième au dixième siècle, un grand nombre d'hommes libres. Mais si on attache à cette expression *homme libre* le sens politique qu'elle a de nos jours, c'est-à-dire l'idée d'un citoyen indépendant de tout autre citoyen, et qui, pour sa personne et pour ses biens, ne dépend que de l'État et des lois de l'État, le nombre des hommes libres était peu considérable à l'époque qui nous occupe, et allait toujours diminuant. La plupart des hommes non serfs étaient engagés ou s'engageaient de plus en plus, soit pour leur personne, soit pour leurs propriétés, au service et dans une certaine dépendance de quelque autre homme plus puissant qu'eux, qui les employait dans sa maison, ou les protégeait à distance. L'indépendance du citoyen, telle qu'elle existait dans les républiques de l'antiquité et qu'elle existe dans nos sociétés modernes, devint de plus en plus rare du cinquième au dixième siècle. Des publicistes éminents, M. de Savigny entre autres, dans son *Histoire du droit romain dans le moyen-âge,* ont affirmé qu'il exista toujours à cette époque une classe nombreuse d'hommes libres, vrais citoyens exempts de toute dépendance personnelle, ne dépendant que de l'État et formant le corps de la nation. C'est confondre les temps et méconnaître le cours des choses. Sans doute, au moment de l'invasion et dans les premiers temps qui la suivirent, il y avait beaucoup d'hommes libres de ce genre ; l'indépendance des individus dans la vie errante et barbare ne disparut pas soudainement ni complétement sous l'empire des situations nouvelles qu'amena l'établissement territorial. Mais, pour la plupart des hommes libres, cette indépendance alla bientôt se perdre dans les liens et les degrés très-nombreux et très-divers de la hiérarchie féodale. On veut voir, sous certains noms qui se rencontrent souvent dans les historiens et les documents, tels que ceux d'*Arimanni, Erimanni, Herimanni, Hermanni*, chez les Lombards, et de *Rachimburgi, Rathimburgi, Regimburgi*, chez les Francs, une véritable classe d'hommes libres, de citoyens dans le sens que nous attribuons aujourd'hui à ces mots. Mais quand on y regarde de plus près, on reconnaît bientôt qu'il n'en est rien, et que, sinon tous, du moins presque tous les *Arimanni* ou *Rathimburgi* étaient engagés dans les liens de l'organisation féodale, et dépendaient bien plus d'un supérieur individuel que de l'État.

Beaucoup de savants pensent aussi qu'à cette époque la pratique de l'affranchissement créait beaucoup d'hommes libres, complétement libres, comme s'ils l'étaient de droit et de naissance. C'est encore, à mon avis, une erreur. L'affranchissement était fréquent; mais il ne faisait que peu d'hommes complétement libres; il créait beaucoup de colons et de tributaires, ou d'autres situations analogues qui n'étaient pas l'entière liberté. Il suffit, pour s'en convaincre, de regarder de près aux actes mêmes d'affranchissement. Il y en avait de plusieurs sortes, et chacun avait des conséquences différentes. On rencontre : 1° des *denariales* ou affranchis devant le roi; quoique leur vie fût évaluée à 200 sols comme celle du Franc, leur liberté était incomplète ; ils ne pouvaient transmettre leurs propriétés à d'autres qu'à leurs enfants; leur composition était payée au roi, non à leurs parents, ce qui prouve que le roi les considérait comme des *homines regii :* 2° des affranchis devant l'église, ou *tabularii.* Ces affranchis devenaient *homines ecclesiastici;* ils ne pouvaient devenir *denariales* selon la loi des Ripuaires, et leurs biens allaient à l'église s'ils mouraient sans enfants; 3° des affranchis *per chartam, chartularii.* Les expressions de la charte qui leur donnait la liberté semblent emporter l'ingénuité complète ; mais il est douteux qu'elle eût de tels résultats, puisque les dénariés eux-mêmes restaient, à certains égards, dans une condition inférieure. Les capitulaires de Charlemagne, qui règlent que la composition des dénariés sera payée au roi, et qu'ils ne pourront hériter qu'après la troisième génération, appliquent les mêmes dispositions aux *chartularii*, et même aux affranchis devant l'église, ou *tabularii*.

Les actes d'affranchissement et leurs conséquences ont varié dans le cours de l'époque qui nous occupe. C'est ce que n'ont pas remarqué M. Montlosier et tous ceux qui rapprochent des faits éloignés les uns des autres pour en faire un système unique. Ils rapportent à la même époque des faits épars dans des temps différents. L'histoire offre, après l'invasion germanique, des exemples d'esclaves qui s'élevaient non-seulement à la condition d'hommes libres, mais à celle de leudes, de grands propriétaires. C'étaient là des cas individuels qui devaient être assez nombreux dans le désordre des temps, mais dont il ne faut tirer aucune conséquence générale. Malgré l'influence des idées religieuses qui était grande, puisque toutes les formules d'affranchissement commencent par l'expression d'un sentiment et d'un dessein religieux, le mouvement général de l'époque qui nous occupe, en ce qui touche la condition des personnes, était bien plutôt vers l'extension de la servitude, sous des formes diverses et à des degrés inégaux, que vers le maintien ou le progrès de la liberté.

DIX-HUITIÈME LEÇON.

Existence simultanée, après l'établissement des Francs dans les Gaules, de trois systèmes d'institutions : les institutions libres, les institutions aristocratiques et les institutions monarchiques. — La lutte de ces trois systèmes est l'histoire des institutions politiques de la monarchie franque du cinquième au dixième siècle. — Résumé anticipé de cette lutte, de ses vicissitudes et de ses résultats. — Elle se retrouve dans les institutions locales et dans les institutions centrales. — Des institutions locales dans la monarchie franque. — Des mâls ou plaids, assemblées d'hommes libres. — De l'autorité et de la juridiction des grands propriétaires dans leurs domaines. — De l'autorité et de la juridiction des ducs, comtes et autres officiers royaux.

De l'ancien état des Barbares en Germanie et de leur nouvelle situation depuis leur établissement dans l'empire romain sont sortis trois systèmes d'institutions, de principes et de résultats divers, que, du cinquième au dixième siècle, on voit co-exister d'abord quelque temps, qui se mêlent ensuite, se croisent et se combattent avec des succès et des revers alternatifs.

Dans leur ancien état, en Germanie, les Barbares

étaient tous libres; chaque individu était important; rien de considérable ne pouvait être entrepris ou décidé sans l'approbation et le concours du plus grand nombre. De là la délibération commune sur les affaires communes, et l'influence de l'élection sur le choix des chefs ou des juges, c'est-à-dire les institutions de liberté.

Le second principe qui se rencontre est l'attachement, la subordination des compagnons à leurs chefs. Ils dépendent de lui jusqu'à un certain point, même pour leur subsistance. Cette dépendance s'accroît après l'établissement territorial. L'autorité des chefs sur les compagnons augmente; la liberté de ceux-ci diminue avec leur importance. Ils deviennent bénéficiers ou vassaux, colons ou même serfs; la hiérarchie s'introduit entre les propriétaires. De là, les institutions aristocratiques et hiérarchiques d'où est sorti le système féodal.

Le pouvoir des rois, très-borné dans l'origine, s'étend après la conquête par la dispersion de la nation, la concession des bénéfices et la prédominance du principe de l'hérédité du trône. La lutte s'établit non entre le pouvoir du roi et les libertés des citoyens, mais entre le pouvoir du roi et celui des grands, surtout des propres leudes du roi. Les rois firent des tentatives pour fonder le gouvernement tout entier sur le principe monarchique, et se mettre, dans ce but, en rapport direct avec tous les sujets. C'est sous Charlemagne que cette tentative est à son apogée, et semble près de réussir. Mais le système monarchique succombe sous le régime féodal.

Ainsi, institutions libres, institutions aristocratiques, institutions monarchiques ; — assemblées locales et générales des hommes libres pour délibérer sur les affaires communes, militaires, judiciaires ou autres, en présence et de concert avec le roi ou les agents du roi ; — subordination du recommandé au seigneur, du vassal au chef; les seigneurs rendant la justice, se faisant la guerre, imposant certaines charges à leurs vassaux; — organisation progressive du pouvoir royal ; ducs, comtes, officiers royaux, *missi dominici* faisant les affaires publiques et rendant la justice, même contre les seigneurs; — ce sont là les trois systèmes de faits, les trois tendances qui éclatent à nos yeux du cinquième au dixième siècle.

La lutte de ces trois tendances est l'histoire des institutions publiques de cette époque.

Le système des institutions libres a rapidement décliné. Il a succombé sous le système de la prédominance des grands propriétaires et de la hiérarchie des bénéfices. La lutte s'est établie entre les principes du système féodal et les essais du système monarchique. Cependant, dans la lutte de ces deux systèmes, on trouve des restes du système des institutions libres. Ces restes se sont alliés tantôt au système féodal, tantôt au système monarchique, plus souvent à ce dernier. Charlemagne essaya de faire servir les institutions de liberté au triomphe du système monarchique.

Nous avons observé quelque chose d'analogue dans l'histoire des Anglo-Saxons ; mais là le système des institutions libres n'a jamais péri ; la délibération commune des propriétaires libres, dans les cours de comté, a toujours subsisté. Chez les Francs, la simultanéité et la lutte des trois systèmes sont plus claires et plus vives ; le premier est plus faible et périt de bonne heure.

Pour les Francs comme pour les Anglo-Saxons, nous examinerons d'abord les institutions locales, ensuite les institutions générales, et nous retrouverons partout le grand fait que je viens de décrire. Nous le suivrons dans ses vicissitudes ; nous verrons 1° comment le système des institutions libres a péri, dans les localités et au centre ; 2° comment le système monarchique n'a eu un moment de vrai succès et de forte prépondérance que sous Charlemagne ; 3° comment le système féodal, c'est-à-dire, l'organisation aristocratique et hiérarchique des propriétés et des souverainetés territoriales, a dû finir et a fini en effet par prévaloir.

Des institutions locales.

Le territoire était divisé, dans les Gaules Franques,

comme chez les Anglo-Saxons, en comtés, centuries et décuries. Les comtes étaient appelés *grafen*, *judices*, les centeniers, *centgrafen*, et les dizainiers, *tungini*, *thingrafen*. Chacun de ces officiers tenait une cour (*placitum*, *mallum*) où se rendait la justice et se traitaient les affaires du territoire. Cette cour fut d'abord la réunion de tous les hommes libres du territoire; ils étaient tenus d'y venir. Il y avait une forte amende pour ceux qui y manquaient. Là ils rendaient la justice et délibéraient sur les affaires communes. Les transactions civiles, les ventes, les testaments, les affranchissements, s'y faisaient en public. Là aussi se faisaient les convocations militaires. La cour ou plaid du dizainier, *Decanus*, paraît peu, et avec peu d'importance, comme en Angleterre.

La compétence des cours ou assemblées d'hommes libres, tenues par les *centenarii* et les *vicarii*, était assez restreinte; on n'y pouvait rendre des jugements sur la propriété ou la liberté des personnes qu'en présence des envoyés impériaux ou des comtes.

Voilà, dans les localités, les institutions libres et la délibération commune. Ces plaids primitifs correspondent aux anciennes assemblées des Germains en Germanie.

A côté des plaids d'hommes libres, paraît la juridiction des seigneurs ou propriétaires de quelque importance sur les hommes qui habitent leurs domaines. Le chef rend la justice à ses compagnons, à ses colons. Sa juridiction n'est pas tout à fait arbitraire. Ses compagnons l'assistent dans sa cour. Les *conjuratores* qui attestent la vérité des faits décident à peu près les affaires. A considérer les choses dans leur origine, les justices seigneuriales, bien qu'obscures et peu actives, ont existé simultanément avec les assemblées des hommes libres de la circonscription et la juridiction des officiers royaux.

La juridiction des églises dériva de la juridiction des seigneurs; l'une et l'autre s'attachaient à la qualité de propriétaire du domaine et de patron de ses habitants.

Ce sont là les premiers rudiments de l'organisation féodale qui, fondant l'autorité et la juridiction du seigneur sur le recommandé, le vassal ou le colon, tendit constamment à détruire l'autorité et la juridiction de l'assemblée des hommes libres. La lutte s'établit entre le principe féodal, la subordination hiérarchique, et le principe de la réunion des égaux, la délibération commune. Cette lutte éclate dès le commencement de l'époque qui nous occupe.

Voyons maintenant comment, durant cette époque, le pouvoir royal s'exerça dans les localités.

Les ducs, comtes, centeniers, etc., étaient probablement, dans l'origine, je vous l'ai déjà dit, non de simples délégués du roi, mais les chefs naturels, les propriétaires les plus puissants de leur territoire. C'est une erreur de croire que, dans l'origine, un comté correspondît à ce qu'est aujourd'hui un département, et que le roi nommât et envoyât un comte comme il envoie un préfet. Le chef de la nation, le roi, chargeait naturellement l'homme le plus considérable d'un territoire de convoquer les hommes libres de ce territoire pour les expéditions militaires, et d'y percevoir les revenus des domaines royaux; ce dernier recevait ainsi du roi une sorte de désignation. L'importance croissante du palais et de la cour des rois, l'influence des institutions et des idées romaines finirent par faire de cette désignation une véritable nomination. Les comtes devinrent leudes, et, par suite, les leudes devinrent comtes.

Pendant assez longtemps l'hérédité de ces offices ne fut point reconnue. Quelques savants pensent même que les emplois étaient donnés pour un temps déterminé. Il y a plutôt lieu de croire que ce point n'était pas réglé, et qu'en fait ces offices furent longtemps illimités quant à leur durée, et toujours amovibles : de nombreux exemples en font foi.

Les rois Francs acceptèrent souvent, avec leur situation et leurs droits anciens, les chefs naturels des pays qu'ils conquirent. Ainsi les ducs Bavarois étaient héréditaires. Quand Louis-le-Débonnaire reçut les Espagnols dans le midi de la France, il leur permit de s'y établir avec leurs comtes.

Le titre de comte devint un objet d'ambition à raison des avantages qui y étaient attachés. Le comte avait une grande puissance, une part dans les amendes, *freda*, et de grandes facilités pour envahir les propriétés dans le territoire de sa juridiction. Ces charges étaient ainsi pour les rois un moyen d'enrichir leurs leudes ou d'en acquérir. Sous les Mérovingiens, on voit régner une perpétuelle instabilité de ces charges comme des bénéfices; on les obtenait par des présents, par de l'argent. Cependant l'office de comte passait souvent aux fils; cela était naturel, et l'usage devait précéder le droit; le comte, le duc, étant presque toujours un homme important par lui-même dans son canton ou sa ville, son fils, qui succédait à son importance, succédait souvent à sa charge.

On a voulu reconnaître, entre les ducs et les comtes, une hiérarchie déterminée; on a même affirmé que chaque duc avait douze comtes sous ses ordres. Il n'existait, dans l'administration locale, rien d'aussi régulier. On rencontre des comtes égaux aux ducs; par exemple, chez les Bourguignons, des comtes régissent plusieurs provinces. On peut dire cependant qu'en général le duc était supérieur au comte. On peut même présumer que, dans l'origine, l'office du duc était surtout militaire, et celui du comte surtout judiciaire, quoique bientôt les deux missions paraissent confondues.

Une formule de Marculf assimile les ducs, les comtes

et les patrices. Les margraves étaient les comtes des marches ou frontières. Les hommes de la cour, les délégués du roi finirent par être comtes partout.

Ainsi coexistaient et marchaient parallèlement les trois systèmes d'institutions dont j'ai parlé : 1º Les assemblées d'hommes libres, ayant autorité et juridiction ; 2º Les grands propriétaires, bénéficiers ou allodiaux, laïques ou ecclésiastiques, ayant autorité et juridiction ; 3º Les administrateurs ou délégués du roi, ayant autorité et juridiction.

Au milieu des désordres de la race Mérovingienne, on voit décliner rapidement les assemblées d'hommes libres. La plupart ne s'y rendent plus. Les uns deviennent trop puissants et veulent être indépendants, les autres deviennent trop faibles et cessent d'être libres. La délibération commune des hommes libres disparaît. Le principe de la subordination de l'individu à l'individu, en vertu de la recommandation, de la vassalité, du patronage, du colonage, prévaut. Les juridictions seigneuriales, laïques ou ecclésiastiques, s'étendent. Leur extension et leur consolidation étaient la conséquence nécessaire de l'extension et de la consolidation des bénéfices. La diminution du nombre des alleux, l'accroissement des terres tributaires, et les changements correspondants qui s'opéraient dans l'état des personnes, devaient enlever la plupart des justiciables à la juridiction des assemblées d'hommes libres et à celle du roi. Le soin même que prennent les premiers Carlovingiens pour obliger les seigneurs à rendre la justice, et pour la contrôler, prouve les progrès de cette juridiction.

La faculté accordée à chaque homme de vivre sous telle ou telle loi dut contribuer aussi à ce résultat ; elle tendait à disperser la société, car elle plaçait les hommes sous la juridiction d'hommes de leur loi particulière, et s'opposait ainsi à la réunion, à la délibération commune. C'était une liberté, sans doute, une liberté nécessaire dans l'état où se trouvait alors la société ; mais cette liberté, comme presque toutes les autres à cette époque, était un principe d'isolement.

DIX-NEUVIÈME LEÇON.

Gouvernement de Charlemagne.—Renaissance apparente et momentanée des institutions libres au milieu des progrès du système monarchique. — De l'indépendance individuelle et de la liberté sociale. — Comment naît et s'établit le pouvoir d'un grand homme dans une société barbare. — Ce qu'il y a de plus anti-social, c'est l'anarchie. — Organisation du pouvoir monarchique sous Charlemagne. — Des *missi dominici*.— Des *scabini*. — Active surveillance de Charlemagne sur ses vassaux et sur ses agents. — Chute rapide des institutions monarchiques après Charlemagne. — Prédominance définitive du système féodal. — Des institutions centrales durant la même époque. — De la royauté.— La royauté, chez les anciens Francs, avait un caractère plus guerrier que religieux. — Mélange d'hérédité et d'élection. — Du droit et du fait, à l'origine des sociétés. — Erreur de ceux qui veulent trouver le droit dans les faits primitifs. — Causes des progrès de la royauté et de l'établissement de l'hérédité royale chez les Francs. — Différence essentielle entre les causes de la chute des Mérovingiens et celles de la chute des Carlovingiens, entre l'avénement de Pepin-le-Bref et celui de Hugues-Capet. — De l'influence du clergé sur le caractère et les destinées de la royauté chez les Francs.

Après l'anarchie Mérovingienne, au début des Carlovingiens et notamment sous Charlemagne, deux faits, qui semblent contradictoires, apparaissent. Les institutions libres semblent renaître, et en même temps le système monarchique prévaut évidemment. Il faut étudier de près cette coïncidence singulière et en bien comprendre les causes.

Il y a deux manières de comprendre la liberté de l'homme : 1° comme l'indépendance de l'individu n'ayant pour loi que sa propre volonté; 2° comme l'affranchissement, pour tout individu, de toute autre volonté individuelle, contraire à la raison et à la justice.

La liberté, conçue dans le premier sens, est barbare et anti-sociale; c'est l'enfance ou plutôt l'absence de la société. Le seul mot de société indique l'union des individus dans une idée, un sentiment, un intérêt commun. La société ne peut exister que par l'obéissance des individus à une règle commune. Si la liberté de chaque homme est à elle-même sa loi, si toute restriction apportée à l'indépendance de la volonté individuelle est considérée comme illégitime, la société est impossible. La loi qui doit régir la société, selon la vérité et la justice, existe en dehors et indépendamment des volontés individuelles. Le but de la société est de découvrir cette loi supérieure, et de n'imposer obéissance qu'à celle-là; mais à cette loi-là est due l'obéissance; la société n'est possible que par l'empire de la force ou par celui de la vraie loi. Si l'indépendance de l'individu est regardée comme la condition de la liberté, on peut être certain que la force s'emparera de la société, car il faut que la société subsiste, c'est le besoin impérieux de la nature humaine ; ce besoin recevra sa satisfaction de la force s'il ne la reçoit pas de la justice et de la raison.

Le but du gouvernement est donc double; il se propose : 1° de rechercher et de découvrir la vraie loi qui doit décider dans toutes les occasions que font naître les relations sociales, et de soumettre à cette loi les volontés individuelles qui lui sont contraires ; 2° d'empêcher que les individus ne soient soumis à d'autres lois que celle-là, c'est-à-dire à la volonté arbitraire d'autres individus plus forts. Le bon, le vrai gouvernement n'est donc pas celui qui dit à chaque individu : « Tu ne seras soumis qu'à ton propre caprice, » car il n'y a point de société, point de gouvernement à ce prix ; mais celui qui dit : « Tu ne seras soumis au caprice d'aucun autre individu, mais seulement à la raison et à la justice. » Les progrès de la civilisation consistent, d'une part, à étendre l'autorité de la raison sur tous les individus, en ne négligeant rien pour que leur raison individuelle soit convaincue et leur obéissance volontaire ; d'autre part, à restreindre la portée de la volonté arbitraire des individus les uns sur les autres. Où prévaut la volonté arbitraire d'un ou de quelques individus, la liberté légitime n'est pas. Où prévaut l'indépendance isolée de chaque individu, la société n'est pas.

L'importance de cette distinction entre la liberté morale ou de droit, et la liberté naturelle ou de fait, entre la liberté sociale et l'indépendance individuelle, est immense. Il serait aisé de montrer qu'elle se rattache à la vraie théorie de la liberté considérée dans l'homme en lui-même, indépendamment de la société. C'est en tant qu'être raisonnable et capable de reconnaître la vérité, que l'homme est sublime; là réside la divinité de sa nature; la liberté n'est en lui que la puissance d'obéir à la vérité qu'il peut reconnaître, et d'y conformer ses actes. A ce titre, la liberté est très-respectable, mais elle n'est respectable qu'à ce titre.

Dans l'enfance des sociétés, la liberté que veulent et défendent presque tous les hommes, c'est la liberté naturelle, la liberté de ne faire que sa propre volonté. Cela tient à l'imperfection du développement moral de chaque individu, et à l'imperfection du même développement dans les pouvoirs sociaux; imperfection qui fait que ces pouvoirs connaissent mal la vraie loi, ne l'appliquent guères, et sont eux-mêmes dirigés par des volontés individuelles, arbitraires et capricieuses.

Voilà pourquoi l'état de liberté, qui se rencontre au berceau de toutes les sociétés, dure si peu, et est si tôt remplacé par le despotisme d'un seul ou de plusieurs. La société ne peut subsister si la liberté naturelle, c'est-à-dire l'indépendance individuelle, subsiste dans toute l'étendue de son désir ; et comme la société ne sait encore ni gouverner selon la loi morale, ni respecter la liberté morale, c'est la force qui s'empare du gouvernement.

Lorsque, dans cet état de la société, survient un homme d'un génie et d'un caractère supérieurs, il est inévitablement poussé à fonder le despotisme, c'est-à-dire l'empire de sa volonté individuelle. Le choc de toutes les volontés individuelles, barbares ou stupides, l'irrite et l'offense ; son instinct lui dit que la société ne peut ainsi subsister, que ce n'est pas là la société. De plus, il est choqué, pour son propre compte, de l'empire que prétendent exercer, sur toutes choses et sur lui-même, toutes ces volontés étroites et ignorantes. C'est aussi un despotisme que l'autorité de forces aveugles sur une force éclairée ; c'est aussi une insolence que le pouvoir d'une multitude brutale sur une haute raison individuelle. L'homme supérieur s'en indigne et cherche à s'affranchir de ce joug, à imposer une règle à ce désordre; et il cherche cette règle dans sa propre raison, dans sa propre volonté. Ainsi s'établit, à de telles époques, le despotisme d'un seul ; il n'est pas radicalement illégitime, et ce qui le prouve, c'est la facile admission qu'il rencontre, l'admiration qu'on lui porte, la reconnaissance même qu'il inspire et qui dure tant que dure la situation qui a fait naître son pouvoir. A la vérité, la supériorité la plus grande, la plus naturellement appelée à l'empire par le désordre et la dissolution de la société, s'y corrompt bientôt et finit par devenir elle-même une volonté purement individuelle, pleine d'égoïsme et de caprice; mais ce qui a fait, à son début, sa force et son crédit, c'est qu'elle a mieux compris les besoins généraux de la société; elle a pénétré plus avant dans la connaissance de la vraie loi qui doit la régir; elle l'a arrachée à la domination et au combat d'une multitude de volontés individuelles ignorantes ou féroces. C'est par là que triomphent d'abord les grands hommes. Ce fut ainsi que triompha Charlemagne; c'était ainsi que les trois premiers Carlovingiens, Pepin de Herstall, Charles Martel et Pepin-le-Bref lui avaient préparé les voies. Sous les Mérovingiens, l'État tombait en dissolution; tout fort se rendait indépendant, tout faible tombait sous le joug d'un fort. Bien que les Pepin fussent sortis du sein de l'aristocratie qui prévalait, ils luttèrent de bonne heure contre ses excès. Charles Martel reprima les petits tyrans qui s'étaient élevés de toutes parts. La tendance de la politique de Charlemagne fut d'établir le système monarchique, c'est-à-dire de faire prévaloir partout sa volonté en la faisant pénétrer partout par le moyen de ses agents. Pour connaître un peu exactement ce que c'était que la monarchie pure de Charlemagne, il faut voir comment il gouvernait ses propres biens, quelle était l'administration de son palais. L'activité de sa surveillance était surprenante, on en trouve les détails dans son capitulaire *de villis* et dans la première partie d'une lettre d'Hincmar. C'était dans le même esprit qu'il gouvernait son empire. C'était là pour lui le seul moyen de rétablir l'ordre, et d'appliquer les forces publiques à ses desseins. Dans le despotisme d'un homme supérieur, il entre un grand instinct de justice et de protection des faibles. Charlemagne s'appliqua partout à réprimer le pouvoir des grands en les surveillant et en mettant l'autorité royale en rapport direct avec les sujets. Il fut attentif à l'emploi et à l'administration de ses bénéfices, même entre les mains des bénéficiers; il eut soin de ne pas donner plus d'un comté au même comte, si ce n'est dans des cas rares; il ordonna aux seigneurs de rendre exactement la justice à leurs vassaux, et prit des mesures très-énergiques pour les y obliger, et pour que chacun fût jugé selon la loi. Charlemagne surveillait aussi la conduite des comtes; les assemblées d'hommes libres avaient presque péri; ils réclamaient comme une faveur de n'être pas obligés de s'y rendre. Charlemagne, pour remplacer cette surveillance active des anciennes assemblées, créa les *missi dominici*. C'étaient des inspecteurs de tout l'état du royaume, et particulièrement de la conduite des comtes et des seigneurs.

Les délégués de Charlemagne, les juges impériaux,

avaient des assesseurs, et comme les hommes libres qui auraient dû remplir les fonctions d'assesseurs ne se rendaient presque plus aux assemblées périodiques, Charlemagne les remplaça par des *scabini* que nommaient les *missi dominici*, et qu'il leur enjoignait de choisir avec grand soin. Cette intervention des délégués du souverain lui-même dans les affaires judiciaires était un puissant moyen de centralisation monarchique.

Dans son empire Franc, ce n'était pas contre les anciennes institutions libres, mais contre l'anarchie publique et le pouvoir désordonné des forts que Charlemagne dirigeait ces moyens de gouvernement. Ailleurs, et là où il pouvait craindre la liberté, son despotisme la réprimait durement : il interdisait toute assemblée chez les Saxons.

Toute cette organisation monarchique tomba avec Charlemagne. On la voit se prolonger encore, comme une habitude, dans les paroles et les lois de Louis-le-Débonnaire ; mais la main qui soutenait l'édifice n'y est plus. Le langage de Charlemagne, dans la bouche de Charles-le-Chauve, n'est plus qu'une fanfaronnade ridicule. Le système féodal prend partout le dessus et s'organise. Les grands vassaux attaquent le roi ou s'isolent de lui. La dignité de comte est devenue si considérable que des fils de rois et d'empereurs la désirent et la reçoivent. L'hérédité prévaut dans les offices de ducs, de comtes, de vicomtes, etc. Rhéginon cite comme un fait singulier que les fils du duc Robert ne succédèrent pas à son duché, et il en donne pour raison leur enfance qui les mettait hors d'état de repousser les Normands. Les fils de deux comtes d'Autriche n'ayant pas été mis en possession des comtés de leurs pères, leurs parents prennent les armes et en chassent Aribon qui les avait reçus.

Le pouvoir des comtes, devenus seigneurs héréditaires, s'accrut de celui qu'ils avaient eu sous ce nom, comme délégués du roi. La hiérarchie féodale, forte du pouvoir qui lui est propre, se fortifia ainsi des débris de l'autorité royale. Il en résulta un nouvel ordre d'institutions locales dont je n'ai pas à m'occuper.

Le tableau des institutions centrales reproduit, sous un autre aspect, les mêmes faits, et conduit aux mêmes résultats.

Les institutions centrales, vous le savez, se réduisent à deux, la royauté et les assemblées générales de la nation.

On peut appliquer à la royauté chez les Francs ce que j'ai dit de la royauté chez les Anglo-Saxons. Seulement, chez les Francs, la famille royale ne porte pas, dès l'origine, le caractère d'une filiation religieuse. Cela tenait peut-être à ce que les Francs étaient une confédération de diverses tribus; chez eux le roi paraît surtout un chef militaire.

Sous les premiers Mérovingiens, il y eut toujours un

grand mélange d'hérédité et d'élection : l'hérédité flotte dans l'intérieur de la même famille ; l'élection, quand elle n'est pas un acte violent, est plutôt une reconnaissance qu'une élection.

C'est une grave erreur que de chercher dans les faits la base d'un droit primitif et exclusif. On rencontre toutes choses dans les faits. Les partis les plus divers sont tombés à cet égard dans la même erreur. Quiconque a trouvé, à l'origine de l'État, une violence conforme à son opinion, l'a prise pour fondement de ce qu'il a appelé le droit. Les uns veulent voir l'hérédité absolue et bien réglée, au milieu de la barbarie ; les autres veulent transporter le trouble et la violence des élections Barbares dans une civilisation très-avancée ; ce qu'ils trouvent en fait dans l'enfance des sociétés, ils le convertissent en droit pour les sociétés grandes et développées. Ce n'est là ni de la philosophie, ni de l'histoire. Le droit, c'est ce qui est conforme à la raison et à la justice. Il y en a un peu, plus ou moins, à toutes les époques de la vie des sociétés humaines ; il n'est complet ni pur à aucune époque. Il faut se résigner à la tâche d'avoir partout à le dégager de son alliage.

Laissons donc de côté le droit primitif et exclusif de l'hérédité royale, qui n'a pas plus existé chez les Francs qu'ailleurs : tout ce qu'on peut dire, c'est que le principe de la royauté héréditaire tendit de bonne heure, et constamment, à prévaloir. L'hérédité du domaine privé des rois, qui était considérable, contribua beaucoup à établir l'hérédité de la couronne, comme le partage du domaine privé, entre les fils, contribua au partage des États ; mais le partage des États se faisait presque toujours avec l'assentiment des grands, tandis que l'hérédité de la couronne, dans chaque État, ne paraît pas avoir eu besoin d'un assentiment formel.

Nous avons déjà vu quelles causes amenèrent la chute de la race Mérovingienne et l'avénement des Carlovingiens. La chute de ceux-ci, au dixième siècle, eut, avec celle des Mérovingiens, quelques traits de ressemblance, mais elle en différa bien plus qu'elle ne lui ressembla. Les anciens compagnons des rois Francs, les leudes, les antrustions, les bénéficiers avaient quitté la cour, s'étaient fixés dans leurs terres, et étaient devenus des seigneurs féodaux ; les révolutions ne se passaient plus auprès du trône et dans l'intérieur du palais. Les seigneurs féodaux étaient beaucoup plus isolés non-seulement du roi, mais les uns des autres, que ne l'étaient les leudes sous les Mérovingiens. Pepin-le-Bref était roi de fait quand Childéric III l'était de nom. Pepin prit le nom de sa puissance. A la fin du dixième siècle, il n'y avait plus de roi, ni auprès du roi aucun homme puissant qui exerçât le pouvoir au nom de Louis V. Hugues Capet prit une place à peu près vacante qui, dans le moment même, ajouta beaucoup à sa dignité, peu à son autorité. Après la chute des Mérovingiens, Pepin et

Charlemagne purent tenter de fonder le système monarchique et l'autorité centrale du roi ; Hugues Capet ne le pouvait pas et ne le tenta point ; les souverainetés féodales s'étaient partagé le royaume. Pepin était le chef d'une aristocratie qui avait son centre dans le palais des rois Mérovingiens. Hugues Capet était l'un des principaux seigneurs d'une aristocratie qui n'avait plus de centre ; il se fit roi parce que la couronne était à sa portée. Si Louis V eût habité Rouen, c'eût été probablement le duc de Normandie qui se serait fait roi.

Quant à la nature et à l'étendue de l'autorité royale, tout ce que j'ai dit indique assez ce qu'elle était : très-bornée et précaire avant l'établissement des Francs sur le territoire romain, n'étant guères que le pouvoir du chef d'une bande guerrière toujours contenu par la présence des hommes libres ses compagnons, elle s'étendit et se fortifia après la conquête par différentes causes.

1° Par la dispersion des Francs : ils cessèrent d'entourer constamment le roi ; son autorité ne fut plus que peu de chose sur ceux qui le quittèrent ; mais ceux qui l'entouraient habituellement dépendirent plus étroitement de lui ; une cour de serviteurs barbares remplaça une cour de guerriers.

2° Par la soumission de plusieurs chefs ou rois voisins.

3° **Par l'inégalité croissante des richesses** : celles des rois s'accrurent beaucoup; c'était leur principal moyen de puissance; ils mettaient tous leurs soins à amasser des trésors; ce n'était rien de laisser à ses enfants un royaume si on ne leur laissait un trésor.

4° Par l'influence des idées religieuses et romaines. Pour les chrétiens, le roi était le successeur de Saül et de David; pour les Romains, le représentant des empereurs. Les rois Francs sentirent bien l'avantage de cette double situation; ils acceptèrent avec empressement les titres de patrice et de consul.

Mais rien n'était fixe dans l'autorité royale; elle se proportionnait au savoir-faire et à l'énergie de ceux qui l'exerçaient.

Rien ne se ressemble moins que l'idée de l'autorité royale dans ces temps-là et dans les nôtres. Si un village méconnaissait aujourd'hui l'autorité du roi ou refusait de lui obéir, ce serait un événement grave, le signe d'une grande décadence du pouvoir. Il n'en était point ainsi alors; l'autorité ne pénétrait pas partout; les lieux et les intérêts éloignés lui étaient en quelque sorte étrangers. Tout se passait auprès d'elle, si ce n'est en cas de guerre; le rayon de sa portée était court, et là où elle s'appliquait, elle était matière de fait plus que de droit.

En matière d'autorité et de liberté, le droit et le fait se confondent presque dans l'enfance des sociétés. L'idée de droit, séparée du fait, n'a que bien peu de puissance et existe à peine. De là les éternelles vicissitudes de l'autorité et de la liberté; quiconque cesse de les posséder n'est guère admis à les réclamer. C'est l'œuvre et le chef-d'œuvre de la civilisation de dégager le droit du fait, et de faire du droit une puissance qui se soutienne, se défende, se revendique en son propre nom.

Il ne faut pas croire du reste que les idées religieuses n'aient eu, à l'égard de l'autorité royale, d'autre influence que de l'étendre et de la représenter comme absolue et dérivée du droit divin ; elles ont beaucoup contribué à la moraliser. Elles l'ont, il est vrai, affranchie des libertés publiques qui n'étaient souvent que des forces arbitraires et brutales, et en cela elles ont contribué à fonder le pouvoir absolu ; mais elles l'ont en même temps subordonnée aux lois divines dans lesquelles les lois morales étaient comprises. Les bornes que les mœurs franques imposaient à l'autorité royale étaient bien différentes de celles que lui assignaient les idées chrétiennes ; *le roi*, selon l'expression des conciles, *est celui qui gouverne avec pitié, justice et bonté*; *qui ne gouverne pas ainsi n'est pas roi, mais tyran*. Les règles auxquelles ce principe obligeait l'autorité royale valaient mieux que celles qui découlaient des mœurs franques. Ce système, il est vrai, ne donnait aucune garantie positive et réelle de l'observation des règles dont il faisait pour la royauté des devoirs. Mais notre temps s'est trop préoccupé de chercher des garanties dans les forces et pas assez dans la puissance des idées morales. Dans les temps barbares, comme toutes les forces, celles des rois et celles des sujets, sont presque également déréglées, elles paraissent aux hommes sensés de mauvaises garanties. Ils en cherchent de plus pures dans les idées morales. Lorsque, dans l'époque qui nous occupe, les Francs ou les leudes répriment les abus de l'autorité royale, ils ne les répriment qu'en vertu de leur propre force, et ne défendent leurs libertés que dans leur propre intérêt, non d'après aucune idée morale de justice et de droit général. Les ecclésiastiques, au contraire, parlent au nom des idées générales de justice et d'humanité. C'est la morale plutôt que la force qu'ils opposent à l'autorité. Le clergé disait ainsi des choses qui répondaient aux besoins de tous les faibles, et qui le faisaient considérer comme leur protecteur.

Le vice du système religieux est sans contredit de ne créer aucune institution politique, et par conséquent aucune garantie efficace : aussi finit-il toujours par être plus favorable au pouvoir qu'à la liberté ; mais, dans les temps barbares et lorsque le pouvoir et la liberté étaient à peu près également brutaux et anarchiques, ce système a rendu, à l'humanité et à la civilisation, d'immenses services.

VINGTIÈME LEÇON.

Des assemblées nationales chez les Francs. — Quel était leur caractère primitif. — Leur rapide déclin sous les Mérovingiens. — Elles reprennent de l'importance, d'abord sous les maires du Palais, puis à l'avénement des Carlovingiens. — Leur tenue fréquente et régulière sous Charlemagne. — Lettre de l'archevêque de Reims, Hincmar, *de ordine palatii*. — Du véritable but de ces assemblées et de l'emploi qu'en faisait Charlemagne.

Les assemblées nationales étaient, chez les Francs, bien antérieures à l'établissement dans l'Empire romain et à la monarchie. C'était là que se traitaient, en Germanie, toutes les affaires de la confédération, de la tribu, de la bande. Tous les hommes libres, c'est-à-dire tous les guerriers, y assistaient; mais l'autorité de ces assemblées était incertaine et précaire, comme l'autorité du roi. Elles étaient formées, non en vertu du principe de la souveraineté du peuple, mais au nom du droit de chaque homme libre à disposer seul de lui-même. On les convoquait surtout pour les expéditions militaires. Hors de là, chacun rentrait dans son indépendance, et n'avait plus rien à démêler qu'avec les autorités locales. Le Champ-de-Mars, l'assemblée d'automne, dont on trouve des traces dans les commencements de la monarchie, avaient habituellement pour objet le partage du butin.

La dispersion des hommes libres, le progrès de l'inégalité des conditions et de la subordination des compagnons à leur chef, firent bientôt perdre aux assemblées nationales des Francs leur caractère d'universalité. Elles ne se composèrent plus que des grands propriétaires, des leudes et du haut clergé. C'est dans cet état qu'elles paraissent sous la plupart des rois Mérovingiens. Il est fait mention quelquefois du peuple en général, mais évidemment la plupart des hommes libres ne pouvaient s'y rendre et ne s'y rendaient pas. Les grands y venaient à peu près seuls, et y traitaient les affaires uniquement dans leur propre intérêt. Le désordre croissant et les continuelles dislocations du royaume rendirent ces assemblées moins fréquentes. Elles reparaissent lorsque le pouvoir des maires du palais s'établit. Chefs de l'aristocratie des grands propriétaires indépendants, ou hommes du roi, ils avaient besoin de leur appui. La substitution d'une nouvelle famille de rois à l'ancienne race fut favorable à l'importance des assemblées. Elles devinrent, sous les premiers Carlovingiens, ce qu'elles avaient été sous les premiers Mérovingiens, un grand conseil de gouvernement où se traitaient toutes les grandes affaires. Pepin transporta les champs de Mars au mois de mai, et Charlemagne donna à ces assemblées une régularité jusqu'à lui inconnue. Pour se former une idée juste de ce qu'elles furent sous son règne, il faut lire le texte, et le texte tout entier, de la lettre écrite en 882, soixante-huit ans après la mort de Charlemagne, par le célèbre Hincmar, archevêque de Reims, à la demande de quelques grands du royaume qui avaient eu recours à ses conseils pour le gouvernement de Carloman, l'un des fils de Louis-le-Bègue. Dans cette lettre, Hincmar ne fait guère, comme il le dit lui-même, que copier un traité *de la règle du palais (de ordine palatii)*, écrit avant 826 par le célèbre Adalhard, abbé de Corbie, et l'un des principaux conseillers de Charlemagne. C'est donc ici un monument contemporain, et dont l'autorité est grande.

« C'était l'usage de ce temps, dit Hincmar, de tenir chaque année deux assemblées (*Placita*), et pas davantage. La première avait lieu au printemps: on y réglait les affaires générales de tout le royaume; aucun événement, si ce n'est une nécessité impérieuse et universelle, ne faisait changer ce qui y avait été arrêté. Dans cette assemblée se réunissaient tous les grands (*majores*), tant ecclésiastiques que laïques ; les plus considérables (*seniores*), pour prendre et arrêter les décisions ; les moins considérables (*minores*), pour recevoir ces décisions, et quelquefois en délibérer aussi et les confirmer, non par un consentement formel, mais par leur opinion et l'adhésion de leur intelligence.

« L'autre assemblée, dans laquelle on recevait les dons généraux du royaume, se tenait seulement avec les plus considérables (*seniores*) de l'assemblée précédente et les principaux conseillers. On commençait à y traiter des affaires de l'année suivante, s'il en était dont il fût nécessaire de s'occuper d'avance, comme aussi de celles qui pouvaient être survenues dans le cours de l'année qui touchait à sa fin, et auxquelles il fallait pourvoir provisoirement et sans retard. Par exemple, si, dans quelque partie du royaume, les gouverneurs des frontières (*Marchisi*) avaient conclu pour un temps quelque trêve, on recherchait ce qu'il y aurait à faire après l'expiration de ces trêves, et s'il faudrait ou non les renouveler. Si, sur quelque autre point du royaume, la guerre semblait imminente ou la paix près de se rétablir, on examinait si les convenances du moment exigeaient, dans le premier cas, qu'on commençât ou qu'on souffrît les incursions, et, dans le second, par quel moyen on pourrait assurer la tranquillité. Ces seigneurs délibéraient ainsi de longue main sur ce que pouvaient exiger les affaires de l'avenir ; et lorsque les mesures convenables avaient été trouvées, elles étaient tenues si secrètes qu'avant l'assemblée générale suivante on ne les connaissait pas plus que si personne ne s'en fût occupé et qu'elles n'eussent pas été arrêtées. On voulait que, s'il y avait à prendre, au dedans ou au dehors du royaume, quelques mesures que certaines personnes, en en étant informées, eussent voulu empêcher ou rendre inutiles, ou plus difficiles, par quelque artifice, elles n'en eussent jamais le pouvoir.

« Dans la même assemblée, si quelque mesure était nécessaire, soit pour satisfaire les seigneurs absents, soit pour calmer ou pour échauffer l'esprit des peuples, et qu'on n'y eût pas pourvu auparavant, on en délibérait, on l'arrêtait du consentement des assistants, et elle était exécutée de concert avec eux par les ordres du roi. L'année ainsi terminée, l'assemblée de l'année suivante se réglait comme je l'ai dit.

« Quant aux conseillers, soit laïques, soit ecclésiastiques, on avait soin, autant que possible, de les choisir tels que d'abord, selon leur qualité ou leurs fonctions, ils fussent remplis de la crainte de Dieu, et animés, en outre, d'une fidélité inébranlable, au point de ne rien mettre au-dessus des intérêts du roi et du royaume, si ce n'est la vie éternelle. On voulait que, ni amis, ni ennemis, ni parents, ni dons, ni flatteries, ni reproches, ne les pussent détourner de leur devoir ; on les cherchait sages et habiles; non de cette habileté sophistique et de cette sagesse mondaine qui est ennemie de Dieu, mais d'une juste et vraie sagesse qui les mît en état, non-seulement de réprimer, mais encore de confondre pleinement les hommes qui ont placé toute leur confiance dans les ruses de la politique humaine. Les conseillers ainsi élus avaient pour maxime, comme le roi lui-même, de ne jamais confier, sans leur consentement réciproque, à leurs domestiques ou à toute autre personne, ce qu'ils pouvaient s'être dit familièrement les uns aux autres, soit sur les affaires du royaume, soit sur tel ou tel individu en particulier. Peu importait que le secret dût être gardé un jour ou deux, ou plus, ou un an, ou même toujours.

« Il arrive, en effet, que, si les propos tenus dans des réunions semblables, sur le compte d'un individu, soit dans des vues de précaution, soit pour tout autre intérêt public, viennent ensuite à sa connaissance, il en ressent de grandes inquiétudes, ou en est réduit au désespoir, ou ce qui est plus grave, est poussé à l'infidélité, et ainsi un homme qui peut-être aurait pu rendre encore des services, devient inutile, ce qui ne serait pas arrivé s'il n'avait pas su ce qu'on a dit de lui. Ce qui est vrai d'un homme, peut être vrai de deux, de cent, ou d'un plus grand nombre, ou de toute une famille, ou d'une province entière, si l'on n'y apporte la plus grande réserve.

« L'apocrisiaire, c'est-à-dire le chapelain ou garde du palais, et le chambellan, assistaient toujours à ces conseils; aussi on les choisissait avec le plus grand soin ; ou bien, après les avoir choisis, on les instruisait de manière à ce qu'ils fussent dignes d'y assister. Quant aux autres officiers du palais (*ministeriales*), s'il en était quelqu'un qui, d'abord en s'instruisant, ensuite en donnant des conseils, se montrât capable d'occuper honorablement la place d'un de ces conseillers, ou propre à devenir tel, il recevait l'ordre d'assister aux réunions, en prêtant la plus grande attention aux choses qui s'y traitaient, rectifiant ce qu'il croyait, apprenant ce qu'il ignorait, retenant dans sa mémoire ce qui avait été ordonné et arrêté. On voulait par-là que s'il survenait, au dedans ou au dehors du royaume, quelque accident inopiné, si l'on apprenait quelque nouvelle inattendue et à laquelle on n'eût pas pourvu d'avance (il était rare cependant qu'en de telles occasions une profonde délibération fût nécessaire, ou qu'on n'eût pas le temps de convoquer les conseillers ci-dessus désignés); on voulait, dis-je, qu'en pareil cas, les officiers du palais, avec la grâce de Dieu et par leur longue habitude soit d'assister aux conseils publics, soit de traiter les affaires domestiques, fussent capables, selon les circonstances, ou de conseiller ce qu'il y avait à faire, ou d'indiquer les moyens d'attendre sans inconvénient le temps fixé pour la réunion du conseil. Voilà pour ce qui regarde les principaux officiers du palais.

« Quant aux officiers inférieurs, proprement appelés *palatins*, qui ne s'occupaient point des affaires générales du royaume, mais seulement de celles où les personnes spécialement attachées au palais étaient intéressées, le souverain réglait leurs fonctions avec un grand soin, afin que, non-seulement aucun mal ne pût naître de là, mais que, s'il venait à se manifester quelque désordre, on pût le contenir ou l'extirper aussitôt. Si l'affaire était pressée, et que cependant on pût, sans injustice et sans faire tort à personne, en retarder la décision jusqu'à l'assemblée générale, l'empereur voulait que les officiers dont je parle sussent indiquer les moyens d'attendre, et imiter la sagesse de leurs supérieurs d'une manière agréable à Dieu et utile au royaume. Quant aux conseillers dont j'ai parlé d'abord, ils avaient soin, quand ils étaient convoqués au palais, de ne pas s'occuper des affaires particulières ni des contestations qui s'étaient élevées au sujet des propriétés ou de l'application des lois, avant d'avoir réglé, avec l'aide de Dieu, tout ce qui intéressait le roi et le royaume en général. Cela fait, si, d'après les ordres du roi, on avait réservé quelque affaire qui n'avait pu être terminée soit par le comte du palais, soit par l'officier dans la compétence duquel elle était comprise, sans le secours des conseillers, ceux-ci procédaient à son examen.

« Dans l'une ou l'autre des deux assemblées, et pour qu'elles ne parussent pas convoquées sans motif, on soumettait à l'examen et à la délibération des grands que j'ai désignés, ainsi que des premiers sénateurs du royaume, et en vertu des ordres du roi, les articles de loi nommés *capitula* que le roi lui-même avait rédigés par l'inspiration de Dieu, ou dont la nécessité lui avait été manifestée dans l'intervalle des réunions. Après avoir reçu ces communications, ils en délibéraient un, deux ou trois jours, ou plus, selon l'importance des affaires. Des messagers du palais, allant et venant, recevaient leurs questions et leur rapportaient les réponses; et aucun étranger n'approchait du lieu de leur réunion jusqu'à ce que le résultat de leurs délibérations pût être mis sous les yeux du grand prince qui alors, avec la sagesse qu'il avait reçue de Dieu, adoptait une résolution à laquelle tous obéissaient. Les choses se passaient ainsi pour un, deux capitulaires, ou un plus grand nombre, jusqu'à ce qu'avec l'aide de Dieu toutes les nécessités du temps eussent été réglées.

« Pendant que ces affaires se traitaient de la sorte hors de la présence du roi, le prince lui-même, au milieu de la multitude venue à l'assemblée générale, était occupé à recevoir les présents, saluant les hommes les plus considérables, s'entretenant avec ceux qu'il voyait rarement, témoignant aux plus âgés un intérêt affectueux, s'égayant avec les plus jeunes, et faisant ces choses et autres semblables pour les ecclésiastiques comme pour les séculiers. Cependant si ceux qui délibéraient sur les matières soumises à leur examen en manifestaient le désir, le roi s'y rendait auprès d'eux, y restait aussi longtemps qu'ils le voulaient, et de là ils lui rapportaient, avec une entière familiarité, ce qu'ils pensaient de toutes choses, et quelles étaient les discussions amicales qui s'étaient élevées entre eux.

Je ne dois pas oublier de dire que, si le temps était beau, tout cela se passait en plein air; sinon, dans plusieurs bâtiments distincts où ceux qui avaient à délibérer sur les propositions du roi étaient séparés de la multitude des personnes venues à l'assemblée, et alors les hommes les moins considérables ne pouvaient entrer. Les lieux destinés à la réunion des seigneurs étaient divisés en deux parties, de telle sorte que les évêques, les abbés et les clercs élevés en dignité pussent se réunir sans aucun mélange de laïques. De même les comtes et les autres principaux de l'État se séparaient, dès le matin, du reste de la multitude, jusqu'à ce que, le roi présent ou absent, ils fussent tous réunis; et alors les seigneurs ci-dessus désignés, les clercs de leur côté, les laïques du leur, se rendaient dans la salle qui leur était assignée et où on avait fait honorablement préparer des siéges. Lorsque les seigneurs laïques et ecclésiastiques étaient ainsi séparés de la multitude, il demeurait en leur pouvoir de siéger ensemble ou séparément, selon la nature des affaires qu'ils avaient à traiter, ecclésiastiques, séculières ou mixtes. De même, s'ils voulaient faire venir quelqu'un, soit pour demander des aliments, soit pour faire quelque question, et le renvoyer après en avoir reçu ce dont ils avaient besoin, ils en étaient les maîtres. Ainsi se passait l'examen des affaires que le roi proposait à leur délibération.

« La seconde occupation du roi était de demander à chacun ce qu'il avait à lui rapporter ou à lui apprendre sur la partie du royaume dont il venait; non-seulement cela leur était permis à tous, mais il leur était étroitement recommandé de s'enquérir, dans l'intervalle des assemblées, de ce qui se passait au dedans ou au dehors du royaume; et ils devaient chercher à le savoir des étrangers comme des nationaux, des ennemis comme des amis, quelquefois en employant des envoyés, et sans s'inquiéter beaucoup de la manière dont étaient acquis les renseignements. Le roi voulait savoir si, dans quelque partie, dans quelque coin du royaume, le peuple murmurait ou était agité, et quelle était la cause de son agitation, et s'il était survenu quelque désordre dont il fût nécessaire d'occuper le conseil général, et autres détails semblables. Il cherchait aussi à connaître si quelqu'une des nations soumises voulait se révolter, si quelqu'une de celles qui s'étaient révoltées semblait disposée à se soumettre, si celles qui étaient encore indépendantes menaçaient le royaume de quelque attaque, etc. Sur toutes ces matières, partout où se manifestait un désordre ou un péril, il demandait principalement quels en étaient les motifs ou l'occasion. »

Il est évident que ces assemblées étaient pour Charlemagne un instrument d'autorité, d'ordre et d'administration, bien plutôt qu'une institution nationale rendue nécessaire par les droits et l'esprit de liberté des peuples. L'emploi de ce moyen n'en fait pas moins grand honneur au génie de Charlemagne. Il avait compris que le vice principal de l'état social de son temps et la principale cause de la faiblesse de sa propre autorité étaient le défaut de concentration, l'isolement des individus et l'indépendance des agents. Les convocations périodiques donnaient un centre à toutes choses. Les efforts d'un grand homme dans les temps barbares ont surtout pour but de créer une nation, car c'est là son instrument; Charlemagne cherchait la nation plus loin que dans les grands propriétaires ou les grands bénéficiers. Il voulait la rallier tout entière pour accroître sa propre force et avoir partout à sa disposition de puissants moyens d'action. C'était un habile despotisme. Le despotisme, dans un temps barbare, annonce quelquefois un homme en avant de son siècle, et qui a des besoins et des vues d'avenir. Le despotisme, au milieu d'une civilisation développée, indique un homme qui peut être grand, et même nécessaire, mais qui ne se préoccupe que du temps où il vit et de lui-même.

VINGT-UNIÈME LEÇON.

Décadence des assemblées nationales sous Louis-le-Débonnaire et Charles-le-Chauve, malgré leur maintien apparent. — Prépondérance définitive du régime féodal sur les institutions libres et sur les institutions monarchiques à la fin du dixième siècle. — Le régime féodal était le résultat naturel de la situation des Francs après leur établissement dans les Gaules. — Une fois vainqueur, ce régime est attaqué à la fois par la masse de la population et par les rois. — Caractère de la féodalité et comme régime oppressif et comme régime libéral. — L'histoire des institutions politiques en France, du cinquième au dixième siècle, n'offre aucune trace du vrai gouvernement représentatif.

Après Charlemagne, sous Louis-le-Débonnaire, les assemblées nationales sont encore fréquentes. Le mouvement que Charlemagne avait imprimé n'était pas tout à fait évanoui. Ne pouvant créer, Louis-le-Débonnaire cherchait à imiter; il fit rendre, dans les plaids de printemps ou d'automne, quelques règlements utiles, entre autres le capitulaire qui appelait les *scabini*, les juges royaux, aux champs de mai. Mais le gouvernement, même avec cette sanction, était sans vie et sans effet. Les assemblées n'avaient été qu'un instrument de la royauté, et la royauté ne savait plus s'en servir. Leur décadence fut complète sous Charles-le-Chauve. Elles recommencèrent à n'être plus que des réunions d'évêques et de grands propriétaires laïques. Il y eut encore quarante-six plaids tenus sous Charles-le-Chauve ; mais ils se bornèrent presque tous à des négociations des grands seigneurs avec le roi sur leurs intérêts particuliers. Tels étaient les progrès de la féodalité que l'aristocratie centrale des grands propriétaires, bénéficiers ou autres, se dissolvait elle-même. Ils s'isolaient les uns des autres pour exercer, chacun dans ses domaines, la souveraineté presque absolue qu'ils avaient acquise. La chute des Carlovingiens fut l'œuvre de Hugues Capet seul, et non d'une coalition aristocratique. On ne vit pas, comme à la chute des Mérovingiens, une assemblée élisant un roi nouveau. Hugues Capet se fit roi, et fut reconnu comme tel, d'abord par les vassaux qu'il avait comme duc de France, ensuite et successivement par les grands seigneurs du royaume, qui n'en demeurèrent pas moins à peu près ses égaux. Alors disparurent presque complétement les assemblées, comme toute institution nationale et centrale ; il fallut près de trois siècles pour ramener quelque chose d'analogue.

Ainsi, à la fin du dixième siècle, des trois systèmes

d'institutions que nous avons caractérisés en commençant, les institutions libres, les institutions monarchiques et les institutions féodales, le dernier prévalait complétement ; le premier avait péri de bonne heure ; Charlemagne avait en vain tenté de fonder le second. L'organisation hiérarchique des propriétaires des terres, et la dislocation de la France en autant de petites souverainetés qu'il se trouvait de propriétaires assez forts pour être à peu près indépendants et maîtres dans leurs domaines, tel était le résultat naturel de l'établissement des Francs dans la Gaule.

Pendant les cinq siècles que nous venons de parcourir, les institutions, les mœurs, les pouvoirs apparaissent dans un état constant de désordre et de lutte. Les anciennes libertés des Francs, l'indépendance primitive des guerriers, l'autorité royale, les premiers rudiments du système féodal, tous ces éléments divers se présentent obscurs, incohérents et en combat. On passe sans cesse d'un système à l'autre, d'une tendance à l'autre. A la fin du dixième siècle, la lutte a à peu près cessé ; la masse de la population est tombée dans l'état de serf ou de colon tributaire ; la propriété des fiefs confère une véritable souveraineté, plus ou moins complète selon la force du possesseur ; ces petits souverains sont hiérarchiquement unis et constitués par les liens de la suzeraineté et du vasselage. Nulle part ce lien n'est plus faible qu'entre le roi et ses vassaux, car c'est là que les prétentions d'une part à l'autorité, de l'autre à l'indépendance, sont le plus vivement contestées.

Les traits fondamentaux de cet état de choses sont la destruction de toute centralité, soit nationale, soit monarchique, la constitution hiérarchique de la propriété territoriale, la distribution de la souveraineté dans les divers degrés de cette hiérarchie, et l'asservissement ou le quasi-asservissement de la masse des habitants du pays.

J'ai dit que ce système était le résultat naturel de l'état des Francs dans les Gaules après la conquête ; son succès définitif le prouve. Une autre circonstance le prouve également. Avant le dixième siècle, nous assistons à la lutte constante et aux succès alternatifs des institutions libres, monarchiques et féodales. Les efforts faits en faveur des deux premiers systèmes, bien qu'appuyés les uns sur l'ancienne indépendance des Francs, les autres sur l'habileté de grands rois, demeurent sans succès ; une tendance plus forte les déjoue et les domine. Quand la lutte a cessé, quand le système féodal a pleinement prévalu, presque aussitôt une nouvelle lutte commence ; le système vainqueur est attaqué ; dans les degrés inférieurs, par la masse des habitants, bourgeois, colons ou serfs, qui essayent de reconquérir quelques droits, quelques propriétés, quelques libertés ; dans le degré supérieur, par la royauté qui travaille à reprendre quelque empire général, à redevenir le centre d'une nation. Les nouveaux efforts sont faits, non plus, comme cela se passait du cinquième au dixième siècle, au milieu du choc de systèmes divers et confus qui se mêlent et se combattent, mais dans le sein même d'un système unique, du système qui a prévalu et saisi la société tout entière. Ce ne sont plus des hommes libres, incertains de leurs droits et de leur position, qui défendent mal les débris de leur ancienne existence contre le régime féodal qui les envahit de toutes parts; ce sont des bourgeois, des colons, des serfs, dont la condition est claire, déterminée, qui se mettent à leur tour en agression contre le régime féodal et travaillent à s'y soustraire. Ce n'est plus un roi incertain et sans cesse attaqué dans son autorité, ne sachant s'il est roi ou seigneur, qui défend son pouvoir contre des leudes ou de grands propriétaires empressés tantôt de l'envahir, tantôt de s'en affranchir. C'est le premier des seigneurs qui travaille à se faire le roi de tous, à convertir la suzeraineté en souveraineté. Du cinquième au dixième siècle, le système féodal avait été en progrès, en développement, en attaque. A dater du onzième siècle, c'est ce système qui se défend contre le peuple et le roi. La lutte est longue, difficile, terrible ; mais les résultats sont changés avec les situations des combattants. Malgré la servitude où le peuple est tombé au dixième siècle, depuis lors c'est l'affranchissement du peuple qui est en progrès. Malgré la faiblesse du pouvoir royal à la même époque, depuis lors c'est le pouvoir royal qui gagne du terrain. Nul effort n'est vain, nul pas n'est rétrograde. Ce système monarchique que le génie de Charlemagne n'avait pu établir, des rois, bien inférieurs à Charlemagne, le conquièrent peu à peu. Ces anciennes libertés que ni Francs ni Gaulois n'avaient pu conserver, les communes et le tiers-état les ressaisissent pièce à pièce. La monarchie et la liberté n'avaient pu se fonder durant la première époque; il fallait que la monarchie sortît de la féodalité même, et que l'affranchissement s'échappât du sein de la servitude.

Quant à la féodalité elle-même, je n'ai point le dessein d'en retracer l'histoire. J'ai hâte d'arriver à l'époque où je retrouverai une nation et un roi, et où recommenceront les essais du gouvernement libre et du système monarchique. Je veux seulement dire ici quels ont été, quant au pouvoir et à la liberté, ces deux éléments constitutifs de l'ordre social, le caractère dominant et l'influence générale du régime féodal.

Le régime féodal a placé le maître près du sujet, le souverain à la porte de ceux qui dépendaient de lui ; en ce sens, il a été une cause d'oppression et de servitude. Il est difficile d'échapper à un pouvoir toujours voisin, et presque présent. La volonté humaine a des caprices étranges et de tous les moments quand les objets sur lesquels elle s'exerce sont sous sa main. On respire un peu sous un pouvoir arbitraire très-élevé et très-éloigné ; on est vraiment esclave d'un pouvoir arbitraire qui vous touche. La tyrannie locale est la pire de toutes ; on lui échappe difficilement, elle se défend facilement. Une poignée d'hommes tient en servitude, pendant des siècles, la population d'un gros bourg. Les bourgeois, les colons et les serfs se sentaient si opprimés par les seigneurs qu'ils ont préféré à ce pouvoir absolu le pouvoir absolu des rois, même avec des droits plus étendus et plus irrésistibles que ceux des seigneurs. Un despotisme certain et général n'a ni le même intérêt ni les mêmes moyens d'opprimer. Par là s'explique l'intensité de l'oppression féodale et la haine profonde qu'elle a inspirée.

Le régime féodal a placé l'inférieur près du supérieur ; et, en ce sens, il a été un principe de dignité et de liberté. Beaucoup de vassaux étaient égaux entre eux, et dans des rapports de familiarité ; souvent l'inégalité n'était pas très-grande entre le supérieur et l'inférieur ; celui-ci n'en était pas humilié, ni obligé de se faire courtisan. La protection était de droit : le suzerain avait un besoin absolu de ses vassaux. Il n'y avait pas lieu, dans leurs relations, à la servilité et à la bassesse d'âme. De plus, les vassaux avaient des raisons et des moyens de s'entendre pour se défendre contre l'oppression ; ils avaient des droits et des intérêts communs.

L'intimité dans laquelle ils vivaient avec leur seigneur empêchait que le sentiment de leurs droits mutuels ne s'effaçât en eux; aussi les relations féodales sont-elles pleines en général de dignité et de fierté ; un sentiment noble y préside, la fidélité au lieu de la soumission. Or, là où existe un sentiment moral profond, il en réveille nécessairement d'autres : de là tant de beaux et honorables développements de la nature humaine dans le régime féodal ; ces développements étaient concentrés, il est vrai, dans le cercle des vassaux et des seigneurs, mais cela vaut mieux que l'égal abaissement de tous sous un despotisme universel.

Ainsi, tandis que la féodalité méconnaissait et insultait la dignité de l'homme et la justice dans les masses qui lui appartenaient à titre de sujets, elle les respectait et les développait dans sa propre hiérarchie. Il y avait de la liberté dans cette hiérarchie, et tout ce qui accompagne la liberté. Au-dessous étaient la servitude et ses maux, avec les hontes qui en découlent.

Je puis maintenant affirmer sans crainte que, dans les institutions du cinquième au dixième siècle, il n'y a point de trace du système représentatif. On va de l'indépendance des individus, tantôt au pouvoir du roi, tantôt à la prédominance des grands propriétaires. Mais point d'organisation politique fondée sur des idées d'un droit général, et d'un intérêt public ; toutes les institutions se rapportent à des droits et à des intérêts privés. Des forces opposées se combattent ; rien ne révèle la division des pouvoirs et leur tendance vers un but commun. Point de représentants des droits de tous; point d'élus au nom des intérêts de tous; ceux qui ont des droits les exercent personnellement ; ceux qui ne les exercent pas personnellement n'en ont point. Les ecclésiastiques seuls gardent l'idée du droit général des hommes à la justice et au bon gouvernement ; mais cette idée ne passe guère dans les institutions. Ni le principe philosophique, ni aucun des vrais caractères extérieurs du gouvernement représentatif ne se rencontrent nulle part.

VINGT-DEUXIÈME LEÇON.

Des institutions politiques des Wisigoths. — Caractère particulier de la législation des Wisigoths. — Elle est l'ouvrage du clergé. — Ce fut surtout par son influence dans les villes et en vertu du régime municipal que le clergé prit, dans les nouveaux États de la Gaule méridionale et de l'Espagne, un si grand empire. — Ruine et disparition de la classe moyenne dans l'empire romain, au moment de l'invasion définitive des Barbares. — Nécessité, pour expliquer ce fait, de bien comprendre l'histoire du régime municipal romain depuis son origine jusqu'à la chute de l'empire. — Trois époques dans cette histoire : — 1º du régime municipal sous la république romaine ; — 2º du régime municipal sous l'empire, depuis Auguste jusqu'à Constantin ; — 3º du régime municipal depuis Constantin jusqu'à la chute de l'empire.

Conformément au plan que je me suis tracé en commençant ce cours, j'ai étudié avec vous les institutions politiques des Anglo-Saxons et des Francs, du cinquième au dixième siècle. J'arrive à celles des Wisigoths, le troisième des peuples Barbares établis dans l'Empire romain, que je me suis proposé de vous faire bien connaître.

En ouvrant le recueil des lois des Wisigoths, il est impossible de ne pas être frappé de l'ensemble qui y règne. Les Francs, les Bourguignons, ont des lois en partie antérieures à leur établissement sur le sol romain ; ce sont des coutumes transmises et recueillies d'âge en âge. Les Wisigoths ont un code qui a été rédigé systématiquement et promulgué à jour fixe.

Ce seul fait indique que les lois des Wisigoths ne sont pas l'ouvrage des Barbares eux-mêmes. L'influence du clergé a été en effet, chez les Wisigoths, plus puissante que chez les autres conquérants barbares ; non-seulement il s'est mêlé à leur gouvernement, mais il a été leur législateur civil et politique. Le code Wisigoth a été son ouvrage. Comment cela est-il arrivé ?

Avant la fondation des États barbares, sous la domination même des derniers empereurs romains, la puissance de la nouvelle religion plaçait peu à peu le clergé chrétien à la tête des peuples ; l'évêque était le défenseur et le chef des villes. Après la conquête, les Barbares embrassèrent la religion des vaincus ; et, comme c'était dans les villes, en vertu des institutions municipales, que le clergé chrétien était puissant, il s'appliqua à conserver au régime municipal sa forme et son efficacité. Il y réussit en grande partie. Il importe donc essentiellement de connaître, avec un peu de précision, le régime municipal romain et ses vicissitudes jusqu'à l'époque des grandes invasions barbares, pour bien comprendre l'état des populations urbaines à cette époque et le rôle que joua leur clergé dans leur situation nouvelle, spécialement au sein du royaume des Wisigoths.

Je l'ai déjà fait remarquer : la chute de l'empire romain en Occident offre un phénomène étrange. Non-seulement la population ne soutient pas le gouvernement dans la lutte contre les Barbares ; mais la population abandonnée à elle-même ne tente, pour son propre compte, aucune résistance. Il y a plus : rien, dans ce long débat, ne révèle qu'une nation existe ; à peine est-il question de ce qu'elle souffre ; elle subit tous les fléaux de la guerre, du pillage, de la famine, un changement complet de destinée et d'état, sans agir, sans parler, sans paraître.

Ce phénomène n'est pas seulement étrange, il est sans exemple. Le despotisme a régné ailleurs que dans l'empire romain ; plus d'une fois l'invasion étrangère et la conquête ont dévasté des pays qu'avait opprimés un long despotisme. Là même où la nation n'a pas résisté, son existence se manifeste de quelque façon dans l'histoire. Elle souffre, elle se plaint, et, malgré son avilissement, elle se débat contre son malheur ; des récits, des monuments attestent ce qu'elle a éprouvé, ce qu'elle est devenue, et sinon ce qu'elle a fait, du moins ce qu'on a fait d'elle.

Au cinquième siècle, les débris des légions romaines

disputaient à des hordes de Barbares l'immense territoire de l'empire, mais il semblait que ce territoire fût un désert. Les soldats de l'empire éloignés ou vaincus, il n'est plus question de personne ni de rien Les peuplades barbares s'arrachent successivement les provinces ; à côté d'elles, une seule existence réelle et vive apparaît dans les faits, celle des évêques et du clergé. Si les lois n'étaient pas là pour nous apprendre qu'une population romaine couvrait encore le sol, l'histoire nous en laisserait douter.

C'est surtout dans les provinces soumises depuis longtemps à Rome, et où la civilisation est plus avancée, que le peuple a ainsi disparu. On regarde comme un bizarre monument de la mollesse des sujets de l'empire la lettre des Bretons implorant avec larmes l'assistance d'Ætius et l'envoi d'une légion. C'est un étonnement injuste : les Bretons moins civilisés, moins romains que les autres sujets de Rome, ont résisté aux Saxons, et leur résistance a une histoire. A la même époque, dans la même situation, les Italiens, les Gaulois, les Espagnols, n'ont point d'histoire ; l'empire s'est retiré de leur pays ; les Barbares l'ont occupé sans que la masse des habitants ait joué le moindre rôle, ait marqué en rien sa place dans les événements qui la livraient à tant de fléaux.

Cependant la Gaule, l'Italie, l'Espagne étaient couvertes de villes naguère riches et peuplées ; la civilisation s'y était développée avec éclat; les routes, les aqueducs, les cirques, les écoles y abondaient. Tout ce qui atteste la richesse et procure aux peuples une existence brillante et animée s'y rencontrait. Les invasions des Barbares venaient piller toutes ces richesses, disperser toutes ces réunions, détruire tous ces plaisirs. Jamais l'existence d'une nation ne fut plus complétement bouleversée; jamais les individus n'eurent plus de maux à endurer et de craintes à concevoir. D'où vient que les populations sont muettes et mortes? Pourquoi tant de villes saccagées, tant de situations bouleversées, tant de carrières brisées, tant de propriétaires dépossédés ont-ils laissé si peu de traces, je ne dis pas de leur résistance active, mais seulement de leurs douleurs?

On allègue le despotisme du gouvernement impérial, l'avilissement des peuples, l'apathie profonde qui s'était emparée des maitres et des sujets. On a raison : c'est là, en effet, la grande cause d'un fait si étrange. Mais c'est peu d'énoncer ainsi, d'une façon générale, une cause qui, ailleurs la même en apparence, n'a pas produit les mêmes résultats. Il faut pénétrer plus avant dans l'état de la société romaine telle que le despotisme l'avait faite. Il faut rechercher par quels moyens il lui avait enlevé à ce point toute consistance et toute vie. Le despotisme peut revêtir des formes très-diverses et s'exercer par des procédés qui donnent à son action une tout autre énergie, et à ses conséquences une bien plus grande portée.

Le grand fait qu'avait entraîné le système du despotisme impérial, et qui explique seul le phénomène dont je m'occupe, c'est la destruction, la disparition de la classe moyenne dans le monde romain : à l'arrivée des Barbares, cette classe n'existait plus ; c'est pourquoi il n'y avait plus de nation.

Cet anéantissement de la classe moyenne dans l'Empire romain fut surtout le résultat d'un régime municipal qui l'avait rendue tout ensemble l'instrument et la victime du despotisme impérial. Toutes les batteries de ce despotisme furent dirigées contre cette classe ; et ce fut dans le régime municipal qu'il l'emprisonna pour l'exploiter, et pour subvenir en l'exploitant aux nécessités de sa propre existence.

Un tel fait vaut la peine qu'on étudie, dans tous ses ressorts, la machine par laquelle il a été produit. Qui ne connaît pas l'organisation du régime municipal à cette époque et ses effets sur la société romaine, ne peut rendre raison de l'histoire.

On peut saisir, dans la constitution et l'existence des cités, au sein du monde romain, trois époques bien distinctes et marquées par de véritables révolutions.

On sait que les Romains, adoptant dans leurs conquêtes un système différent de celui de la plupart des peuples anciens, n'eurent garde d'exterminer ou de réduire en servitude les nations vaincues.

Cette différence provint, je crois, de la situation dans laquelle se trouvaient la plupart des nations voisines auxquelles Rome fit d'abord la guerre. Elles étaient réunies dans des villes et non dispersées dans les campagnes; elles formaient des corps de cité cultivant et gouvernant un territoire d'une certaine étendue. Ces cités étaient en grand nombre et indépendantes. On détruit ou on asservit une nation disséminée dans les champs qu'elle exploite. Cela est plus difficile et moins profitable quand cette nation est renfermée dans des murailles et a déjà pris la consistance d'un petit État.

D'ailleurs les peuples, asservis ou exterminés dans l'antiquité, l'ont presque toujours été par des conquérants qui cherchaient une patrie et s'établissaient sur le sol conquis. Après la guerre, les Romains rentraient dans Rome. L'asservissement et l'extermination ne se font ni tout d'un coup ni de loin. Il faut que les vainqueurs, toujours présents au milieu des vaincus, aient sans cesse à leur disputer la richesse, la liberté et la terre. Cette situation primitive des Romains au début de leurs conquêtes a exercé, sur le sort des peuples, une influence décisive.

Dans l'origine, il ne paraît pas que les Romains aient osé laisser, dans les villes vaincues, leurs anciens habitants. On dit que la violence peupla Rome de femmes; le même procédé lui donna de nouveaux citoyens. Les vaincus, emmenés à Rome, devenaient Romains comme les vainqueurs. La ville conquise était occupée, soit par des soldats, soit par des habitants pris à Rome, dans la dernière classe du peuple, et envoyés là pour former une sorte de colonie.

La ville de Cære est la première qui, réunie à Rome, ait conservé ses lois, ses magistrats, en recevant, du moins en partie, le droit de cité romaine. Selon Tite-Live, l'an de Rome 365, un sénatus-consulte ordonna *ut cum Cæretibus publicè hospitium fieret.*

Ce système prévalut et se développa. Les villes vaincues s'unirent à Rome en recevant le droit de cité. Les unes, comme Cære, ne reçurent pour leurs habitants que le titre de citoyens romains, et conservèrent d'ailleurs leur sénat et leurs lois; d'autres furent admises dans la cité romaine, mais sans obtenir le droit de suffrage dans les comices de Rome. Pour d'autres enfin, l'incorporation politique fut complète; leurs habitants eurent droit de suffrage à Rome comme les Romains. Celles-ci avaient seules à Rome une tribu.

Le droit de suffrage fut successivement accordé à plusieurs des villes qui ne l'avaient pas reçu d'abord. Enfin, toute l'Italie, après la guerre des alliés, et bientôt une portion de la Gaule méridionale, reçurent le droit de cité romaine dans toute sa plénitude.

Les villes ainsi admises à tous les droits de la cité

romaine s'appelaient *municipia*. Lorsque toute l'Italie en fut investie, les villes qui n'avaient pas d'abord pleinement possédé ces droits conservèrent assez longtemps le nom de *coloniæ, præfecturæ*, etc., qu'elles avaient reçu dans l'origine ; mais, en fait, leur condition fut complétement assimilée à celle des anciens municipes.

Hors de l'Italie, la condition des villes et des pays conquis était encore fort diverse. L'histoire nous montre *coloniæ*, les unes latines, les autres romaines, *populi liberi, civitates fœderatæ, reges amici, provinciæ*. Ces diverses dénominations indiquaient des modes d'existence différents sous la domination de Rome et divers degrés de dépendance ; ces différences disparurent successivement. Je ne m'occupe que des *municipia*.

Avant de conférer à une ville le plein droit de cité romaine, on lui demandait si elle voulait ou non le recevoir. Sur son consentement, et suivant l'expression légale, *ubi fundus ei legi factus erat*, la concession avait lieu. En voici les principales conséquences.

Alors se faisait, dans cette ville, la séparation des droits, intérêts et offices municipaux, d'avec les droits, intérêts et offices politiques. Les premiers restaient attribués à la ville, et s'exerçaient sur les lieux et par les habitants, avec une entière indépendance. Les seconds étaient transportés à Rome et ne pouvaient être exercés que dans ses murs.

Ainsi le droit de faire la paix ou la guerre, de porter

des lois, de lever des impôts, de rendre la justice, cessaient d'appartenir isolément au municipe ; mais les citoyens les partageaient et les exerçaient dans Rome avec les citoyens qui habitaient Rome ; ils s'y rendaient pour voter dans les comices, soit sur les lois, soit sur les nominations aux magistratures ; ils recherchaient et pouvaient obtenir toutes les charges de l'État La ville de Rome avait le privilége que ces droits politiques ne pouvaient être exercés que dans ses murs. Ses habitants n'avaient aucun privilége sur ceux des municipes.

Les droits, intérêts et offices que nous appelons aujourd'hui municipaux, et dont l'entière disposition demeura dans chaque localité, ne sont nulle part régulièrement distingués et énumérés. A ce degré de civilisation, ni les gouvernants ni les gouvernés n'éprouvent le besoin de tout prévoir, de tout définir, de tout régler ; on se fie au bon sens des hommes et à la nature des choses. L'histoire indique cependant les principales attributions qui demeurèrent locales.

1° Le culte, les cérémonies et fêtes religieuses. Non-seulement chaque ville conserva à ce sujet ses anciens usages et une autorité indépendante ; mais les lois romaines veillèrent à cette conservation et en firent même un devoir. Chaque municipe garda donc ses prêtres, ses flamines, le droit de les choisir et de régler tout ce qui s'y rapportait.

2° Chaque municipe garda également l'administration de ses biens et revenus particuliers. En cessant d'être une personne politique, il devenait personne civile. Les édifices publics, d'utilité ou d'agrément, les fêtes, les jouissances locales et communes, toutes les dépenses de ce genre et tous les revenus qui devaient y pourvoir, demeurèrent des affaires absolument locales. Les habitants nommaient les magistrats qui en étaient chargés.

3° La police resta aussi, jusqu'à un certain point du moins, entre les mains des magistrats locaux ; ils étaient chargés de veiller à la sûreté intérieure et d'arrêter provisoirement ceux qui la troublaient.

4° Bien que le pouvoir judiciaire eût été retiré aux localités, on y rencontre cependant quelques traces d'une juridiction assez semblable à ce que nous appelons police municipale, le jugement des contraventions aux règlements sur la salubrité publique, sur les poids et mesures, sur la tenue des marchés, etc.

Toutes ces affaires locales étaient réglées soit par des magistrats nommés par les habitants, soit par la curie de la ville ou collége des décurions, c'est-à-dire, de tous les habitants possédant un revenu territorial déterminé.

En général, la curie nommait les magistrats. On en trouve cependant qui étaient nommés par la totalité des habitants.

Du reste, à cette époque, et par une conséquence nécessaire de l'esclavage, il y avait peu d'hommes libres qui n'entrassent pas dans la curie.

L'origine du mot *decurio* est incertaine. Les uns croient que c'était un dizainier, un petit chef préposé à la tête de dix familles, comme le *tythingman*, le *tunginus*, etc. des peuples germains. Les autres pensent que *decurio* a voulu dire simplement membre de la curie. Le dernier sens me paraît le plus probable. Plus tard les décurions furent appelés *curiales*.

Telle était, à la fin de la république romaine, la constitution des municipes. Elle offre pour résultats les faits généraux suivants :

1º Tous les droits, tous les intérêts, l'existence politique toute entière étaient centralisés à Rome, non-seulement moralement et en droit, mais matériellement et en fait. Dans les murs de Rome seule se consommaient tous les actes du citoyen romain.

2º Aucune centralisation de ce genre n'avait eu lieu à l'égard de ce que nous appelons aujourd'hui les intérêts administratifs. Chaque ville était demeurée sur ce point isolée et distincte, réglant elle-même ses affaires comme le ferait un simple particulier.

3º La nomination et la surveillance des magistrats chargés des affaires locales s'accomplissaient sur les lieux, sans intervention de l'autorité centrale et par l'assemblée des principaux habitants.

4° Dans cette assemblée étaient admis tous les habitants possédant un certain revenu. Tout indique que peu d'hommes libres y étaient étrangers.

Ici commence, dans l'histoire du régime municipal romain, une seconde époque.

La séparation absolue de l'existence politique et de l'existence locale, et l'impossibilité d'exercer les droits politiques ailleurs que dans Rome même, devaient enlever aux villes leurs principaux citoyens et une bonne part de leur importance. Aussi, dans l'époque que nous venons de parcourir, les intérêts purement locaux tenaient-ils peu de place. Rome absorbait tout. L'indépendance laissée aux autres villes, dans tout ce qui ne se traitait pas à Rome ou n'émanait pas de Rome, provenait du peu d'importance de ces affaires.

Lorsqu'à Rome la liberté commença à déchoir, la décadence de l'activité politique des citoyens dut en diminuer la concentration. Les hommes principaux des municipes se rendaient à Rome pour y participer, soit dans les comices, soit par les grandes fonctions publiques, au gouvernement du monde. Quand les comices et les hautes magistratures n'eurent plus à peu près aucune influence dans le gouvernement, quand la vie politique s'éteignit dans Rome avec le mouvement de la liberté, cette affluence de tous les hommes considérables vers Rome se ralentit. Cela convenait au despotisme naissant, et il n'eut garde de s'y opposer. Ici, comme en toute occasion, les conséquences nécessaires des faits généraux se révèlent dans des faits particuliers et positifs. Jusque-là on n'avait pu faire aucun acte politique ni donner son suffrage ailleurs que dans les murs de Rome. Suétone nous apprend qu'Auguste accorda aux citoyens d'un grand nombre de municipes d'Italie le droit de donner leur suffrage sans sortir de leur ville, et de l'envoyer cacheté à Rome où le dépouillement s'en faisait dans les comices. Ainsi se trahissaient à la fois les progrès de l'indifférence publique et ceux du pouvoir absolu.

Ces progrès furent rapides. Bientôt les comices furent abolis, comme il doit arriver à tous les simulacres; toute libre intervention des citoyens dans le gouvernement disparut, et il n'y eut plus ni à Rome, ni loin de Rome, aucun acte politique à faire; et, comme le leurre du despotisme qui commence est toujours d'offrir aux hommes les trompeurs avantages d'une honteuse égalité, le droit de cité romaine fut, presque à la même époque, indistinctement accordé à tout le monde romain. Ce droit n'était plus rien dans l'ordre politique; il ne conférait à ceux qui le recevaient aucune importance réelle; et cependant cette concession enlevait, à ceux qu'elle confondait dans la foule, l'importance qui pouvait encore leur rester. Il y a lieu de croire que cette mesure fut plutôt l'effet d'une spéculation financière que d'une savante combinaison despotique. Mais le despotisme, même dans sa conduite la plus dénuée de science, a des instincts qui ne le trompent point. C'était d'ailleurs le cours des choses ; il faut que les peuples avilis subissent leur destinée. Tout ne doit pas être imputé au maître du troupeau, et la haine que mérite la tyrannie ne sauve point du mépris les nations incapables de la liberté.

Cependant, comme la dégradation et la ruine d'un empire ne s'opèrent pas en un moment ni d'un coup, comme il restait encore dans le monde romain des habitudes de liberté que le despotisme n'avait eu ni le temps ni le besoin de détruire, il fallait, à cette disparition si complète des droits et de la vie politiques, une sorte de compensation ; elle résultait naturellement du changement survenu. Une portion de l'importance qu'avait perdue Rome était retournée dans les municipes. Beaucoup de citoyens considérables ne les quittaient plus. Devenus étrangers au gouvernement de l'État, leur attention se reportait d'elle-même sur les affaires de leur cité. Rien ne poussait encore le pouvoir central à y descendre pour les envahir. Les trésors de Rome, les contributions ordinaires des provinces suffisaient à ses besoins et même à ses folies. La tyrannie éprouvait peu la nécessité de pénétrer partout, de s'organiser en détail, et elle n'en possédait pas la science. Le régime municipal conserva donc une assez grande indépendance ; il se constitua même avec plus de régularité, et selon des droits plus positifs, plus étendus peut-être que ceux qu'il possédait auparavant.

C'est depuis le règne de Nerva jusqu'à celui de Dioclétien que l'état des municipes se présente sous ce nouvel aspect. Un grand nombre de lois ont pour but d'accroître et d'assurer les propriétés et les revenus des villes. Trajan leur permit de recevoir des héritages par voie de fidéi-commis. Bientôt elles furent autorisées à les recevoir directement. Adrien leur accorda le droit de recevoir des legs ; il ordonna que tout administrateur qui détournerait les biens d'une ville serait considéré comme coupable, non de vol simple, mais de péculat. Les revenus ordinaires suffisaient communément aux dépenses, et il n'était pas nécessaire de charger de nouveaux impôts les citoyens. L'État ne rejetait point sur les cités les charges qui ne les concernaient pas directement ; il n'y avait qu'un très-petit nombre de citoyens qui fussent exempts de ce qu'il y avait d'onéreux dans les devoirs municipaux. Le menu peuple concourait, par la main-d'œuvre, aux travaux publics qui intéressaient chaque ville ; la dignité des décurions était reconnue et sanctionnée. Adrien les affranchit de la peine de mort, sauf dans le cas de parricide. Le décurionat était encore recherché comme un honneur ; enfin, ce qui atteste l'importance et l'extension que prit, durant cette époque, le régime municipal, c'est le nombre des lois dont il fut l'objet, et l'attention particulière que lui portaient les jurisconsultes. Évidemment, à défaut de droits et de garanties politiques, c'était dans le régime municipal qu'existaient et qu'on cherchait à placer les droits et les garanties des citoyens.

Mais la tentative ne pouvait réussir longtemps. Il faut bien dater les révolutions du jour où elles éclatent ; c'est la seule époque précise qu'on puisse leur assigner, mais ce n'est pas celle où elles s'opèrent. Les secousses qu'on appelle des révolutions sont bien moins le symptôme de ce qui commence que la déclaration de ce qui s'est passé. La crise du régime municipal sous Constantin en est une preuve parmi tant d'autres.

Depuis Septime-Sévère, le pouvoir central tombait en ruines dans l'empire romain ; ses forces diminuaient en même temps que croissaient ses charges et ses dangers. Il fallait bien qu'il rejetât sur d'autres les charges auxquelles il ne pouvait plus suffire, et qu'il cherchât des forces nouvelles contre de nouveaux dangers.

En même temps se formait, dans le sein de la vieille société romaine, une société jeune, ardente, unie dans des croyances fermes et fécondes, douée, au-dedans, de principes très-propres à cimenter sa constitution intérieure, et aussi d'une grande force d'expansion au-dehors ; je veux parler de la société chrétienne.

C'est par l'action de ces deux causes d'abord divisées, ensuite unies, que le régime municipal de l'empire romain s'est dissous, et a fini par n'être plus qu'un principe de ruine, un instrument d'oppression.

Le despotisme a ce vice, entre mille autres, que son exigence croît dans la même proportion que décroissent ses moyens ; plus il s'affaiblit, plus il a besoin de s'exagérer ; plus il s'appauvrit, plus il faut qu'il dépense. En fait de force comme de richesse, la stérilité et la prodigalité lui sont également imposées ; la société, hommes et choses, n'est, dans ses mains, qu'une matière morte et circonscrite qu'il dépense pour se soutenir, et dans laquelle il est contraint de pénétrer d'autant plus avant qu'elle est déjà plus épuisée, et qu'il est lui-même plus près de tout perdre.

Le despotisme des empereurs romains vivait en présence de trois dangers : les Barbares qui s'avançaient toujours et qu'il fallait vaincre ou acheter ; la populace qui augmentait toujours et qu'il fallait nourrir, amuser et contenir ; les soldats, seule force contre ce double péril, et force d'autant plus périlleuse elle-même qu'il fallait l'étendre et lui accorder chaque jour davantage.

Cette situation imposait au despotisme des charges immenses. Pour se procurer des ressources, il fut contraint de créer une machine administrative capable de porter partout son action, et qui devint elle-même une charge nouvelle. Ce système de gouvernement, qui commença sous Dioclétien et finit sous Honorius, n'avait d'autre but que d'étendre sur la société un réseau de fonctionnaires sans cesse occupés à en extraire des richesses et des forces, pour aller ensuite les déposer entre les mains de l'empereur.

Les revenus des villes, comme ceux des particuliers, étaient atteints par les exigences du pouvoir; ils le furent bientôt plus directement encore. A diverses reprises, entre autres sous Constantin, l'empereur s'empara d'un grand nombre de propriétés municipales. Cependant les charges locales auxquelles ces propriétés devaient pourvoir restaient les mêmes. Il y a plus, elles allaient croissant; plus la populace devenait partout nombreuse et disposée à la sédition, plus il fallait de dépenses pour la nourrir et l'amuser, et de forces pour la contenir. Le pouvoir central, obéré lui-même, rejetait sur les villes une part de son fardeau. Or, toutes les fois que les revenus propres d'un municipe ne suffisaient pas à ses dépenses, la curie, c'est-à-dire le corps de tous les citoyens aisés, les décurions étaient tenus d'y pourvoir sur leurs propriétés personnelles. Il étaient de plus, presque partout, percepteurs des impôts publics, et responsables de cette perception; leurs biens propres suppléaient à l'insolvabilité des contribuables envers l'État comme à l'insuffisance des revenus communaux.

La qualité de décurion devint ainsi une cause de ruine ; cette condition fut la plus onéreuse de toutes les conditions sociales ; c'était celle de tous les habitants aisés de tous les municipes de l'empire.

Ce n'est pas tout : dès que la condition de décurion fut onéreuse, il y eut tendance et avantage à en sortir. L'exemption des fonctions curiales devint un privilége. Ce privilége reçut une extension toujours croissante. Les empereurs, qui tenaient en leurs mains la concession de toutes les dignités et de tous les emplois publics, les conférèrent aux hommes et aux classes qu'ils avaient besoin de s'attacher. Ainsi naquit dans l'État, et comme une nécessité du despotisme, une classe immense de privilégiés. A mesure que les revenus des villes diminuaient, leurs charges augmentaient et retombaient sur les décurions dont le privilége venait diminuer le nombre.

Il fallait cependant qu'il en restât assez pour porter le fardeau imposé aux curies. De là cette longue série de lois qui font de chaque curie une prison dans laquelle les décurions sont héréditairement enfermés, qui leur enlèvent, en une multitude de cas, la disposition de leurs biens, ou même en disposent sans eux au profit de la curie, qui les poursuivent à la campagne, à l'armée, partout où ils tentent de se réfugier, pour les rendre à ces curies qu'ils veulent fuir ; lois qui affectent enfin une classe immense de citoyens, leurs biens comme leurs personnes, au service public le plus onéreux et le plus ingrat, comme on affecte des animaux à tel ou tel travail domestique.

Telle était la place que le despotisme assigna enfin au régime municipal ; telle était la condition à laquelle les propriétaires des municipes furent réduits par les lois. Et tandis que le despotisme s'évertuait pour resserrer les liens du régime municipal et contraindre les habitants à remplir, comme charges, des fonctions qui jadis avaient été des droits, la seconde cause dont j'ai parlé, le christianisme, travaillait à dissoudre ou à dépouiller la société municipale pour lui en substituer une autre.

Pendant près de trois siècles, la société chrétienne se forma sourdement au milieu de la société civile des Romains, et, pour ainsi dire, sous son enveloppe. Ce fut de très-bonne heure une société véritable qui avait ses chefs, ses lois, ses dépenses, ses revenus. Son organisation, d'abord toute libre et fondée sur des liens purement moraux, ne laissait pas d'être forte. C'était alors la seule association qui procurât à ses membres les joies de la vie intérieure, qui possédât, dans les idées et les sentiments qu'elle avait pour base, de quoi occuper les âmes fortes, de quoi exercer les imaginations actives, de quoi satisfaire enfin les besoins de l'être intellectuel et moral que ni l'oppression ni le malheur ne peuvent étouffer complétement dans tout un peuple. L'habitant d'un municipe, devenu chrétien, cessait d'appartenir à sa ville pour entrer dans la société chrétienne dont l'évêque était le chef. Là seulement étaient désormais sa pensée, ses affections, ses maîtres et ses frères. Aux besoins de cette association nouvelle étaient dévouées, s'il le fallait, sa fortune et son activité ; là enfin se transportait en quelque sorte son existence morale tout entière.

Lorsqu'un tel déplacement s'est opéré dans l'ordre moral, il ne tarde pas à se consommer aussi dans l'ordre matériel. La conversion de Constantin déclara, en fait, le triomphe de la société chrétienne et en accéléra les progrès. Dès lors on vit la puissance, la juridiction, la richesse affluer vers les églises et les évêques, comme vers les seuls points autour desquels les hommes fussent d'eux-mêmes disposés à se grouper, et qui exerçassent sur toutes les forces sociales la vertu de l'attraction. Ce ne fut plus à sa ville, mais à son église que le citoyen eut envie de léguer ses biens. Ce ne fut plus par la construction des cirques, des aqueducs, mais par celle des temples chrétiens que l'homme riche éprouva le besoin de se recommander à l'affection publique. La paroisse prit la place du municipe ; le pouvoir central lui-même, entraîné par le cours des choses auxquelles il venait de s'associer, le seconda de tous ses moyens.

Les empereurs dépouillèrent les communes d'une partie de leurs biens pour les donner aux églises, et les magistrats municipaux d'une partie de leur autorité pour en investir les évêques. Dès que la victoire fut ainsi avérée, les intérêts se joignirent aux croyances pour grossir la société des vainqueurs. Les clercs étaient exempts du poids des fonctions municipales; il fallut des lois pour empêcher tous les décurions de se faire clercs. Sans ces lois, la société municipale se serait complétement dissoute; on avait besoin qu'elle subsistât pour porter le fardeau auquel on l'avait condamnée; et l'on vit (chose étrange) les empereurs les plus favorables à l'ordre ecclésiastique, les plus empressés à étendre ses avantages, contraints de lutter en même temps contre la tendance qui portait les hommes à sortir de toute autre association pour entrer dans la seule où ils pussent trouver alors honneur et protection.

Voici donc, au vrai, l'état des choses. Le despotisme, poussé par ses propres nécessités, aggravait sans cesse la condition de la curie. Celle de l'Église s'élevait et s'améliorait sans cesse, soit par le concours des peuples, soit par l'action du despotisme lui-même qui avait besoin de l'appui du clergé. Il fallait donc refouler sans cesse dans la curie les décurions toujours avides d'en sortir. Plus leur nombre diminuait, et plus ceux qui restaient, se trouvant ruinés, devenaient hors d'état de porter le fardeau, plus il fallait aggraver leur sort. Ainsi le mal naissait du mal ; l'oppression assurait la ruine en s'efforçant de la retarder, et le régime municipal devenu, comme je l'ai dit, une vraie geôle pour une classe de citoyens, allait se détruisant chaque jour et détruisant la classe qui y était vouée.

Tel fut, quant aux municipes, le cours des événements et des lois depuis Constantin jusqu'à la chute de l'empire en Occident. En vain quelques empereurs essayèrent de relever les communes ; en vain Julien leur rendit une partie des biens qu'elles avaient déjà perdus. Ces alternatives de la législation demeurèrent sans effet : une nécessité fatale pesait sur les municipes ; et, toutes les fois que, voyant le régime municipal près de se dissoudre, on sentait le besoin de le soutenir, on ne sut le faire qu'en redoublant l'énergie des causes qui le poussaient à sa ruine. Ainsi procède forcément le despotisme en décadence. On sacrifiait chaque jour davantage les municipes à l'empire, les décurions aux municipes ; les formes extérieures de la liberté subsistaient encore dans l'intérieur des curies, en ce qui touche l'élection des magistrats et l'administration des affaires de la cité ; mais ces formes étaient vaines, car les citoyens appelés à les animer par leurs actions étaient frappés à mort dans leur indépendance personnelle et dans leur fortune. C'est dans cet état de ruine matérielle et d'anéantissement moral que les Barbares, en s'établissant sur le sol romain, trouvèrent les villes, leurs magistrats et leurs habitants.

En Orient, l'agonie des municipes se prolongea avec la durée de l'empire. Quelques empereurs firent aussi, pour les relever, des tentatives sans succès. Enfin les progrès du despotisme central furent tels, et les formes de liberté municipale si évidemment vaines que, vers la fin du neuvième siècle, l'empereur Léon, dit le Philosophe, abolit d'un seul coup le régime municipal tout entier par le décret suivant : « De même que, dans les choses
« qui servent à l'usage de la vie commune, nous estimons
« celles qui sont commodes et d'une utilité quelconque,
« et nous méprisons celles qui ne sont d'aucune utilité,
« ainsi nous devons faire à l'égard des lois ; celles qui
« sont de quelque usage, qui procurent quelque bien
« à la république, doivent être maintenues et hono-
« rées ; quant à celles dont le maintien est fâcheux et
« sans importance, non-seulement il n'en faut tenir
« aucun compte, mais on doit les rejeter du corps des
« lois. Or, nous disons que, dans les anciennes lois ren-
« dues sur les curies et les décurions, il en est qui
« imposent aux décurions des charges intolérables, et
« confèrent aux curies le droit de nommer certains ma-
« gistrats et de gouverner les cités par leur propre
« autorité. Maintenant que les affaires civiles ont pris
« une autre forme, et que toutes les choses dépendent
« uniquement de la sollicitude et de l'administration

« de la majesté impériale, ces lois errent, en quelque
« sorte, vainement et sans objet autour du sol légal :
« nous les abolissons donc par le présent décret [1]. »

Telles furent, durant l'espace de plus de douze siècles qui s'écoula entre le traité de Rome avec Cære et le règne de Léon-le-Philosophe, les grandes révolutions du régime municipal dans le monde romain. On peut les caractériser en disant que, dans la première époque, le régime municipal fut une liberté laissée en fait aux habitants des villes; dans la seconde, un droit légalement constitué, comme en indemnité de la perte des droits politiques; dans la troisième, un fardeau imposé à une certaine classe de citoyens.

Voilà l'histoire. Nous examinerons dans notre prochaine réunion l'état réel du régime municipal dans la troisième époque, et son influence sur le sort des citoyens.

[1] *Novell. Leo.* 46.

VINGT-TROISIEME LEÇON.

Des diverses conditions sociales dans l'empire romain avant l'invasion définitive des Barbares : — 1º des privilégiés; — cinq classes de privilégiés ; — quels étaient leurs priviléges ; — le principal était l'exemption des fonctions curiales; — 2º des curiales; — quels étaient les curiales; leurs obligations, — leurs fonctions, — avantages dont ils jouissaient. — Attributions de la curie en corps. — Des diverses magistratures et charges municipales. — Du défenseur dans les cités. — Comment cette situation des curiales entraîna la destruction de la classe moyenne. — Comparaison du développement du régime municipal et de ses rapports avec l'organisation centrale de l'État dans l'empire romain et dans les sociétés modernes. — Présence et impuissance des principes de liberté dans le régime municipal romain, au cinquième siècle.

Au commencement du cinquième siècle, les sujets de l'empire étaient divisés en trois classes qui formaient trois conditions sociales bien distinctes : 1º les privilégiés; 2º les curiales; 3º le menu peuple. Je ne parle que des hommes libres.

La classe des privilégiés comprenait : 1º les sénateurs et tous ceux qui avaient le droit de porter le titre de clarissimes; 2° les officiers du palais; 3° le clergé; 4° la milice cohortale ou milice employée dans l'intérieur au maintien de l'ordre et à l'exécution des lois : c'était une sorte de gendarmerie ; 5° les militaires en général, incorporés soit dans les légions, soit dans les troupes du palais, soit dans les corps de Barbares auxiliaires.

La classe des curiales comprenait tous les citoyens habitant les villes, soit qu'ils y fussent nés ou qu'ils fussent venus s'y établir, possédant une certaine fortune territoriale, et n'appartenant, à aucun titre, à la classe privilégiée.

Le menu peuple était la masse des habitants des villes que le défaut presque absolu de propriété ne permettait pas de ranger parmi les curiales.

Les privilégiés de la première classe étaient nombreux, divers et inégalement répartis entre les cinq ordres qui la formaient; mais de ces privilèges le plus considérable en fait, le plus recherché, celui qui valait seul plus que tous les autres, était commun aux cinq ordres de cette classe : c'était l'exemption des fonctions et des charges municipales.

Vous verrez, quand nous traiterons des curiales, quelle était l'étendue de ces charges; il faut d'abord bien savoir qui en était exempt.

1° L'armée tout entière, depuis le dernier *cohortalis* jusqu'au *magister equitum peditumve;*

2° Le corps entier du clergé, depuis le simple clerc jusqu'à l'archevêque;

3° La désignation de ces deux classes est simple : ce qui est moins bien déterminé, c'est la classe des sénateurs et des clarissimes.

Le nombre des sénateurs était illimité. L'empereur les nommait, les destituait à son gré, et pouvait élever à ce rang même les fils des affranchis.

Tous ceux qui avaient occupé les principales magistratures de l'empire, ou reçu du prince seulement le titre honoraire de ces magistratures, étaient appelés clarissimes et avaient droit, dans l'occasion, de siéger au sénat.

Ainsi la classe des clarissimes comprenait tous les fonctionnaires de quelque importance, et ils étaient tous nommés et révocables par l'empereur.

Le corps des privilégiés se composait donc 1° de l'armée ; 2° du clergé ; 6° de l'ensemble des fonctionnaires publics, employés soit à la cour et dans le palais, soit dans les provinces.

Ainsi le despotisme et le privilége avaient fait une étroite alliance ; et, dans cette alliance, le privilége, dépendant presque absolument du despotisme, n'avait ni liberté ni dignité, si ce n'est dans le corps du clergé.

Le privilége, notamment celui de l'exemption des fonctions curiales, n'était pas purement personnel, mais aussi héréditaire. Il l'était dans l'ordre militaire, à condition que les enfants embrasseraient aussi la profession des armes; dans l'ordre civil, pour les enfants nés depuis que leurs pères appartenaient à la classe des clarissimes, ou occupaient des charges dans le palais.

Parmi les classes exemptes des fonctions curiales, la dernière était celle de la milice cohortale, service subalterne auquel ceux qui y étaient entrés étaient héréditairement liés, et dont on ne pouvait sortir pour passer dans une classe supérieure.

La classe des curiales comprenait tous les habitants des villes, soit qu'ils y fussent nés, *municipes*, soit qu'ils fussent venus s'y établir, *incolæ*, possédant une propriété foncière de plus de vingt-cinq arpents, *jugera*, et n'appartenant pas à la classe des privilégiés.

On appartenait à la classe des curiales, soit par l'origine, soit par la désignation. Tout enfant d'un curiale était curiale et tenu de toutes les charges attachées à cette qualité. Tout habitant, marchand ou autre, qui acquérait une propriété foncière au-dessus de vingt-cinq arpents, devait être réclamé par la curie, et ne pouvait refuser.

Aucun curiale ne pouvait sortir, par un acte volontaire, de sa condition. Il leur était interdit d'habiter la campagne, d'entrer dans l'armée, d'occuper des emplois qui les auraient affranchis des fonctions municipales, avant d'avoir passé par toutes les fonctions, depuis celle de simple membre de la curie jusqu'aux premières magistratures de la cité. Alors seulement ils pouvaient devenir militaires, fonctionnaires publics et sénateurs. Les enfants qu'ils avaient eus avant cette élévation demeuraient curiales.

Ils ne pouvaient entrer dans le clergé qu'en laissant la jouissance de leurs biens à quelqu'un qui voulût être curiale à leur place, ou en les abandonnant à la curie même.

Comme les curiales s'efforçaient sans cesse de sortir de leur condition, une multitude de lois prescrivent la recherche de ceux qui ont fui ou qui sont parvenus à entrer furtivement dans l'armée, dans le clergé, dans les fonctions publiques, dans le sénat, et elles ordonnent de les en arracher pour les rendre à la curie.

Les curiales ainsi enfermés, de gré ou de force, dans la curie, voici quelles étaient leurs fonctions et leurs charges.

1° Administrer les affaires du municipe, ses dépenses et ses revenus, soit en en délibérant dans la curie, soit en occupant les magistratures municipales. Dans cette double situation, les curiales répondaient non-seulement de leur gestion individuelle, mais des besoins de la ville auxquels ils étaient tenus de pourvoir eux-mêmes, en cas d'insuffisance des revenus.

2° Percevoir les impôts publics, aussi sous la responsabilité de leurs biens propres, en cas de non recouvrement. Les terres, soumises à l'impôt foncier et abandonnées par leurs possesseurs, étaient imposées à la curie qui était tenue d'en payer l'impôt jusqu'à ce qu'elle eût trouvé quelqu'un qui voulût s'en charger. Si elle ne trouvait personne, l'impôt de la terre abandonnée était réparti entre les autres propriétés.

3° Nul curiale ne pouvait vendre, sans la permission du gouverneur de la province, la propriété qui le rendait curiale.

4° Les héritiers des curiales, quand ils étaient étrangers à la curie, et les veuves ou filles de curiales qui épousaient un homme non curiale, étaient tenus d'abandonner à la curie le quart de leurs biens.

5° Les curiales qui n'avaient pas d'enfants ne pouvaient disposer, par testament, que du quart de leurs biens : les trois autres quarts allaient de droit à la curie.

6° Ils ne pouvaient s'absenter du municipe, même pour un temps limité, sans en avoir reçu l'autorisation du juge de la province.

7° Quand ils s'étaient soustraits à la curie, et qu'on ne pouvait les ressaisir, leurs biens étaient confisqués au profit de la curie.

8° L'impôt connu sous le nom d'*aurum coronarium*, et qui consistait en une somme à payer au prince, à l'occasion de certains événements, pesait sur les curiales seuls.

Les dédommagements accordés aux curiales accablés de telles charges étaient :

1° L'exemption de la torture, si ce n'est dans des cas très-graves.

2° L'exemption de certaines peines afflictives et infamantes réservées pour la populace, comme d'être condamnés aux travaux des mines, mis au carcan, brûlés vifs, etc.

3° Les décurions tombés dans la misère étaient nourris aux dépens du municipe.

C'étaient là les seuls avantages que possédassent les curiales sur le menu peuple, qui, en revanche, avait sur eux celui que toutes les carrières lui étaient ouvertes et que, soit par l'armée, soit par les emplois publics, il pouvait s'élever immédiatement à la classe des privilégiés.

La condition des curiales, comme citoyens et dans l'État, était donc une condition onéreuse et dépourvue de liberté. L'administration municipale était un service pesant, auquel les curiales étaient voués, et non un droit dont ils fussent investis. Voyons maintenant quelle était la condition des curiales, non plus dans l'État et à l'égard des autres classes de citoyens, mais dans la curie même et entre eux.

Ici subsistent encore les formes et mêmes les principes de la liberté. Tous les curiales étaient membres de la curie et y siégeaient. La capacité de supporter les charges entraînait celle d'exercer les droits et de prendre part aux affaires ; tous les noms des curiales de chaque municipe étaient inscrits, dans un certain ordre déterminé d'après la dignité, l'âge et d'autres circonstances, sur un registre dit *album curiæ*. Lorsqu'il y avait lieu à délibérer sur quelque affaire, ils étaient tous convoqués par le magistrat supérieur du municipe, ***duumvir***, *ædilis*, *prætor* ou autre, et ils donnaient tous leurs avis et leur suffrage ; tout se décidait à la majorité des voix ; aucune délibération de la curie n'était valable si les deux tiers des curiales n'étaient présents.

Les attributions de la curie en corps étaient : 1º l'examen et la décision de certaines affaires ; 2º la nomination des magistrats et officiers municipaux. On ne trouve nulle part l'énumération des affaires qui appartenaient à la curie en corps. Tout indique cependant que la plupart des intérêts municipaux qui exigeaient autre chose que la simple exécution des lois ou d'ordres déjà donnés, étaient discutés dans la curie. L'autorité propre et indépendante des magistrats municipaux paraît fort restreinte. Ainsi il y a lieu de croire qu'aucune dépense ne pouvait être faite sans l'autorisation de la curie. Elle fixait le temps et le lieu des foires ; elle accordait seule des récompenses, etc.

Il y avait même des occasions où l'autorisation de la curie ne suffisait pas, et où il fallait avoir celle de la réunion de tous les habitants, curiales ou non ; par exemple, pour la vente d'une propriété communale, pour l'envoi à l'empereur de députés chargés de lui faire des représentations. D'un autre côté, il est évident que, par les progrès généraux du despotisme, le pouvoir impérial allait s'immisçant tous les jours davantage dans les affaires des municipes, et restreignant l'indépendance des curies. Ainsi elles ne pouvaient faire de constructions nouvelles sans l'autorisation du gouverneur de la province ; la réparation des murs d'enceinte des villes était sujette à la même formalité; elle était aussi nécessaire pour l'affranchissement des esclaves et pour tous les actes qui tendaient à diminuer le patrimoine de la cité.

Par degrés aussi, les affaires même dont la décision définitive avait appartenu aux curies tombèrent, par voie de réclamation ou d'appel, sous l'autorité de l'empereur et de ses délégués dans les provinces. Cela arriva par la concentration absolue du pouvoir judiciaire et du pouvoir fiscal entre les mains des fonctionnaires impériaux. La curie et les curiales furent réduits alors à n'être plus que les derniers agents de l'autorité souveraine. Il ne leur resta presque plus que le droit de consultation et le droit de plainte.

Quant à la nomination aux magistratures municipales, elle fut longtemps, et avec réalité, entre les mains de la curie, sans aucune nécessité de confirmation du gouverneur de la province, si ce n'est dans des cas d'exception et pour des villes qu'on voulait spécialement maltraiter ou punir. Mais ce droit même devint bientôt illusoire par la faculté donnée aux gouverneurs de la province d'annuler les nominations sur la réclamation des élus. Lorsque les fonctions municipales devinrent tout-à-fait onéreuses, tous les curiales élus, qui avaient auprès du gouverneur quelque crédit, purent, sous tel ou tel prétexte, faire annuler leur élection et se décharger ainsi du fardeau.

Il y avait deux sortes d'offices municipaux; les premiers, appelés *magistratus,* qui conféraient certains honneurs et une certaine juridiction; les seconds, *munera,* simples emplois sans juridiction et sans dignité particulière.

La curie nommait aux uns comme aux autres; seulement les magistrats lui proposaient les hommes qu'ils jugeaient propres à remplir les *munera;* mais ceux-ci même n'étaient réellement nommés qu'après avoir obtenu les suffrages de la curie.

Les magistrats étaient :

1° *Duumvir;* c'était le nom le plus ordinaire du premier magistrat municipal. Il s'appelait aussi, en certains lieux, *quatuorvir, dictator, ædilis, prætor.* Sa charge était annuelle; elle correspondait assez exactement à celle de nos maires; le *duumvir* présidait la curie et dirigeait l'administration générale des affaires de la cité. Il avait une juridiction bornée aux affaires de peu de valeur; il exerçait aussi une autorité de police qui lui donnait le droit d'infliger certaines peines aux esclaves et d'arrêter provisoirement les hommes libres.

2° *Ædilis*. C'était un magistrat communément inférieur au *duumvir* ; il avait l'inspection des édifices publics, des rues, celle des grains, et celle des poids et mesures.

Ces deux magistrats étaient tenus de donner des fêtes et jeux publics.

3° *Curator reipublicæ*. Il exerçait, comme l'édile, une certaine surveillance sur les édifices publics; mais sa principale attribution était l'administration financière; il affermait les biens du municipe, recevait les comptes des travaux publics, prêtait et empruntait de l'argent au nom de la cité.

Les employés, *munera*, étaient :

1° *Susceptor*, percepteur des impôts, sous la responsabilité des curiales qui le nommaient.

2° *Irenarchæ*, commissaires de police chargés de la recherche et de la première poursuite des délits.

3° *Curatores*. C'étaient des employés chargés de tel ou tel service municipal particulier; *curator frumenti*, *curator calendarii*, prêteur sur gages de l'argent de la cité, à ses risques et périls.

4° *Scribæ,* employés subalternes dans les deux offices. A cette classe appartenaient les *tabelliones*, qui faisaient à peu près les fonctions de nos notaires.

Dans les derniers temps, lorsque la décadence du régime municipal fut évidente, lorsque la ruine des curiales et l'impuissance de tous ces magistrats municipaux, pour protéger la population des cités contre les vexations de l'administration impériale, se firent apercevoir du despotisme lui-même qui, portant enfin la peine de ses propres œuvres, sentait la société lui manquer de toutes parts, il essaya, par la création d'une magistrature nouvelle, de procurer aux municipes quelque sûreté et quelque indépendance. Un *defensor* fut donné à chaque cité; sa mission primitive était de défendre le peuple, surtout les pauvres, contre l'oppression et les injustices des officiers impériaux et de leurs employés. Son importance et ses attributions surpassèrent bientôt celle de tous les magistrats municipaux. Justinien accorda aux défenseurs le droit de remplir, quant à chaque cité, les fonctions du gouverneur de la province en son absence; il leur attribua la juridiction dans tous les procès dont la valeur ne s'élevait pas au-dessus de 300 *aurei.* Ils eurent même une certaine compétence en matière criminelle, et deux appariteurs furent attachés à leur personne; et, pour donner quelques garanties de leur force et de leur indépendance, on employa deux moyens : d'une part, ils eurent le droit de franchir les divers degrés de l'administration et de porter directement leurs plaintes au préfet du prétoire. On voulut ainsi les élever en les affranchissant des autorités provinciales. D'autre part, ils furent élus, non-seulement par la curie, mais par la généralité des habitants du municipe, auxquels furent adjoints l'évêque et tous les clercs ; et comme le clergé possédait alors seul quelque énergie et quelque crédit, ce fut dans ses mains que tomba presque partout cette institution nouvelle, et, par conséquent, tout ce qui subsistait encore du régime municipal. C'était trop peu pour relever les municipes sous la domination de l'empire ; c'était assez pour procurer au clergé une grande influence légale dans les villes, après l'établissement des Barbares. Le résultat le plus important de l'institution des défenseurs fut de placer les évêques à la tête du régime municipal, qui d'ailleurs s'était dissous de lui-même par la ruine des citoyens et la nullité des institutions.

Tels sont les faits : ils démontrent le phénomène que j'ai indiqué d'abord, la destruction de la classe moyenne dans l'empire ; elle fut détruite matériellement par la ruine et la dispersion des curiales, moralement par l'abolition de toute influence de la population aisée dans les affaires de l'État, et enfin dans celle de la cité. De là, au cinquième siècle, tant de campagnes en friche et de villes presque désertes ou pleines seulement d'une populace affamée et oisive. Le régime que je viens d'exposer y contribua beaucoup plus que les dévastations des Barbares.

Il faut, pour bien saisir le véritable caractère et les conséquences de ces faits, les ramener à des idées générales, et en déduire tout ce qu'ils contiennent sur un des plus grands problèmes de l'ordre social. Interrogeons-les d'abord sur les rapports du régime municipal avec l'ordre politique, de la cité avec l'État.

Sous ce rapport, le fait général qui résulte de ceux que je viens de rappeler, c'est la séparation absolue des droits et des intérêts politiques d'avec les droits et les intérêts municipaux ; séparation également funeste aux droits et aux intérêts politiques, aux droits et aux intérêts municipaux des citoyens.

Tant que les principaux citoyens eurent, au centre de l'État, des droits et une influence réelles, le régime municipal ne manquait point de garanties, et alla se développant. Dès que les principaux citoyens ne furent plus rien au centre, les garanties disparurent, et la décadence du régime municipal ne tarda pas à se déclarer.

Comparons le cours des choses dans le monde romain avec ce qui s'est passé dans les États modernes.

Dans le monde romain, la centralisation fut prompte et non interrompue. A mesure qu'elle conquérait le monde, Rome absorbait et retenait dans ses murs toute l'existence politique des vainqueurs et des vaincus. Rien de commun entre les droits et les libertés du citoyen, les droits et les libertés de l'habitant; la vie politique et la vie municipale n'étaient point confondues l'une dans l'autre, ne se passaient point dans les mêmes lieux. Sous le rapport politique, le peuple romain n'avait, à vrai dire, qu'une tête; dès qu'elle fut frappée, la vie politique n'exista plus nulle part; les libertés locales se trouvèrent dès lors sans lien qui les unît, sans garantie qui leur fût commune et les protégeât partout.

Chez les nations modernes, nulle centralisation pareille n'a existé. C'est dans les villes, au contraire, et par les libertés municipales, que la masse des habitants, la classe moyenne s'est formée, et a acquis une importance dans l'État. Mais une fois en possession de ce point d'appui, cette classe s'y sentit bientôt à l'étroit et sans sûreté. La force des choses lui fit comprendre que, tant qu'elle ne se serait pas élevée au centre de l'État et ne s'y serait pas constituée, tant qu'elle ne posséderait pas, dans l'ordre politique, des droits qui fussent le développement et la garantie de ceux qu'elle exerçait dans l'ordre municipal, ces derniers seraient insuffisants pour la protéger dans tous ses intérêts et pour se protéger eux-mêmes. De là tous les efforts qui, à dater du treizième siècle, soit par les États-généraux, soit par les parlements, soit par des voies plus indirectes, eurent pour but d'élever les bourgeois à la vie politique et d'associer, aux droits et aux libertés de l'habitant, les droits et les libertés des citoyens. Après trois siècles de tentatives, ces efforts furent sans succès. Le régime municipal ne put enfanter un régime politique qui lui correspondît et devînt sa garantie. La centralisation du pouvoir s'opéra sans celle des droits. Dès lors le régime municipal lui-même se trouva faible et incapable de se défendre ; il s'était formé en dépit de la domination féodale; il ne put subsister en présence d'une autorité centrale, et au sein de la monarchie administrative. Les villes perdirent peu à peu, obscurément et presque sans résistance, leurs anciennes libertés. Personne n'ignore qu'au moment où notre révolution a éclaté, le régime municipal n'était plus en France qu'une ombre vaine, sans consistance et sans énergie.

Ainsi, bien que, dans le monde romain et parmi nous, les choses aient suivi une marche inverse, bien que Rome ait commencé par la centralisation des libertés publiques, et les États modernes par les libertés municipales, dans l'un et l'autre cas les faits nous révèlent également cette double vérité que les deux ordres de libertés et de droits sont indispensables l'un à l'autre, qu'ils ne peuvent se séparer sans se perdre, et que la ruine de l'un entraîne nécessairement la ruine de celui qui survit d'abord.

Un second résultat non moins important nous est révélé par les mêmes faits.

La séparation du régime municipal et du régime politique amena, dans l'empire romain, la classification légale de la société et l'introduction du privilége. Dans les États modernes, ce fut une classification analogue et la présence des priviléges aristocratiques qui empêchèrent le régime municipal de s'élever jusqu'à l'ordre politique, et de faire sortir, des droits locaux de l'habitant, les droits du citoyen constitués au centre de l'État. Là donc où la vie municipale et la vie politique sont étrangères l'une à l'autre, là où elles ne sont pas unies dans le même système et liées de manière à se garantir réciproquement, on peut être assuré que la société est ou sera bientôt divisée en classes distinctes, immobiles, et que le privilége existe ou va naître. Si les bourgeois ne sont rien dans le pouvoir central, si les citoyens qui exercent ou partagent le pouvoir central ne partagent pas en même temps les droits et les intérêts des bourgeois, si l'existence politique et l'existence municipale marchent ainsi collatéralement, au lieu d'être, pour ainsi dire, emboîtées l'une dans l'autre, il est impossible que le privilége ne s'établisse pas, même sous la main du despotisme et au sein de la servitude.

Que si l'on veut déduire de tout ceci une conséquence plus générale encore, et l'exprimer sous une forme purement philosophique, on reconnaîtra que, pour que le droit existe sûrement quelque part, il faut qu'il existe partout, que sa présence au centre est vaine s'il n'est présent aussi dans les localités, que, sans les libertés politiques, il n'y a point de libertés municipales solides, et réciproquement.

Que si, maintenant, nous considérons les faits exposés ci-dessus sous le rapport du régime municipal pris en lui-même et dans sa constitution intérieure, si, dans les faits, nous recherchons les principes, nous y rencontrerons le plus singulier amalgame des principes de la liberté et de ceux du despotisme; amalgame sans exemple, peut-être, et inexplicable pour qui n'a pas bien compris le cours des choses, soit dans la formation, soit dans la décadence du monde romain.

La présence des principes de liberté est évidente. Les voici.

1° Tout habitant possesseur d'une fortune qui garantit son indépendance et ses lumières est curiale; et, comme tel, appelé à prendre part à l'administration des affaires de la cité. Ainsi, le droit est attaché à la capacité présumée, sans aucun privilége de naissance, sans aucune limite de nombre; et ce droit n'est pas un simple droit d'élection, c'est le droit de délibération pleine, de participation immédiate aux affaires, ainsi qu'il peut exister dans l'enceinte d'une ville et pour des intérêts que peuvent comprendre et débattre tous ceux qui sont capables de s'élever au-dessus de l'existence individuelle. La curie n'est point un conseil municipal restreint et choisi, c'est la réunion de tous les habitants qui possèdent les conditions de la capacité curiale.

2° Une assemblée ne peut administrer ; il faut des magistrats ; ils sont tous élus par la curie, pour un temps très-court, et leur propre fortune répond de leur administration.

3° Enfin, dans les grandes circonstances, quand il s'agit de changer le sort de la cité, ou d'élire un magistrat revêtu d'une autorité vague et plus arbitraire, a curie elle-même ne suffit point. La totalité des habitants est appelée pour concourir à ces actes solennels.

Qui ne croirait, à l'aspect de tels droits, reconnaître une petite république, où la vie municipale et la vie politique sont confondues, où le régime le plus démocratique prévaut? Qui penserait qu'un municipe ainsi réglé fait partie d'un grand empire, et tient, par des liens étroits et nécessaires, à un pouvoir central éloigné et souverain? Qui ne s'attendrait, au contraire, à trouver là tous les éclats de liberté, toutes les agitations, toutes les brigues, et souvent tous les désordres, toutes les violences qui, à toutes les époques, caractérisent les petites sociétés ainsi enfermées et gouvernées dans leurs murs?

Il n'en est rien, et tous ces principes de liberté sont

sans vie. Voici d'autres principes qui les frappent à mort.

1° Tels sont les effets et les exigences du despotisme central que la qualité de curiale n'est plus un droit reconnu à tous ceux qui sont capables de l'exercer, mais un fardeau imposé à tous ceux qui peuvent le porter. D'une part, le gouvernement s'est déchargé du soin de pourvoir aux services publics qui ne touchent pas son propre intérêt, et l'a rejeté sur cette classe de citoyens ; d'autre part, il les emploie à percevoir les impôts qui lui sont destinés, et il les rend responsables du recouvrement. Il ruine les curiales pour solder ses fonctionnaires et ses soldats ; il accorde à ses fonctionnaires et à ses soldats tous les avantages du privilége pour qu'ils lui servent à empêcher, par la force, les curiales de se soustraire à la ruine. Complétement nuls comme citoyens, les curiales ne vivent que pour être exploités comme bourgeois.

2° Tous les magistrats électifs ne sont, au fait, que les agents gratuits du despotisme, au profit duquel ils dépouillent leurs concitoyens, en attendant qu'ils puissent, de manière ou d'autre, se soustraire à cette dure obligation.

3° Leur élection même est sans valeur, car le délégué impérial, dans la province, peut l'annuler, et ils ont le plus grand intérêt personnel à obtenir de lui cette faveur. Par là encore, ils sont dans sa main.

4° Enfin, leur autorité n'est point réelle, car elle n'a

point de sanction. Nulle juridiction effective ne leur est accordée; ils ne font rien qui ne puisse être annulé. Il y a plus : comme le despotisme s'aperçoit chaque jour plus clairement de leur mauvaise volonté ou de leur impuissance, chaque jour il pénètre plus avant lui-même, et par ses délégués directs, dans le domaine de leurs attributions. Les affaires de la curie s'évanouissent successivement avec ses pouvoirs, et un jour viendra où le régime municipal pourra être aboli d'un seul coup dans l'empire encore subsistant : « Parce que, dira le législateur, toutes ces lois errent en quelque sorte vainement et sans objet autour du sol légal. »

Ainsi le pouvoir municipal, devenu pleinement étranger au pouvoir politique et au pouvoir civil, cessa lui-même d'être un pouvoir. Ainsi, les principes et les formes de la liberté, restes isolés de l'existence indépendante de cette multitude de villes successivement agrégées au monde romain, furent impuissants à se défendre contre la coalition du despotisme et du privilége. Ainsi là encore on peut apprendre ce que tant d'exemples nous apprennent, savoir que toutes les apparences de la liberté, tous les actes extérieurs qui semblent attester sa présence peuvent être là où la liberté n'est point, et qu'elle n'existe réellement que lorsque ceux qui la possèdent exercent un pouvoir réel, et dont l'exercice se lie à celui de tous les pouvoirs. Dans l'état social, la liberté, c'est la participation au pouvoir ; cette participation en est la vraie ou plutôt la seule garantie. Où les libertés ne sont pas des droits et où les droits ne sont pas des pouvoirs, il n'y a ni droits ni liberté.

Il ne faut donc s'étonner ni de cette disparition complète de la nation qui caractérise la chute de l'empire romain, ni de l'influence dont fut bientôt investi le clergé dans le nouvel ordre de choses. L'un et l'autre phénomène sont expliqués par l'état de la société à cette époque, et notamment par cet état du régime municipal que je viens de décrire. L'évêque était devenu, dans chaque ville, le chef naturel des habitants, le véritable maire. Son élection, et la part qu'y prenaient les citoyens, devinrent l'affaire importante de la cité. C'est par le clergé que furent conservées en partie, dans les villes, les lois et les coutumes romaines, pour passer plus tard dans la législation de l'État. Entre l'ancien régime municipal des Romains et le régime municipal civil des communes du moyen-âge, le régime municipal ecclésiastique est placé comme transition. Cette transition eut plusieurs siècles de durée. Ce fait important n'a été nulle part aussi clair et aussi fort que dans la monarchie des Wisigoths en Espagne.

VINGT-QUATRIÈME LEÇON.

Résumé de l'histoire de l'Espagne sous la monarchie des Wisigoths. — État de l'Espagne sous l'empire romain. — Établissement des Wisigoths dans le sud-ouest de la Gaule. — Euric fait recueillir les lois des Wisigoths. — Alaric fait recueillir et rédiger de nouveau les lois de ses sujets romains. — *Breviarium Aniani.* — Établissement des Wisigoths en Espagne. — Lutte des catholiques et des Ariens. — Importance politique des conciles de Tolède. — Principaux rois Wisigoths. — Egica (687-701) fait rédiger définitivement le *Forum Judicum.* — Chute de la monarchie des Wisigoths en Espagne (714).

Sous l'empire romain, avant l'invasion des Barbares, l'Espagne jouissait d'une assez grande prospérité. Elle était couverte de routes, d'aqueducs et de travaux publics de tout genre. Le gouvernement municipal était à peu près indépendant; le principe du cens foncier était appliqué à la formation des curies; et plusieurs inscriptions prouvent que la masse du peuple concourait souvent, avec le sénat de la ville, aux actes faits en son nom. Il y avait des *conventus juridici* ou sessions tenues par les présidents des provinces et leurs assesseurs, dans quatorze villes d'Espagne, et des *conventus provinciales* ou assemblées ordinaires annuelles de députés des villes pour traiter des affaires de la province, et envoyer des députés à l'empereur pour faire des représentations.

Toutes ces institutions sont en décadence à la fin du quatrième siècle. Le despotisme impérial, en faisant tomber toutes ses exigences sur les magistrats municipaux, a rendu ces charges onéreuses à ceux qui les occupent et odieuses au peuple. D'autre part, depuis que l'empereur s'était fait le centre de tout, les assemblées provinciales n'étaient quelque chose que comme intermédiaire entre les cités et l'empereur ; quand l'organisation municipale eut été énervée et que l'empereur eut à peu près disparu, ces assemblées se trouvèrent sans consistance et ne purent rien par elles-mêmes. Les sources dont elles émanaient, le centre auquel elles aboutissaient, étaient sans force et périssaient.

Tel était l'état de l'Espagne lorsqu'en 409 les Vandales, les Alains et les Suèves passèrent les Pyrénées. Les Vandales restèrent en Galice et en Andalousie jusqu'en 429, époque de leur passage en Afrique; les Alains, après avoir habité la Lusitanie et la province de Carthagène, émigrèrent en Afrique avec les Vandales. Les Suèves fondèrent en Galice un royaume qui subsista distinct jusqu'en 585; Léovigild, roi des Wisigoths, les soumit alors à sa domination. Enfin Ataulph, à la tête des Wisigoths, entra dans la Gaule méridionale, tantôt allié, tantôt ennemi de l'empire. Il fut assassiné en 415, à Barcelone.

Je ferai passer rapidement sous vos yeux les principaux faits qui, depuis la mort d'Ataulph, résument et caractérisent l'histoire des Wisigoths en Espagne.

1° Wallia, élu roi des Wisigoths (415-419), fait la paix avec l'empereur Honorius, à condition de faire la guerre aux autres Barbares, en Espagne. On lui fournit des vivres, et on l'autorise à s'établir dans l'Aquitaine. Il se fixe à Toulouse; il fait la guerre aux Alains et aux Vandales. Les Romains rentrent en possession d'une partie de l'Espagne; les Goths de Wallia, mêlés aux Alains, s'établissent dans la Tarragonaise. La Catalogne (*Cataulania, Goth-Alani*) tient son nom de ce mélange. Dans la Gaule, l'établissement des Goths est entre la Loire, l'Océan et la Garonne, et comprend les districts de Bordeaux, Agen, Périgueux, Saintes, Poitiers et Toulouse.

2° Théodoric Ier (419-451). Les Wisigoths s'étendent dans le sud-est de la Gaule. Leurs principales guerres sont avec l'empire romain qui, après s'être servi des Goths contre les Vandales et les Suèves, se sert des Huns contre les Goths. En 425, siége d'Arles par Théodoric. En 436, siége de Narbonne. Disposition des habitants à se ranger sous la domination des Goths qui pouvaient les défendre contre les autres Barbares, et à se soustraire à celle des Romains qui amenaient d'autres Barbares pour contenir les Goths. Vers 440, le royaume des Wisigoths s'étend jusqu'au Rhône. Théodoric fait quelques expéditions en Espagne ; c'était communément le prix de la paix avec les Romains. En 451, mort de Théodoric à la bataille de Châlons-sur-Marne, ou Méry-sur-Seine, contre Attila.

3° Thorismund (451-453). Victoire sur Attila qui avait de nouveau attaqué les Alains établis sur la Loire et aux environs d'Orléans. Ce sont évidemment les Wisigoths qui ont repoussé les Huns de la Gaule. Thorismund est assassiné.

4° Théodoric II (453-466). Avitus, *magister militiæ* dans le midi de la Gaule romaine, fait un voyage à Toulouse pour traiter de la paix avec Théodoric et il se fait empereur avec l'alliance des Wisigoths. Expédition de Théodoric II en Espagne contre les Suèves, de concert avec les Romains. Défaite de Rechiar, roi des Suèves le 5 octobre 450, près d'Astorga. C'est une expédition des Wisigoths plutôt qu'une conquête. Théodoric II, dont Sidoine Apollinaire nous a laissé un portrait curieux, est assassiné en 462 ; il avait acquis Narbonne.

5° Euric (466-484). C'est le point culminant de la monarchie des Wisigoths dans la Gaule. Euric fait des expéditions au-delà de la Loire contre les Armoricains ; en 474, il conquiert l'Auvergne qui lui est cédée par un traité; il avait pris Arles et Marseille : la monarchie des Wisigoths s'étendait alors des Pyrénées à la Loire et de l'Océan aux Alpes, touchant ainsi à la monarchie des Bourguignons et à celle des Ostrogoths. Euric avait aussi étendu ses États en Espagne; il y possédait la Tarragonaise et la Bétique prise sur les Suèves.

Euric fit écrire les lois et les usages des Goths. Un passage de Sidoine Apollinaire qui parle de *Theodoricianæ leges* a fait croire que Théodoric avait commencé ce recueil; mais Euric est aussi appelé Théodoric.

6° Alaric II (484-507). C'est l'époque de la décadence de la monarchie des Wisigoths dans la Gaule. Alaric, moins belliqueux que ses prédécesseurs, se livre aux plaisirs; il falsifie les monnaies. Il est défait à Vouillé près Poitiers par Clovis, et meurt. Les Francs à l'occident, les Bourguignons à l'orient démembrent la monarchie des Wisigoths qui se trouve réduite au Languedoc proprement dit, et à quelques districts le long des Pyrénées.

Alaric fait pour ses sujets Romains ce qu'Euric avait fait pour les Goths. Il recueille et remanie les lois romaines, et en forme un code appelé *codex Alaricianus*; ce code est puisé dans le *codex Theodosianus* publié en 438 par Théodose-le-Jeune, dans le *codex Gregorianus*, le *codex Hermogenianus*, *Pauli sententiæ* et *Constitutiones imperiales* depuis Théodose. Ce code est aussi appelé

Breviarium Aniani. On a cru qu'Anianus, référendaire d'Alaric, en avait été le principal rédacteur. Le père Sirmond a prouvé qu'Anianus ne fit que le publier par ordre du roi, et en envoyer des copies authentiques dans les provinces. Par un acte d'Alaric, la législation romaine fut, pour ainsi dire, ranimée, remise d'ensemble et adaptée à la monarchie des Goths. Elle émana dès lors du roi goth lui-même. Dans le nord de la Gaule, tandis que les lois barbares cessaient d'être des coutumes et devenaient des lois écrites, les lois romaines perdaient leur force d'ensemble et devenaient des coutumes; dans le midi, au contraire, elles demeurèrent lois écrites, et conservèrent beaucoup plus d'empire; elles influèrent davantage sur les lois barbares. Il semble que cette double législation écrite dût avoir pour effet de maintenir la séparation des deux nations; elle contribua au contraire à la faire cesser.

Après la mort d'Alaric II, son fils légitime Amalaric, encore enfant, est emmené en Espagne. Son fils naturel Gésalich se fait roi dans la Gaule. C'est à ce moment que la monarchie des Wisigoths de gauloise devient espagnole. Les Francs, les Bourguignons, les Ostrogoths enlèvent aux Wisigoths leurs possessions gauloises. Gésalich est défait, et Amalaric règne sous la protection de son grand-père Théodoric et sous la tutelle de Theudès. Il meurt.

En 531, Theudès est élu roi (jusqu'en 548). C'est lui

qui fixe en Espagne le siège de la monarchie des Wisigoths. Il soutient de longues guerres contre les Francs, et quoique arien, il se montre tolérant envers les catholiques. Il autorise les évêques à se réunir annuellement en concile à Tolède. Jusqu'à Theudès, le principe de l'hérédité du trône avait paru prévaloir chez les Wisigoths; depuis Theudès, le principe de l'élection prévaut en fait et en droit.

De 548 à 567, Theudégisil, Agila, Athanagild. Guerres continuelles entre les Francs, les Suèves et les Romains. Athanagild, pour avoir le secours des Romains dans sa révolte contre Agila, livre à l'empereur Justinien plusieurs places entre Valence et Cadix. Des garnisons romaines sont envoyées dans ces villes. Les empereurs avaient conservé d'autres villes en Espagne. Athanagild établit sa résidence à Tolède. Il est le père de la reine Brunehault. A sa mort, les grands restent cinq mois avant d'élire. Ils élisent enfin Liuva gouverneur de Narbonne, qui associe au trône son frère Léovigild. Celui-ci gouverne l'Espagne, et Liuva la Gaule wisigothe. Mort de Liuva en 570. Léovigild seul roi. C'est à lui que commence, à vrai dire, la monarchie complète et régulière des Wisigoths en Espagne.

Léovigild, de 570 à 586, affermit et étend la monarchie. Il remporte de grandes victoires sur les Romains Grecs qui avaient repris une partie de l'Espagne, et leur enlève Médina-Sidonia, Cordoue, etc. Il bat aussi les Vascons, c'est-à-dire probablement les Basques qui occupaient avec indépendance une partie du pays des deux côtés des Pyrénées. Il soumet complétement les Suèves en 586. Il étendit beaucoup la puissance royale, fit de grandes confiscations sur l'Église et sur les grands, persécuta les catholiques, convoqua un concile d'évêques ariens à Tolède, en 582, pour tâcher d'expliquer l'arianisme de manière à satisfaire le peuple et à en faire la doctrine générale de ses États. Une guerre civile éclate entre Léovigild et son fils Hermenegild, catholique. Après diverses vicissitudes, Hermenegild est pris, renfermé à Séville dans une tour qui porte son nom, et tué en 684. Avant la guerre civile, son père l'avait associé à la couronne, ainsi que son frère Reccared qui gouvernait les provinces gauloises. Léovigild corrige et complète les lois d'Euric.

Jusqu'à cette époque il n'y a point d'ensemble dans la monarchie des Wisigoths. Les institutions générales manquent. Les assemblées de la nation sont plus irrégulières qu'ailleurs. Ni le principe de l'hérédité, ni celui de l'élection ne prévaut dans la royauté. Sur quatorze rois, six sont assassinés. Point de cohérence dans les provinces du royaume. Le clergé est profondément divisé. Le roi donne une prépondérance factice à la minorité arienne.

En 586, Reccared Ier succède à Léovigild, se déclare catholique, et convoque, à Tolède, en 587, le troisième concile général. L'autorité royale s'unit à l'autorité ecclésiastique. Reccared se trouve dans une situation assez analogue à celle de Constantin-le-Grand, après sa conversion au christianisme. Il est énergiquement soutenu par le clergé catholique qu'à son tour il soutient. Les deux puissances font en commun, dans le troisième concile de Tolède, les lois dont elles ont besoin toutes deux. Un fait important est à remarquer dans la tenue de ce concile. Les ecclésiastiques y siégeaient seuls pendant les trois premiers jours, et réglaient les affaires exclusivement religieuses. Les laïques y entraient le quatrième jour, et les affaires à la fois civiles et religieuses étaient alors traitées.

Reccared guerroye contre les Francs de la Gaule gothique et contre les Romains en Espagne. Cette dernière guerre est terminée par l'entremise du pape Grégoire-le-Grand, qui négocie un traité entre l'empereur Maurice et Reccared, lequel, dès 590, avait envoyé au pape des ambassadeurs. Le clergé arien suscite contre Reccared plusieurs révoltes.

En 601, Liuva II, fils de Reccared, lui succède. Il est assassiné en 603. Witterich, son successeur, est assassiné en 610. Gundemar est élu et meurt en 612. Sisebut le remplace en 613, et fait la guerre aux débris de l'empire romain en Espagne. Il réduisit presque à rien les possessions que les empereurs y conservaient.

Il imposa aux juifs la nécessité de se faire baptiser. Héraclius avait commencé cette persécution dans l'empire d'Orient ; elle entra comme condition dans le traité qu'il conclut avec Sisebut. Les Juifs chassés d'Espagne s'étant réfugiés dans la Gaule, Dagobert les persécuta également ; ils ne savaient où fuir. Les lois de Sisebut furent rendues par la seule autorité du roi, sans le concours des conciles.

Reccared, second fils de Sisebut, régna quelques mois. Suinthila, fils de Reccared Ier, lui succéda en 621, en vertu de l'élection. Suinthila avait servi comme général sous Sisebut. Ce fait se rencontre fréquemment dans l'histoire des Wisigoths, et prouve que l'idée de l'hérédité y était encore chancelante. Grande expédition de Suinthila contre les Basques. Il les repousse au-delà des Pyrénées et fait bâtir un fort qu'on croit être Fontarabie. Il expulse complétement les Romains d'Espagne, en semant la division entre les deux patrices qui gouvernaient encore les deux provinces romaines, et en accordant aux troupes romaines qui restaient la permission de s'embarquer.

En 631, usurpation de Sisenand avec l'alliance du roi Dagobert qui envoie une armée de Francs qui pénètre jusqu'à Saragosse. Suinthila cède le trône. Sisenand lui succède et règne de 631 à 636. En 634, confirmation de l'usurpation de Sisenand par le quatrième concile de Tolède. La couronne est déclarée élective par les évêques et les grands, et les priviléges ecclésiastiques prennent une grande étendue. Chintila règne de 636 à 640. Sous son règne, le cinquième et le sixième conciles de Tolède rendirent des lois sur l'élection des rois, sur le sort de leur famille après leur mort, contre les juifs, etc. A Chintila succède Tulga, son fils, déposé en 642.

Chindasuinthe, de 642 à 652, règne tyranniquement. Deux cents des principaux Goths sont mis à mort; leurs biens sont confisqués; beaucoup d'habitants émigrent; Chindasuinthe convoque le septième concile de Tolède, dont les canons contre les émigrés sont très-rigoureux. On reconnaît, dans toutes les mesures du gouvernement, l'influence du clergé catholique intimement lié au roi contre la faction arienne. Un canon ordonne à tout évêque voisin de Tolède de venir passer un mois chaque année à la cour du roi. Chindasuinthe revoit et complète la collection des lois de ses diverses classes de sujets, et abolit complétement l'usage spécial de la loi romaine dans ses États. En 649, il associe à la couronne son fils Recesuinthe qu'il fait reconnaître comme son héritier.

En ouvrant le huitième concile de Tolède, Recesuinthe dit : « Le créateur m'avait élevé au trône en m'associant à la dignité de mon père, et par sa mort le Tout-Puissant m'a transmis l'autorité dont j'ai hérité. » Ces paroles sont l'expression de la théorie du droit divin. Recesuinthe charge le concile de revoir et de compléter la collection des lois, inflige une amende de trente livres d'or à quiconque réclamera en justice une autre loi que la loi nationale, permet les mariages jusque-là interdits entre les Romains et les Goths, révoque les lois de son père contre les émigrés, et restitue une partie des biens confisqués. Une loi sépare le domaine privé du roi du domaine public. La prépondérance des évêques est évidente dans le concile. Les canons sont signés par soixante-treize ecclésiastiques, et seulement seize comtes, ducs ou *proceres*. Recesuinthe meurt le 1er septembre 672.

Wamba, élu le 19 septembre 662, témoigne une grande répugnance à accepter la couronne. Il réprime dans la Gaule gothique des rebelles, et fait les siéges de Narbonne et de Nîmes. Il s'oppose aux descentes des Sarrasins qui commençaient à infester les côtes d'Espagne comme les Normands celles de la Gaule. Il fortifie Tolède et plusieurs autres villes. C'est sous son règne que se fit la division des évêchés du royaume. Il y eut six archevêchés et soixante-dix évêchés. Wamba fit plusieurs lois pour organiser le service militaire et pour réprimer les excès du clergé.

En 680, déposition de Wamba par les intrigues d'Erwig, soutenu du clergé. Wamba abdique et se retire dans un couvent. Erwig convoque le douzième concile de Tolède, y fait déclarer l'abdication volontaire de Wamba et sa propre désignation comme successeur, charge le concile de revoir et de modifier les lois de Wamba sur le service militaire et sur les peines imposées aux délinquants. Des lois plus douces sont l'ouvrage des douzième et treizième conciles de Tolède.

Erwig avait donné sa fille Cixilone à Egica, proche parent de Wamba. En 687, Egica succède à Erwig. Il charge le seizième concile de Tolède de faire une collection complète des lois des Wisigoths ; c'est celle qui, sous le nom de *Forum judicum (Fuero Juzgo)* a régi longtemps la monarchie espagnole.

Egica avait associé au trône son fils Witiza, qui lui succéda en 701. Witiza fut tyrannique et déréglé. Il permit aux prêtres le mariage, rappela les juifs, entra en lutte avec le clergé espagnol, avec le pape, persécuta violemment les principaux seigneurs laïques, entre autres Theutfred et Favila, ducs de Cordoue et de Biscaye, et fils du roi Chindasuinthe, et succomba, en 710, sous une conspiration suscitée par Ruderick, fils de Theutfred. Ruderick, ou Rodrigue, devint roi des Wisigoths, et son règne fut le dernier de cette monarchie. Je ne vous raconte pas ses guerres avec les Sarrasins, et la célèbre aventure du comte Julien et de sa fille *la Cava*, violée par Rodrigue, et toutes les dernières scènes de cette histoire devenue de la poésie populaire. Les institutions politiques sont maintenant le seul objet de notre étude. Je vous entretiendrai, dans nos prochaines réunions, du *Forum judicum*, législation très-remarquable et qui mérite un sérieux examen.

VINGT-CINQUIÈME LEÇON.

Caractère particulier de la législation des Wisigoths. — C'est un système de lois réelles, ou selon le territoire, applicable à tous les habitants, sans distinction d'origine et de nation. — Diverses sortes de lois contenues dans le *Forum Judicum*. — C'est une doctrine en même temps qu'un code. — Principes de cette doctrine sur l'origine et la nature du pouvoir. — Absence de garanties pratiques. — Prépondérance du clergé dans la législation des Wisigoths. — Ses preuves et ses limites. — Quel est le véritable caractère de l'élection des rois Wisigoths. — Esprit d'équité et de douceur de la législation des Wisigoths envers toutes les classes d'hommes, spécialement envers les esclaves. — Mérite philosophique et moral de cette législation.

De toutes les lois barbares, celle des Wisigoths est la seule qui soit demeurée vivante, ou à peu près, jusqu'aux temps modernes. Ce n'est pas dans cette loi même qu'il en faut chercher la seule, ni peut-être même la principale cause. Cependant le génie propre de cette loi a grandement contribué à sa destinée particulière; et plus d'une face de l'histoire de l'Espagne s'explique ou du moins s'éclaire par le caractère spécial et distinctif de sa législation primitive. C'est ce caractère que je voudrais vous faire bien connaître. Je n'aurai garde d'en tirer aujourd'hui toutes les conséquences qui y sont contenues ; mais elles se laisseront, je pense, clairement entrevoir.

La législation des Wisigoths n'est point, comme celle des Francs, des Lombards etc., la loi du peuple conquérant et barbare. C'est la loi générale du royaume, le code qui régit les vaincus comme les vainqueurs, les Romains espagnols comme les Goths.

Le roi Euric (de 466 à 484) fit écrire les coutumes des Goths.

Alaric II (de 484 à 507) fit recueillir et publier, dans le *Breviarium Aniani,* les lois romaines applicables à ses sujets romains.

Chindasuinthe (642-652) fit revoir et compléter les lois des Goths déjà revues et augmentées à plusieurs reprises depuis Euric, et abolit complétement la loi romaine.

Recesuinthe (652-672), en permettant les mariages entre les Goths et les Romains, s'efforça d'assimiler pleinement les deux nations. Dès lors, il n'y eut plus, ou du moins il ne dut plus y avoir qu'un seul peuple formé par la réunion de deux peuples, une seule loi puisée dans deux codes de loi.

Ainsi, tandis que le système des lois personnelles, ou selon l'origine, régnait dans la plupart des monarchies barbares, le système des lois réelles, ou selon le territoire, prévalut en Espagne.

Les causes et les conséquences de ce fait sont d'une grande importance.

On distingue quatre sortes de lois dans le *Forum judicum.*

1° Les lois faites par les rois seuls, de leur propre autorité, ou sans autre concours que celui de leur conseil privé, *officium palatinum;*

2° Les lois faites dans les conciles nationaux tenus à Tolède, avec les évêques, les grands du royaume, et l'assentiment, plus souvent présumé qu'exprimé, du peuple. A l'ouverture du concile, le roi proposait, dans un cahier dit *Tomus regius*, les lois nouvelles ou la révision des lois anciennes; le concile en délibérait; le roi sanctionnait et publiait ses décisions. L'influence des évêques était dominante ;

3° Des lois sans date et sans nom d'auteur, qui paraissent avoir été textuellement empruntées aux diverses collections de lois faites successivement par Euric, Léovigild, Reccared, Chindasuinthe, etc. ;

4° Enfin des lois intitulées *antiqua noviter emendata*, et qui, pour la plupart, sont empruntées aux lois romaines, comme l'indique formellement leur intitulé dans quelques-uns des manuscrits.

Le *Forum judicum*, tel que nous l'avons aujourd'hui, est un code formé de la collection de toutes ces lois, rassemblées, revues et coordonnées pour la dernière fois dans le seizième concile de Tolède, par les ordres d'Egica.

La plus ancienne version castillane du *Forum judicum* paraît avoir été faite sous le règne de Ferdinand, dit le Saint (1230-1252).

Presque toujours la législation est impérative ; elle prescrit ou défend ; chaque disposition légale correspond communément à un fait qu'elle ordonne ou interdit.

Rarement une loi ou un code de lois sont précédés d'une théorie sur l'origine et la nature du pouvoir, le but et le caractère philosophique de la loi, le droit et le devoir du législateur. Toutes les législations supposent une solution quelconque de ces questions premières et s'y rattachent, mais par un lien secret, souvent inconnu du législateur lui-même.

La loi des Wisigoths a ceci de singulier que sa théorie la précède et s'y reproduit sans cesse, formellement exprimée et rédigée en articles. Ses auteurs ont voulu faire plus qu'ordonner et interdire ; ils ont décrété des principes, et converti en lois des vérités philosophiques, ou ce qui leur paraissait tel.

Ce seul fait indique que le *Forum judicum* a été l'ouvrage des philosophes du temps, c'est-à-dire du clergé. Jamais un tel procédé n'est venu à l'esprit d'un peuple nouveau, moins encore de Barbares conquérants. A coup sûr, une doctrine qui sert ainsi de préface et de commentaire à un code mérite notre première étude.

« La loi, dit le *Forum judicum*, est l'émule de la divinité, la messagère de la justice, la maîtresse de la vie. Elle régit toutes les conditions de l'État, tous les âges de la vie humaine ; elle est imposée aux femmes comme aux hommes, aux jeunes gens comme aux vieillards, aux savants comme aux ignorants, aux habitants des villes comme à ceux des campagnes ; elle ne vient au secours d'aucun intérêt particulier ; elle protége et défend l'intérêt commun de tous les citoyens. Elle doit être selon la nature des choses et les coutumes de l'État, adaptée au lieu et au temps, ne prescrivant que des règles justes et équitables, claire et publique, afin qu'elle ne tende de piége à aucun citoyen. »

Dans ces idées sur la nature et le but de la loi écrite se révèle l'idée fondamentale de la théorie. Il y a une loi non écrite, éternelle, universelle, pleinement connue de Dieu seul, et que cherche le législateur humain. La loi humaine n'est bonne qu'autant qu'elle est l'*émule* et la *messagère* de la loi divine. Ce n'est donc point sur la terre qu'est la source de la légitimité des lois, et cette légitimité dérive, non de la volonté de celui ou de ceux qui font les lois, quels qu'ils puissent être, mais de la conformité des lois mêmes à la vérité, à la raison, à la justice qui sont la vraie loi.

Toutes les conséquences de ce principe n'étaient certes pas présentes à l'esprit des évêques espagnols, et ils en ont déduit de très-fausses ; mais le principe y était. Ils en ont tiré cet autre principe, étranger alors à l'Europe, que le caractère de la loi est d'être universelle, la même pour tous, étrangère à tout intérêt particulier, donnée seulement dans l'intérêt commun. C'est au contraire le caractère des autres lois barbares d'être conçues dans des intérêts privés, soit d'individus, soit de classes. Aussi tout le système des lois, bonnes ou mauvaises, qui en est sorti, a-t-il porté cette empreinte ; c'est un système de priviléges, *privatæ leges*. Les conciles de Tolède seuls ont tenté de faire passer dans l'ordre politique le principe de l'égalité devant la loi, qu'ils puisaient dans l'idée chrétienne de l'égalité devant Dieu. Aussi la loi des Wisigoths est-elle, à cette époque, la seule qu'on puisse appeler *lex publica*.

De cette théorie sur la nature de la loi découle la théorie suivante sur la nature du pouvoir.

1º Nul pouvoir n'est légitime qu'autant qu'il est juste, qu'il gouverne et est gouverné lui-même par la vraie loi, la loi de justice et de vérité. Nulle volonté humaine, nulle force terrestre ne peut conférer au pouvoir une légitimité extérieure et empruntée ; le principe de sa légitimité est en lui et en lui seul, dans sa moralité et sa raison.

2º Tout pouvoir légitime vient d'en haut. Celui qui

le possède et l'exerce le tient uniquement de sa propre supériorité intellectuelle et morale. Cette supériorité, il la tient de Dieu même. Il ne reçoit donc point le pouvoir de la volonté des hommes sur qui il l'exerce; il l'exerce légitimement, non parce qu'il l'a reçu, mais parce qu'il le possède en lui-même. Il n'est point un délégué, un serviteur, mais un supérieur, un chef.

Cette double conséquence de la définition de la loi se retrouve dans la législation des Wisigoths.

« Le roi est dit roi (*rex*) de ce qu'il gouverne justement (*rectè*). S'il agit avec justice (*rectè*), il possède légitimement le nom de roi ; s'il agit avec injustice, il le perd misérablement. Nos pères disaient donc avec raison : *Rex ejus eris si recta facis ; si autem non facis, non eris.* Les deux principales vertus royales sont la justice et la vérité. »

« La puissance royale est tenue, comme la totalité des peuples, au respect des lois. Obéissant aux volontés du ciel, nous donnons, à nous comme à nos sujets, des lois sages, auxquelles notre propre grandeur et celle de nos successeurs est tenue d'obéir, aussi bien que toute la population de notre royaume. »

« Dieu, le créateur de toutes choses, en disposant la structure du corps humain, a élevé la tête en haut, et a voulu que de là partissent les nerfs de tous les membres. Et il a placé dans la tête le flambeau des yeux, afin que de là fussent vues toutes les choses qui pouvaient nuire. Et il y a établi le pouvoir de l'intelligence, en le chargeant de gouverner tous les membres et de régler sagement leur action. Il faut donc régler d'abord ce qui regarde les princes, veiller à leur sûreté, protéger leur vie, et ordonner ensuite ce qui touche les peuples, de telle sorte qu'en garantissant, comme il convient, la sûreté des rois, on garantisse en même temps, et d'autant mieux, celle des peuples. »

Après avoir établi que ce pouvoir-là seul est légitime qui agit selon la justice et la vérité, qui suit et donne la vraie loi, et que tout pouvoir légitime vient d'en haut, et puise sa légitimité en lui-même, non dans aucune volonté terrestre, la théorie des conciles de Tolède s'arrête. Elle ne regarde point à ce qui se passe en fait dans le monde; elle oublie que, le pouvoir légitime ainsi défini, personne ici-bas ne le possède et ne saurait le posséder pleinement, et que cependant les sociétés ont droit d'exiger que le pouvoir de fait soit le pouvoir légitime. Cette théorie connaît et pose les vrais principes du pouvoir; elle en néglige les garanties.

Ici se rencontre le point de jonction des deux doctrines qui se sont disputé et se disputent encore le monde. L'une soutient que le pouvoir vient d'en bas, que, dans son origine comme dans le droit, il appartient au peuple, au nombre, et que ceux qui l'exercent ne l'exercent qu'à titre de délégués, de serviteurs. Celle-là méconnaît les vrais principes, la vraie nature du pouvoir; mais elle tend à constituer les garanties qui sont dans le droit de la société. Considérée comme théorie, elle soutient et prétend légitimer un despotisme, celui du nombre. Mais comme, dans la pratique, ce despotisme est impossible, elle viole bientôt son principe et borne son effet à organiser un système de garanties qui a pour but et pour résultat de contraindre le pouvoir de fait à devenir, dans sa conduite, pouvoir de droit, pouvoir légitime. La théorie contraire, plus profonde et plus vraie à son point de départ, ne place le pouvoir absolu, la souveraineté que dans l'Être en qui résident toute vérité et toute justice; elle le refuse d'abord aux chefs des peuples comme aux peuples; elle les subordonne également aux lois éternelles qu'ils n'ont point faites et qu'ils sont également tenus d'observer. Elle affirme avec fondement que tout pouvoir légitime vient d'en haut, qu'il dérive de la raison supérieure, non pas du nombre, et que le nombre doit se soumettre à la raison ; mais bientôt, oubliant qu'elle a placé la souveraineté hors de la terre, et qu'ici-bas personne n'est Dieu, elle s'éblouit d'elle-même; elle se persuade ou veut persuader que le pouvoir qui vient d'en haut descend ici-bas plein et absolu comme il est dans sa source; elle s'indigne qu'on prétende lui opposer des limites; et, si rien ne l'arrête, elle fonde, en fait, le despotisme permanent après avoir nié, en principe, sa légitimité ; tandis que la théorie opposée, qui prétend fonder le despotisme en principe, finit presque toujours par le détruire en fait, et par ne fonder que des pouvoirs limités.

Voici donc les conséquences de la théorie du pouvoir et du droit conçue par les législateurs wisigoths. Je ne dis pas les conséquences qui en découlent logiquement, quand la théorie est conçue dans toute sa portée et suivie fidèlement, mais les conséquences de fait qu'elle entraîne presque toujours, par la pente naturelle des choses et par la déviation que leur font subir les passions des hommes.

1° Les meilleurs dépositaires du pouvoir légitime, ceux qui possèdent le plus probablement la science de la vraie loi sont les ecclésiastiques. Ministres de la loi divine dans les relations de l'homme avec Dieu, ils le sont naturellement aussi dans les relations de l'homme avec l'homme. On peut donc présumer que, là où règne cette théorie, prévaut déjà et se consolidera la prédominance politique du clergé. La théorie en est d'abord le symptôme et en devient ensuite la cause.

2° La prédominance politique du clergé s'accommode peu du principe de l'hérédité dans la monarchie. L'histoire des Juifs en offre un exemple. La transmission du pouvoir de fait s'opérant tout-à-fait indépendamment des hommes qui sont censés posséder, plus que nuls autres, le pouvoir de droit, est une inconséquence. La théorie tendra donc à rendre la monarchie élective, ou du moins à placer chaque monarque, à son avénement, dans la nécessité d'obtenir l'aveu et la confirmation du clergé.

3° L'élection du monarque ou la nécessité de sa confirmation doit être la seule garantie politique, la seule limitation apportée à l'exercice du pouvoir de fait. Ce pouvoir, une fois constitué de la sorte, est souverain, car les dépositaires de la vraie souveraineté, qui émane de Dieu, la lui ont conférée par l'élection. Il serait absurde et impie de chercher des garanties contre lui dans des forces d'un ordre inférieur, moins éclairées et moins pures. Ainsi, toute institution qui a pour objet, soit de diviser le pouvoir, soit de le limiter dans son exercice en lui opposant d'autres pouvoirs émanés d'autres sources, est proscrite par cette théorie. Le pouvoir monarchique électif est absolu. Tous les pouvoirs inférieurs nécessaires au gouvernement de la société dérivent de lui et sont institués par lui en son nom.

Ces conséquences se retrouvent dans la législation des Wisigoths aussi pleinement que le permet l'incohérence nécessaire des choses humaines.

1° La prédominance politique des évêques dans la monarchie des Wisigoths est un fait évident par toute son histoire. Les conciles de Tolède font les rois et les lois. Les principaux Goths laïques qui y assistent et y délibèrent sont peu nombreux. Les signatures apposées aux canons des conciles le prouvent. Les phrases qui s'y rencontrent quelquefois, *cum toto populo, populo assentiente,* sont des formules qui rendent une sorte d'hommage à des faits anciens plutôt que des faits présents et réels. L'excommunication est la peine légale décrétée contre les mauvais rois, les tentatives d'usurpation, l'insurrection, etc. La prédominance des évêques n'est pas renfermée dans le concile. L'inspection des fonctionnaires et juges locaux leur est également confiée, et ils ont le pouvoir de réformer provisoirement les jugements qu'ils désapprouvent. Les évêques et le roi sont les seuls qui ne puissent défendre leurs causes en personne et qui soient tenus de se faire représenter, en pareil cas, par des délégués, de peur que leur présence personnelle n'influe sur la décision du juge. Les priviléges personnels et réels assurés au clergé, la facilité et la perpétuité des donations aux églises, tout enfin, dans les lois comme dans l'histoire, atteste que, dans l'ordre politique, les évêques occupaient le premier rang, et que cette prédominance allait croissant chaque jour.

Il ne faut pas croire, cependant, qu'elle fût sans limites et s'établit sans efforts; c'était une œuvre difficile que de soumettre un roi et un peuple barbares à une puissance presque toute morale, et le code des Wisigoths contient plusieurs dispositions tendant à restreindre l'indépendance du clergé et à le retenir sous le joug du pouvoir civil. Les ecclésiastiques de tout grade étaient tenus, sous les mêmes peines que les laïques, de comparaître et de défendre leurs causes devant les juges civils. Ces mêmes juges étaient compétents pour poursuivre et punir les prêtres, les diacres et les sous-diacres impudiques. Le onzième concile de Tolède ordonna que les évêques coupables de certains délits seraient jugés par les lois ordinaires, et punis, dans les mêmes cas que les laïques, de la peine du talion. Les lois de Wamba obligeaient les ecclésiastiques comme les laïques au service militaire ou aux charges correspondantes. En un mot, le clergé qu'on voit à la tête de la société et formant presque seul l'assemblée nationale, est en même temps moins isolé de l'ordre civil, moins constitué en un corps distinct par la juridiction et le privilége, qu'il ne l'était ailleurs à la même époque. Du reste, la coïncidence de ces deux faits est naturelle. On éprouve moins le besoin de se séparer d'une société qu'on est plus près de dominer.

2° Quant à l'élection des rois qu'on peut regarder comme la conséquence naturelle du système, ou seulement de la tendance théocratique, elle est formellement érigée en principe dans le *Forum judicum*, et a été le droit commun de la monarchie des Wisigoths ; mais il ne faut pas se tromper sur l'origine et le caractère de cette institution ; elle fut beaucoup moins en

Espagne une institution de liberté qu'une institution d'ordre, un moyen d'arrêter les guerres civiles et les désordres des usurpations.

Par des causes difficiles à démêler, le principe de l'hérédité régulière de la royauté n'avait pas prévalu chez les Wisigoths comme chez les autres peuples Barbares. Le trône, à la mort des rois, et même durant leur vie, était l'objet d'une foule d'ambitions particulières qui se le disputaient à main armée, le saisissaient et le perdaient, selon les forces des prétendants et des factions. C'est contre cet état de choses, bien plus que dans la vue d'établir ou de maintenir le droit de la nation à choisir son souverain, que fut instituée l'élection des rois par les évêques et les grands réunis en concile à Tolède. Le texte des lois en dépose clairement.

« Désormais des souverains seront choisis pour la gloire du royaume, de telle sorte que, dans la ville royale, ou dans le lieu où sera mort le prince, son successeur soit élu par le consentement des évêques, des grands du palais et du peuple, et non pas au loin, par le complot de quelques pervers, ou par un tumulte séditieux d'une multitude grossière. » Divers canons des cinquième, sixième, septième et treizième conciles de Tolède, insérés, à titre de lois, dans le *Forum judicum*, ont pour unique objet de réprimer les tentatives d'usurpation, d'interdire toute prise de possession du trône par la force, de déterminer quelles classes d'hommes ne peuvent jamais y prétendre, d'assurer même le sort et les biens de la famille des rois morts, contre les violences et l'avidité de leurs successeurs élus. Tout prouve, en un mot, que cette élection était dirigée contre l'usurpation par la force beaucoup plus que contre l'hérédité régulière.

Les faits historiques conduisent au même résultat. La succession des rois wisigoths est une série d'usurpations violentes. A peine y rencontre-t-on un ou deux exemples d'élections véritables, faites librement et sans contrainte antérieure, par suite de la vacance du trône. Presque toujours, l'élection du concile vient sanctionner l'usurpation; et en même temps qu'on peut douter de sa liberté, on voit qu'elle se propose surtout de prévenir le retour d'un grand désordre. Rien n'indique non plus que, lorsque, par la prépondérance d'un roi plus puissant ou plus accrédité, le principe de l'hérédité est sur le point de s'introduire, les conciles aient tenté de s'y opposer, ni qu'ils aient considéré cet acte comme une atteinte portée à leur droit fondamental. En tout, à cette époque, dans cet état de la société, pour des hommes beaucoup plus éclairés, beaucoup plus civilisés que les Barbares conquérants, tels qu'étaient les évêques, et surtout dans les grandes monarchies, le besoin de l'ordre, de la règle, de quelque frein opposé à la force irrégulière, était le besoin dominant; et les institutions politiques, comme les lois civiles, se dirigeaient bien plutôt vers ce but que vers les garanties de la liberté.

Ramenée ainsi à sa véritable nature, l'élection des rois par les conciles de Tolède ne pouvait évidemment être tout à fait dans les mains du clergé. Des Barbares ambitieux et armés ne se seraient pas résignés à attendre patiemment la couronne du gré d'évêques presque tous Romains. Dans l'origine, ceux-ci n'exerçaient guère, en fait, d'autre droit que celui de sanctionner l'usurpation dans le présent, en l'anathématisant dans l'avenir. A mesure que leur influence morale et leur pouvoir réel se consolidèrent et s'étendirent, ils essayèrent davantage et parurent aspirer au droit fameux de donner et de retirer la couronne. Le *Forum judicum* fournit deux remarquables preuves de ce progrès. Le quatrième concile de Tolède (sous Sisenand, en 671) avait décrété (*can.* 75) « que le roi mort en paix, les grands du royaume et les évêques éliraient, d'un commun accord, son successeur. » Plus tard, quand ce canon fut transporté comme loi dans le code national, il fut amplifié en ces termes : « Que personne donc, dans son orgueil, ne s'empare du trône; qu'aucun prétendant n'excite des guerres civiles parmi les peuples; que personne ne conspire la mort des princes; mais que, le roi mort en paix, les principaux de tout le royaume, de concert avec les évêques, *qui ont reçu le pouvoir de lier et de délier, et dont la bénédiction et l'onction confirment les princes,* établissent son successeur d'un commun accord et avec l'assentiment de Dieu. » Une interpolation semblable eut lieu dans l'insertion d'un canon du huitième concile qui portait : « Nous les évêques, les prêtres et autres clercs inférieurs, de concert avec l'office du palais et l'assemblée des grands et des petits, décrétons, etc. » On lit dans le *Forum judicum,* à la suite des mots *les prêtres,* cette addition : « *Qui avons été établis, par Notre Seigneur Jésus-Christ, les recteurs et les héraults des peuples.* » De telles phrases indiquent clairement le progrès des prétentions ecclésiastiques et de leur succès. Cependant il est certain, en fait, que les conciles de Tolède ne disposèrent jamais réellement de la couronne, qu'elle fut presque toujours prise par la force, et que l'élection des rois par les grands et les évêques, érigée en principe par les lois, ne doit être considérée comme une preuve ni de la prédominance complète du système théocratique, ni de l'étendue des libertés nationales.

3° Que si, après avoir reconnu où était placé et comment se conférait le droit au sommet de l'ordre politique, on recherche, dans la législation des Wisigoths, quels devoirs étaient imposés aux rois, et quelles garanties de leur accomplissement étaient données aux sujets, les conséquences déjà pressenties de la théorie qui préside à ce code se révèlent clairement. Les bons préceptes abondent, les garanties réelles manquent.

A qui lit les lois, le législateur paraît beaucoup mieux instruit des devoirs du souverain, des droits et des besoins des peuples, que ne le sont les autres législateurs barbares ; et en effet il en sait, il en veut davantage à ce sujet. Qui se demande ensuite où sont les forces indépendantes, capables de procurer ou d'assurer le maintien de ces principes, et comment les citoyens exercent leurs droits ou défendent leurs libertés, ne rencontre absolument rien. Le code des Wisigoths, plus éclairé, plus juste, plus humain, plus complet que les lois des Francs ou des Lombards, laisse le despotisme plus libre et la liberté plus désarmée. Les textes abondent à l'appui de cette assertion.

Si, de ces principes généraux, on descend aux détails de la législation, on trouvera également le code des Wisigoths bien plus prévoyant, plus complet, plus sage et plus juste qu'aucun autre code barbare. Les diverses relations sociales y sont beaucoup mieux définies, leur nature et leurs effets analysés avec plus de soin. En matière civile, la loi romaine se retrouve presque à chaque pas; en matière criminelle, le rapport des peines aux délits est déterminé d'après des notions philosophiques et morales assez justes. On y reconnaît les efforts d'un législateur éclairé qui lutte contre la violence et l'irréflexion des mœurs barbares. Le titre *de cæde et morte hominum*, comparé aux lois correspondantes des autres peuples, en est un exemple très-remarquable. Ailleurs, c'est le dommage presque seul qui semble constituer le crime, et la peine est cherchée dans cette réparation matérielle qui résulte de la composition en argent. Ici le crime est ramené à son élément moral et véritable, l'intention. Les diverses nuances de criminalité, l'homicide absolument involontaire, l'homicide par inadvertance, l'homicide provoqué, l'homicide avec ou sans préméditation, sont distingués et définis à peu près aussi bien que dans nos codes, et les peines varient dans une proportion assez équitable. La justice du législateur a été plus loin. Il a essayé, sinon d'abolir, du moins d'atténuer cette diversité de valeur légale, établie entre les hommes par les autres lois barbares. La seule distinction qu'il ait maintenue est celle de l'homme libre et de l'esclave. A l'égard des hommes libres, la peine ne varie, ni selon l'origine, ni selon le rang du mort, mais uniquement selon les divers degrés de culpabilité morale du meurtrier. A l'égard des esclaves, n'osant retirer complétement aux maîtres le droit de vie et de mort, le *Forum judicum* a du moins tenté de l'assujettir à une procédure publique et régulière :

« Si nul coupable ou complice d'un crime ne doit demeurer impuni, combien, à plus forte raison, ne doit-on pas réprimer celui qui a commis un homicide méchamment et avec légèreté. Ainsi, comme des maîtres cruels, dans leur orgueil, mettent souvent à mort leurs esclaves sans aucune faute de ceux-ci, il convient d'extirper tout à fait cette licence et d'ordonner que la présente loi sera éternellement observée de tous. Nul maître ou maîtresse ne pourra mettre à mort, sans jugement public, aucun de ses esclaves mâles ou femelles, ni aucune personne dépendante de lui. Si un esclave ou tout autre serviteur commet un crime qui puisse attirer sur lui une condamnation capitale, son maître ou son accusateur en informera sur-le-champ le juge du lieu où l'action a été commise, ou le comte, ou le duc. Après la discussion de l'affaire, si le crime est prouvé, que le coupable subisse, soit par le juge, soit par son maître, la sentence de mort qu'il a méritée ; de telle sorte cependant que, si le juge ne veut pas mettre à mort l'accusé, il dressera par écrit contre lui une sentence capitale, et alors il sera au pouvoir du maître de le tuer ou de lui laisser la vie. A la vérité, si l'esclave, par une fatale audace, résistant à son maître, l'a frappé ou tenté de le frapper d'une arme, d'une pierre, ou de tout autre coup, et si le maître, en voulant se défendre, a tué l'esclave dans sa colère, le maître ne sera nullement tenu de la peine de l'homicide. Mais il faudra prouver que le fait s'est passé ainsi, et cela par le témoignage ou le serment des esclaves, mâles ou femelles, qui se sont trouvés présents, et par le serment de l'auteur même du fait. Quiconque, par pure méchanceté, et de sa propre main ou par celle d'un autre, aura tué son esclave sans jugement public, sera noté d'infamie, déclaré incapable de paraître en témoignage, tenu de passer le reste de sa vie dans l'exil et la pénitence; et ses biens iront aux plus proches parents à qui la loi en accorde l'héritage.»

Cette loi seule et les efforts que révèle sa rédaction font beaucoup d'honneur aux législateurs Wisigoths ; car rien n'honore les lois et leurs auteurs comme de lutter courageusement, et dans une vue morale, contre les mœurs et les préjugés coupables de leur pays et de leur temps. On est souvent fondé à croire que l'amour du pouvoir est entré pour beaucoup dans les lois qui se sont proposé le maintien de l'ordre et la répression des passions violentes; les excès de la passion touchent de près aux droits de la liberté, et l'ordre est le prétexte banal du despotisme. Mais ici le pouvoir n'a rien à gagner; la loi est désintéressée; c'est la justice seule qu'elle cherche; elle la cherche laborieusement, contre les forts qui la repoussent et au profit des faibles hors d'état de la réclamer, peut-être même contre l'opinion publique du temps qui, après avoir eu bien de la peine à voir un Goth dans un Romain, en avait bien plus encore à voir un homme dans un esclave. Ce respect de l'homme, quelle que soit son origine ou sa situation sociale, est un phénomène inconnu dans les législations barbares, et il a fallu près de quatorze siècles pour qu'il passât pleinement de l'ordre religieux dans l'ordre politique, de l'Évangile dans les codes. Ce n'est donc pas un léger honneur aux évêques Wisigoths d'avoir gardé et transporté, autant qu'ils l'ont pu, dans les lois ce noble sentiment qui a tant de peine à se dégager du sein des faits, et risque sans cesse de retomber enseveli sous leur poids. Il se reproduit constamment dans cette législation, dans les préceptes généraux, dans les règlements de détail; et lorsqu'il fléchit, soit devant la brutalité irréfléchie des coutumes barbares, soit devant les traditions despotiques de la jurisprudence romaine, traditions dont les évêques espagnols étaient eux-mêmes imbus, on sent encore, dans ces mauvaises lois, la présence obscure d'un bon principe qui travaille à surmonter les obstacles sous lesquels il a succombé.

VINGT-SIXIÈME LEÇON.

Des institutions centrales de la monarchie des Wisigoths. — Véritable caractère des conciles de Tolède. — Mesure de leur influence politique. — De l'*Officium palatinum*, conseil du palais des rois wisigoths. — Les maximes et les institutions romaines prévalurent en général, chez les Goths, sur les traditions germaniques. — Les institutions locales des Wisigoths en Espagne le prouvent aussi bien que leurs institutions centrales. — M. de Savigny, dans son *Histoire du droit romain dans le moyen âge*, et la *Revue d'Édimbourg*, dans une dissertation sur la législation des Wisigoths, soutiennent la perpétuité et l'empire des coutumes germaniques en Espagne, du sixième au huitième siècle. — Examen et réfutation de cette idée. — Conclusion.

Messieurs,

Notre dernière réunion vous a, je pense, laissés convaincus que le code des Wisigoths, pris en lui-même et dans ses volontés exprimées par les lois écrites, donne l'idée d'un état social meilleur, d'un gouvernement plus juste et plus éclairé, d'un pays mieux réglé, en tout d'une civilisation plus avancée et plus douce que celle qui nous est révélée par les lois des autres peuples Barbares. Mais à cette législation plus humaine et plus sage, à ces principes généraux prescrits par une raison assez haute, il manque, comme je l'ai dit, une sanction de fait, une garantie efficace. Les lois sont bonnes, mais le peuple au profit duquel elles sont rendues n'intervient presque en rien dans leur exécution et dans ses affaires. Le code dépose, jusqu'à un certain point, de la sagesse et même des bonnes intentions des législateurs ; il n'offre aucun monument de la liberté et de la vie politique des sujets.

Regardons d'abord au centre de l'État.

Le seul fait de la prédominance politique des évêques, le seul nom des conciles de Tolède indiquent l'affaiblissement des anciennes coutumes germaniques et la disparition des assemblées nationales. Les Anglo-Saxons ont eu leur *Wittenagemot*, les Lombards leur assemblée de Pavie, *circumstante immensâ multitudine*, les Francs leurs champs de mars et de mai, et leurs *placita generalia*. Sans doute la présence de ces assemblées n'emportait presque aucun des effets que nous attachons aujourd'hui à l'idée d'institutions semblables, et elles garantissaient fort peu la liberté, impossible alors à garantir. Elles prenaient même, dans la réalité, peu de part au gouvernement. Cependant leur existence seule atteste que les mœurs germaines prévalaient ; le pouvoir arbitraire, exercé en fait, n'était pas fondé en principe ; l'indépendance des individus forts luttait contre le despotisme des rois, et, pour disposer de ces indépendances éparses, pour les former en corps de nation, il fallait quelquefois les réunir en assemblées. Ces assemblées vivent dans les lois comme dans l'histoire ; le clergé y est reçu à cause de son importance et de ses lumières, mais seulement reçu. Loin de les former seul, il n'en est pas même le centre.

En Espagne, au lieu d'entrer dans l'assemblée de la nation, le clergé ouvre à la nation sa propre assemblée. Est-il vraisemblable qu'il n'y eût que le nom de changé, et que les guerriers goths vinssent au concile comme à leurs assemblées germaniques ? On a vu des choses très-diverses sous le même nom, des parlements judiciaires, par exemple, remplacer des parlements politiques ; mais la même chose sous des noms différents, cela ne se voit point, surtout dans l'enfance des peuples. Quand la vie se compose presque uniquement de traditions et de coutumes, ce sont les mots qui changent et périssent les derniers.

Les conciles de Tolède étaient donc bien des conciles et non des champs de mai ou des placites. Moralement le fait est vraisemblable ; historiquement, il est certain. Les actes nous restent, et ce sont des actes d'une assemblée tout ecclésiastique, occupée surtout des affaires du clergé, où les laïques n'entrent qu'occasionnellement et en petit nombre. Les signatures laïques, apposées aux canons du treizième concile, ne s'élèvent qu'à vingt-six. Aucun autre n'en offre autant.

Ces conciles ne se tenaient point, comme les champs de mars ou de mai et les *placita generalia* des Carlovingiens, à des époques fixes ou du moins fréquentes. Entre le troisième et le quatrième, il s'écoula quarante-quatre ans; entre le dixième et le onzième, dix-huit ans. Le roi les convoquait à son gré ou selon la nécessité. Le code wisigoth ne prescrit absolument rien à cet égard, ni aux rois, ni aux membres de l'assemblée. Aucune de ses dispositions n'a trait, même indirectement, à une assemblée nationale.

La nature des conciles de Tolède bien déterminée, quelle influence exerçaient-ils dans le gouvernement? Qu'étaient-ils comme garantie des libertés publiques et de l'exécution des lois

Avant de consulter les faits spéciaux, la nature même de cette assemblée peut fournir, sur son rôle politique, des indications générales. Le clergé, prenant une part active et directe au gouvernement, n'est jamais dans une situation naturelle et simple. Je ne parle point du droit, ni de la mission propre du clergé, ni de la séparation de l'ordre spirituel et de l'ordre temporel, questions encore mal éclaircies. J'examine seulement des faits. En fait, dans les États de l'Europe moderne, et, à leur origine comme plus tard, le clergé ne gouvernait point; il ne commandait point les armées, ne rendait point la justice, ne percevait point les impôts, n'administrait point les provinces. Il a pénétré plus ou moins avant, plus ou moins régulièrement, dans ces diverses routes où se passe la vie politique; il ne les a jamais parcourues pleinement, librement, jusqu'au bout; elles n'ont jamais été sa carrière propre et avouée. Les pouvoirs sociaux, en un mot, depuis le degré le plus bas jusqu'au plus élevé, n'étaient point, de droit ni de fait, naturellement déposés en ses mains. Lors donc que les évêques, réunis en concile, intervenaient dans le gouvernement civil, ils étaient appelés à régler des affaires qui n'étaient point les leurs, à s'occuper de choses qui ne faisaient point l'occupation habituelle et reconnue de leur situation et de leur vie. Cette intervention avait donc nécessairement un caractère équivoque et incertain. Une grande influence y pouvait être attachée; elle ne pouvait posséder une force de résistance énergique et efficace. Que des chefs guerriers se réunissent en assemblée auprès de leur souverain; ils ont, pour appuyer leurs résolutions, leurs compagnons et leurs soldats; que des députés élus se rassemblent pour voter les impôts et consentir les lois du pays; ils sont soutenus par le nombre, le crédit, l'opinion de ceux qui les ont choisis et envoyés. Que des corps chargés de rendre la justice soient en même temps appelés à délibérer sur certains actes du souverain; ils peuvent, en suspendant leurs fonctions, placer le gouvernement dans une situation presque insoutenable. Dans ces diverses combinaisons, une force positive, plus ou moins régulière, se rencontre derrière les hommes chargés de contrôler le pouvoir. De la part du clergé, toute résistance décisive, en matière politique, est à peu près impraticable, car aucune des forces effectives de la société n'est naturellement à sa disposition, et, pour les saisir, il faut qu'il sorte de sa situation, qu'il abjure son caractère et qu'il compromette alors la force morale où il prend son vrai point d'appui. Ainsi, par la nature même des choses, le clergé est peu propre à être constitué en pouvoir politique avec la mission du contrôle et de la résistance. S'il veut rester dans les limites de sa situation, il se trouve, au moment définitif, sans armes efficaces et assurées. S'il cherche ces armes, il jette le trouble dans la société tout entière, et encourt le reproche légitime d'usurpation. L'histoire moderne démontre, à chaque pas, cette double vérité. Quand le clergé s'est cru assez fort pour résister comme l'auraient fait des pouvoirs civils, il s'est compromis comme clergé, et a plutôt accru le désordre que procuré la réforme. Quand il n'a pas fait de telles tentatives, sa résistance a presque toujours été inefficace au moment où elle était le plus nécessaire; et, comme en pareil cas les ecclésiastiques ont eu communément la conscience de leur faiblesse, ils n'ont point opposé au pouvoir une barrière solide ; et , quand ils ne se sont pas faits les instruments de ses volontés, ils lui ont cédé après l'avoir averti.

Telle était la situation des évêques wisigoths. Ils n'avaient pas encore acquis, dans l'ordre temporel, une force assez grande pour lutter ouvertement contre la couronne. Ils sentaient qu'une bonne part de leur importance était due à leur étroite alliance avec le pouvoir royal, et qu'ils perdraient eux-mêmes beaucoup à s'en séparer. Ils ne pouvaient donc porter bien loin la résistance, ni fonder en réalité une assemblée politique indépendante. Sanctionner le pouvoir souverain et s'y associer en le conseillant, ils allaient jusque-là et ne tentaient rien de plus. Les faits le prouvent. Ces conciles de Tolède, où les usurpateurs venaient se faire élire, et qui donnèrent aux Wisigoths un code tout entier, ont exercé en fait, sur les grands événements de cette époque en Espagne, moins d'influence que n'en avaient en France les champs de mars ou de mai. Ils tenaient la place des anciennes assemblées germaniques, mais sans la remplir, car ils n'en possédaient pas la force brutale, et ils n'étaient pas en état d'y substituer une force régulière suffisante. L'Espagne leur dut une législation beaucoup meilleure que celle des autres peuples Barbares, et probablement aussi, dans la pratique journalière, une administration de la justice plus éclairée et plus humaine ; mais on y chercherait en vain le principe d'une grande institution de liberté et les caractères d'une véritable résistance contre le pouvoir absolu. Durant l'époque qui nous occupe, ce qui régnait dans les autres États fondés par les Barbares, c'était la force, la force déréglée, capricieuse, mobile, tantôt éparse entre une multitude de chefs presque indépendants, tantôt se concentrant, passagèrement et selon les circonstances, aux mains d'un homme ou de quelque aristocratie brutale et transitoire. Nul principe n'était reconnu ; nul droit n'était légal ; tout était matière de fait, la liberté comme le pouvoir ; et les germes des institutions libres existaient dans les relations désordonnées de ces forces indépendantes ou mal unies, bien qu'à vrai dire la liberté ne fût nulle part. En Espagne, et par l'influence du clergé, le gouvernement prit sans nul doute plus de généralité et une forme plus régulière ; les lois protégèrent davantage les faibles ; l'administration s'occupa plus de leur sort ; il y eut, dans la société, moins de désordre et de violence. Des idées morales plus élevées et plus étendues présidèrent souvent à l'exercice du pouvoir. Mais, en revanche, il se constitua sous une forme plus absolue ; les maximes romaines prévalurent sur les traditions germaniques ; les doctrines théocratiques prêtèrent leur secours à la puissance arbitraire des Barbares. Les conciles de

Tolède adoucirent et éclairèrent le despotisme, mais ils ne limitèrent point le pouvoir

On a voulu voir, dans une autre institution qui se rencontre aussi au centre de la monarchie des Wisigoths, le principe et l'instrument d'une limitation de l'autorité souveraine. Je parle de l'*officium palatinum*, espèce de conseil que formaient, auprès du roi, les grands de sa cour et les principaux fonctionnaires du gouvernement. L'importance de ce conseil et sa participation aux affaires sont attestées par un grand nombre de lois rendues soit indépendamment des conciles de Tolède, soit en vertu de leur délibération. Les mots *cum omni palatino officio, cum assensu sacerdotum majorumque palatii, ex palatino officio*, etc., se rencontrent fréquemment dans le code des Wisigoths. Ces textes et l'histoire ne permettent pas de douter que l'*officium palatinum* n'intervînt souvent dans la législation, dans le gouvernement et dans l'élévation même des rois.

On aurait tort cependant d'y voir une institution politique, une garantie de liberté, un moyen de contrôle et de résistance. Le pouvoir ne saurait, en aucun cas, subsister seul, par lui-même et en l'air; il faut, de toute nécessité, qu'il se concilie des intérêts, qu'il s'approprie des forces, en un mot qu'il s'entoure et s'appuie. Dans l'empire romain, cette nécessité avait donné naissance à la création de la cour et de l'*officium palatinum* institués par Dioclétien et Constantin. Dans les États Barbares, elle porta les rois à s'environner d'antrustions, de leudes, de fidèles et de tous ces grands du royaume, naturels ou factices, qui, se dispersant ensuite et s'établissant sur leurs domaines, devinrent les principaux membres de l'aristocratie féodale.

De ces deux sources naquit l'*officium palatinum* des rois wisigoths, avec cette différence qu'en ce point, comme sur d'autres, les institutions romaines eurent ici plus de part que les coutumes Barbares, au grand avantage du pouvoir absolu.

L'*officium palatinum* des Wisigoths se composait des grands du royaume (*proceres*) que les rois s'attachaient par des donations de biens, des charges, etc. et des principaux fonctionnaires, ducs, comtes, vicaires, etc. qui tenaient des rois leurs fonctions.

Sans doute cette cour formait une sorte d'aristocratie souvent consultée dans les affaires publiques, qui siégeait dans les conciles, et qui fournissait au roi des assesseurs quand il rendait des jugements. La nécessité des choses le voulait ainsi ; et comme la nécessité a toujours des conséquences qui vont fort au-delà de la volonté des hommes contraints de l'accepter, nul doute encore que cette aristocratie ne contrariât, en beaucoup d'occasions, les rois qui ne pouvaient se passer d'elle, et ne limitât ainsi leur empire.

Mais la nature humaine n'est point autre chez les peuples Barbares que chez les peuples civilisés ; et la grossièreté des formes, la brutalité des passions, le peu d'étendue des idées n'empêchent point que des situations semblables n'amènent les mêmes résultats. Or, il est dans la nature d'une aristocratie resserrée autour du prince, d'une aristocratie de cour, d'exploiter le pouvoir à son profit plutôt que de le limiter au profit de l'État. Elle devient presque inévitablement un foyer de faction et d'intrigue où s'agitent des intérêts individuels, non un centre de contrôle et de résistance où trouve place l'intérêt public. Si les temps sont barbares et les mœurs violentes, les intérêts individuels prennent les formes de la barbarie et les moyens de la violence ; satisfaits, ils obéissent avec la même servilité ; mécontents, ils empoisonnent, assassinent ou détrônent. C'est ce qui arrivait dans la monarchie des Wisigoths. Les usurpations, les révolutions dans le pouvoir partaient de l'*officium palatinum* ; et lorsqu'un roi essayait d'assujettir les grands aux services publics, de borner ou seulement d'examiner les concessions qu'ils sollicitaient, ce roi perdait l'empire. Tel fut le sort de Wamba.

Les souverains wisigoths avaient d'ailleurs, dans les évêques, un contre-poids puissant qu'ils opposaient aux grands de leur cour pour les empêcher d'aspirer à une entière indépendance. L'influence du clergé, trop faible pour limiter efficacement le pouvoir du prince, était assez forte, entre les mains du prince, pour empêcher que la limitation ne vînt d'ailleurs. Le règne de Chindasuinthe en offre un exemple.

Enfin, comme je l'ai dit, la prédominance des maximes et des institutions romaines en Espagne fut telle que l'aristocratie centrale prit plus de ressemblance avec l'*officium palatinum* des empereurs qu'avec les anstrustions ou les leudes d'origine germanique. Ailleurs, ceux-ci ne tardèrent pas à se rendre assez forts pour être indépendants, s'isoler du prince, et devenir plus tard, dans leurs domaines, de petits souverains. En Espagne, les choses ne se passèrent pas tout à fait ainsi. Il semble que les *proceres* recevaient du roi des dignités et des charges encore plus que des terres, et acquéraient ainsi moins de force propre et personnelle. Peut-être l'égalité accordée à la population romaine et la fusion des deux peuples ne permirent-elles pas une dilapidation des propriétés et une distribution de domaines aussi grande que celle qui eut lieu en France. Que fût-il advenu si la monarchie des Wisigoths n'avait pas été interrompue dans son cours par la conquête des Arabes? Le démembrement du pouvoir royal et la dissolution de la cour auraient-ils amené la dispersion et l'indépendance de l'aristocratie territoriale? On l'ignore. Ce qui est certain c'est que le phénomène qui éclata en France, à la chute des Carlovingiens, n'avait pas eu lieu, au huitième siècle, chez les Wisigoths ; l'*officium palatinum* n'avait point détruit ni partagé le pouvoir royal, et ne le limitait que très-faiblement.

Il faut ajouter un fait que rien n'explique d'une manière satisfaisante, mais que tout atteste. Des divers peuples Germains, les Goths furent celui qui conserva le moins ses institutions et ses mœurs primitives. Les Ostrogoths en Italie, sous Théodoric, comme les Wisigoths en Espagne, laissèrent prévaloir parmi eux les habitudes romaines et leurs rois s'arroger la plénitude du pouvoir impérial. On trouve même, chez les Goths d'Italie, encore moins de traces de l'existence des anciennes assemblées nationales et de la participation du peuple aux affaires de l'État.

On chercherait donc vainement, au centre de la monarchie des Wisigoths, les principes ou même les restes de quelque grande institution de liberté, de quelque limitation efficace du pouvoir. Ni les conciles de Tolède, ni l'*officium palatinum* n'offrent quelque chose de semblable ; il en est sorti ce qui n'est point sorti des champs de mars et de mai, ni du *Wittenagemot* saxon, un code de lois très-remarquables, pour l'époque, par d'assez grandes vues philosophiques, par sa prévoyance et sa sagesse ; mais ce code, qui indique des législateurs assez éclairés, ne révèle en rien un peuple libre. Il contient même moins de germes ou de monuments de liberté que les plus grossières des lois barbares ; et le pouvoir royal, considéré ainsi au centre et en lui-même, s'y présente comme beaucoup plus absolu en droit, beaucoup moins limité en fait que partout ailleurs. L'examen des institutions locales des Wisigoths nous conduira-t-il au même résultat ?

Les institutions locales sont les plus réelles, peut-être les seules réelles chez les peuples Barbares. Ni les esprits, ni les existences n'ont assez d'étendue pour que des institutions générales puissent naître ou se conserver. La contiguïté matérielle des individus est une condition presque nécessaire pour qu'il y ait entre eux société ; aussi est-ce dans les institutions locales des peuples germains qu'il faut chercher l'histoire de leur vie politique. Les formes de ces institutions et les modifications qu'elles ont suibes ont exercé, sur le sort de ces peuples, bien plus d'influence que les révolutions survenues dans les institutions centrales, telles que le *Wittenagemot*, les placites généraux et la royauté.

Les lois de la plupart des peuples germains offrent, dans les institutions locales, vous l'avez déjà vu, trois systèmes qui coexistent et se combattent, les institutions de liberté, les institutions de patronage territorial d'où la féodalité est sortie, et les institutions monarchiques. L'assemblée des hommes libres faisant les affaires communes et rendant la justice dans chaque circonscription ;

les propriétaires exerçant autorité et juridiction dans leurs domaines; les délégués du roi, ducs, comtes ou autres, possédant aussi autorité et juridiction : tels sont les trois pouvoirs qui se sont réciproquement disputé le gouvernement des localités, et dont l'existence et les vicissitudes sont attestées par les lois aussi bien que par les faits.

Le code des Wisigoths n'offre aucune trace du premier de ces systèmes, presque aucune du second; le troisième domine.

Point de *mallum*, de *placitum*, d'assemblées des hommes libres dans les provinces; aucune disposition ne les consacre ou même ne les rappelle.

A peine existe-t-il quelque indice de l'autorité du patron sur le client, du propriétaire sur les habitants de ses domaines. La loi que j'ai citée sur les esclaves prouve que, même à leur égard, la juridiction appartenait au juge royal de la circonscription.

Le *Forum judicum* nomme un grand nombre de magistrats locaux à qui appartenait le pouvoir d'administrer et de juger. « Comme il y a une grande variété dans les moyens de porter remède aux maux et de terminer les affaires, que le duc, le comte, le vicaire, le conservateur de la paix (*pacis assertor*), *tinfadus, millenarius, quingentenarius, centenarius, decanus, defensor, numerarius*, et ceux qui se rendent dans un lieu d'après l'ordre du roi, et ceux qui sont pris pour juges de l'accord des parties, que toutes personnes enfin, de quelque ordre qu'elles soient, à qui il appartient régulièrement de juger, et chacune en tant qu'elle a reçu le pouvoir de juger, reçoivent également de la loi le nom de juges, afin qu'ayant reçu le droit de juger, les charges, comme les avantages qui y sont attachés par les lois, retombent sur elles. »

Il est difficile d'établir avec précision les diverses fonctions de tous ces magistrats, la hiérarchie qui existait entre eux et de quelle manière chacun d'eux recevait et exerçait son pouvoir. Ceux qui appartenaient aux villes, comme le *defensor* et le *numerarius*, étaient certainement élus par le clergé et les habitants. Plusieurs autres, comme le *millenarius*, le *centenarius*, etc., paraissent nommés par les ducs et les comtes des provinces; mais quoi qu'il en soit, rien n'indique qu'ils reçussent leur autorité par une voie populaire et indépendante; le principe contraire est formellement posé en ces termes :

« Il ne sera permis à personne de juger les procès, si ce n'est à ceux qui en auront reçu le pouvoir du prince, ou à ceux qui auront été pris pour juges, de l'accord des parties; le choix de ceux-ci se fera en présence de trois témoins, et sera attesté par leur marque ou leur signature. Si ceux qui ont reçu du roi le pouvoir de juger, ou ceux qui tiennent le pouvoir judiciaire d'une commission des comtes ou autres juges royaux, ont chargé, par écrit et selon les règles prescrites, d'autres personnes de remplir leurs places, celles-ci exerceront, pour le règlement et la décision des affaires, un pouvoir semblable à celui des personnes de qui elles tiennent leur mission. »

Ainsi tous les juges, tous les officiers locaux recevaient leur pouvoir du roi ou de ses délégués. Des trois systèmes d'institutions dont la coexistence et la lutte se révèlent chez la plupart des peuples germains, le système monarchique est le seul qui se rencontre dans le code des Wisigoths.

Outre les juges permanents, établis dans les localités, les rois avaient le pouvoir d'envoyer des commissaires, soit pour rétablir l'ordre dans les provinces troublées, soit pour juger certaines causes spéciales.

Les affaires criminelles, comme les affaires civiles, étaient soumises aux juges royaux.

Tous ces juges recevaient du roi des traitements ; ils percevaient en outre sur les plaideurs des droits tellement abusifs qu'ils s'élevaient quelquefois au tiers de la valeur de l'objet en litige. Une loi défendit qu'ils excédassent le vingtième.

Quiconque croyait avoir à se plaindre de la décision du juge pouvait en appeler, soit au duc ou au comte de la province, soit au roi. Si l'appel était trouvé fondé, outre le gain du procès, le juge en faute devait à la partie une somme égale à la valeur de l'objet en litige. Dans le cas contraire, la partie devait la même somme au juge ; et si elle ne pouvait la payer, elle était condamnée à recevoir en public cent coups de fouet.

Rien jusqu'ici, dans la constitution du pouvoir judiciaire, ne présente aucune des garanties de liberté qu'offrent les lois des autres peuples barbares. Rien ne décèle les restes ou seulement le souvenir des anciennes formes de jugement par l'assemblée des hommes libres, *per Rachimburgos, bonos homines*, etc.

Quelques passages du *Forum judicum* indiquent cependant que du moins les juges avaient des assesseurs. Le quatrième concile de Tolède interdit formellement aux rois de juger seuls ; plusieurs textes font mention des *auditores*. La plupart des savants, Heineccius entre autres, pensent que les assesseurs n'étaient pas de simples conseillers, et que le juge était tenu de prendre leurs voix. Je suis également porté à le croire. Cependant quelques textes indiquent formellement que le juge était maître de prendre ou de ne pas prendre des assesseurs.

A défaut de ces garanties réelles de liberté qui naissaient ailleurs de l'intervention plus ou moins efficace des hommes libres dans les jugements, le *Forum judicum* contient une multitude de précautions et de lois contre les mauvais juges. En cas d'appel devant le comte ou le roi, s'il était prouvé que la mauvaise décision du juge provenait de méchanceté, de corruption ou d'une prévarication quelconque, et s'il n'avait pas de quoi payer à la partie une somme égale à la valeur du litige, il lui était livré comme esclave, et condamné en outre à recevoir en public cinquante coups de fouet. Il était franc de toute peine s'il prouvait, sous serment, qu'il n'y avait eu qu'erreur et ignorance. Les juges qui négligeaient de poursuivre les impudiques étaient punis de cent coups de fouet et d'une amende de 300 *solidi* à la disposition du roi. Une étroite surveillance sur les juges était imposée partout aux prêtres et aux évêques; et comme ceux-ci tiraient alors, de la supériorité de leurs lumières et de la protection des faibles, leur principale force, il y a lieu de croire que cette garantie n'était pas sans efficacité.

Mais tout cela péchait, vous le voyez, par le défaut radical du système de la monarchie pure qui donne, pour unique garantie de la bonne conduite des dépositaires du pouvoir, la surveillance et l'autorité de dépositaires supérieurs placés dans la même situation et investis des mêmes fonctions.

. . . . *Sed quis custodiet ipsos Custodes ?*

Les vraies garanties de la liberté ne peuvent résider que dans le concours de pouvoirs collatéraux, indépendants, dont aucun n'est absolu, et qui se contrôlent et se limitent réciproquement. C'est là ce dont le *Forum judicum* ne laisse entrevoir aucune trace, sur aucun échelon de la longue hiérarchie du gouvernement.

Le régime local chez les Wisigoths offre donc encore moins d'institutions contenant quelque principe actif de liberté, quelque force réelle de contrôle et de résistance qu'on n'en rencontre dans le régime politique et au centre de l'État. Tel est, du moins, le résultat forcé auquel conduit l'examen du code général et définitif de cette nation.

Ce résultat a paru si étrange, si contraire aux mœurs germaines et aux monuments des autres peuples de même origine, que presque aucun érudit n'a voulu le lire dans le *Forum judicum*, et que ceux-là même qui n'ont pu trouver, dans ce code, aucune preuve d'institutions libres et presque aucune trace des anciennes institutions barbares, se sont efforcés d'en découvrir ailleurs dans l'Espagne de cette époque. Je ne dirai rien de l'abbé Marina, qui, dans sa *Teoria de las cortes*, veut absolument retrouver, dans les conciles de Tolède, non-seulement les cortès espagnoles des treizième et quatorzième siècles, mais encore tous les principes, toutes les garanties de la liberté, tout ce qui constitue une assemblée nationale et le gouvernement représentatif. J'ai démontré l'invraisemblance morale et la non-réalité historique du fait. Deux hommes plus savants et moins enclins que l'abbé Marina à trouver ce qu'ils cherchent, ont cru reconnaître, dans le *Forum judicum*, des preuves que le système monarchique pur, associé au système théocratique, ne dominait pas aussi complétement chez les Wisigoths, et découvrir parmi eux des monuments de libertés publiques effectives et étendues; ce sont M. de Savigny dans son *Histoire du droit romain dans le moyen-âge*, et l'un des auteurs de la *Revue d'Edimbourg*, dans un article sur les lois des Goths en Espagne. Je ne crois pas que les recherches de ces deux savants détruisent les résultats généraux que je viens d'exposer. Cependant elles contiennent des faits curieux, jusqu'ici peu observés, et qui éclairent l'étude politique de la monarchie des Wisigoths. Je veux donc vous les faire connaître et en examiner les conséquences.

M. de Savigny, recherchant les traces de la perpétuité du droit romain après la chute de l'empire, s'exprime en ces termes, en parlant des Wisigoths.

« Nous possédons, sur la constitution de cette monarchie, des renseignements assez complets dans le *Breviarium Aniani*, qui, vers 506, c'est-à-dire un siècle environ après la fondation de l'État, rédigea le droit romain en une sorte de code pour les anciens habitants du pays. Ce code consiste surtout, comme on sait, en deux parties : l'une comprend de purs textes tirés du droit romain, l'autre une interprétation spécialement rédigée en cette occurrence. Quant aux textes empruntés du droit romain, on ne saurait, lorsqu'on parle de l'état réel des choses à l'époque de cette publication, y attacher une grande importance ; comme on les tirait de sources beaucoup plus anciennes, on devait nécessairement y laisser des expressions et des phrases entières qui se rapportaient à tel ou tel point d'un état social passé et déjà en désuétude ; l'interprétation était même destinée à faire cesser ce désaccord. Mais cette interprétation, rédigée *ad hoc*, est, en revanche, très-digne de foi, surtout lorsqu'elle s'écarte du texte, soit dans le sens, soit dans les paroles ; car alors on ne peut plus croire à une copie servile et irréfléchie, surtout en ce qui touche à des matières de droit public. Il est impossible de penser que des établissements réels, des institutions placées devant tous les yeux et que chacun pouvait connaître, aient été mentionnés sans intention et décrits sans objet... Or, dans cette interprétation, le *præses* romain a complétement disparu ; mais la communauté municipale, avec sa juridiction particulière et ses décurions qui prenaient part à l'administration de la justice, subsistent pleinement ; elle paraît même avec plus de consistance propre et d'indépendance que sous les empereurs.

« Le principe général des défenseurs, de leurs fonctions et de leur choix, est exposé dans l'interprétation comme dans le texte du code Théodosien. D'après le texte, le gouverneur de la province ne devait pas être écrasé par le jugement des petits délits, mais on ne disait pas qui devait les juger; l'interprétation nomme expressément le défenseur. D'après le texte, l'introduction d'un procès civil pouvait avoir lieu soit devant le gouverneur, soit devant ceux qui avaient d'ailleurs le droit de rédiger les actes; l'interprétation ajoute le défenseur... »

M. de Savigny cite plusieurs autres exemples qui prouvent le maintien et même l'extension des fonctions des défenseurs des cités.

« D'autres passages concernent la curie, les décurions et même les bourgeois en général. Le système des décurions, en général, est reçu dans le *Breviarium*, à très-peu de modifications près, seulement fort abrégé. A un passage du texte qui mentionne en passant l'adoption, l'interprétation ajoute, comme commentaire, que c'est le choix d'un individu en qualité d'enfant fait en présence de la curie. Le jurisconsulte wisigoth, Gaïus, dit que l'émancipation, qui avait lieu autrefois devant le président, se fait actuellement devant la curie. Le texte détermine par qui sont nommés, à Constantinople, les tuteurs; savoir : par le préfet de la ville, dix sénateurs et le préteur qui veille aux intérêts des pupilles; l'interprétation y substitue le juge avec les premiers de la ville. Le texte parle de la nécessité d'un décret pour autoriser l'aliénation de la propriété d'un mineur; l'interprétation ajoute que ce décret doit être obtenu du juge ou de la curie. Le texte ordonne qu'à Constantinople les testaments seront ouverts par le même office qui les aura reçus; l'interprétation met à la place la curie. D'après le texte, les donations devaient être enregistrées soit devant le juge (le gouverneur de la province), soit devant le magistrat municipal (*le duumvir*); au magistrat municipal, l'interprétation substitue la curie; ce qui, au fond, n'altère pas le sens de la loi, mais ce qui prouve, ainsi que plusieurs autres passages, que le point de vue général était complétement changé; anciennement la première autorité municipale, et surtout la juridiction, était considérée, selon les maximes romaines, comme un droit personnel du magistrat; selon l'interprétation, elle appartient moins au défenseur lui-même qu'à la curie prise collectivement... Sous les empereurs, les *honorati*, c'est-à-dire, ceux qui avaient occupé les hautes dignités municipales, avaient un siége d'honneur auprès du gouverneur de la province quand il rendait la justice; ils devaient seulement s'en abstenir lorsqu'il s'agissait de leurs propres causes. L'interprétation applique cela aux curiales; application remarquable sous deux rapports, d'abord parce qu'elle prouve que la considération des curiales était grande, ensuite parce qu'il est question ici pour eux, non d'une simple place d'honneur, mais d'une véritable participation à la juridiction du juge municipal, c'est-à-dire, du *duumvir* ou du défenseur... Le texte du code ordonne que, hors de Rome, pour prononcer sur une accusation criminelle contre un sénateur, cinq sénateurs soient choisis par le sort ; l'interprétation rend cette règle générale, et exige cinq hommes des principaux du même rang que l'accusé, c'est-à-dire décurions ou plébéiens, selon l'état de l'accusé lui-même. Enfin le texte ordonnait que chaque juge recevrait son *domesticus* ou *cancellarius* du choix des principaux employés de la chancellerie ; l'interprétation conserve la règle et substitue seulement aux employés de la chancellerie les bourgeois de la cité. »

Telles sont les traces de libertés municipales que retrouve M. de Savigny dans le *Breviarium Aniani*, et qu'il considère comme le droit commun et permanent de la monarchie des Wisigoths. Elles prouvent en effet, non-seulement le maintien, mais encore l'extension et l'affranchissement des droits et des garanties que possédaient les habitants des villes avant l'établissement des Barbares. Mais de fortes objections s'élèvent contre l'importance qu'attache l'auteur à ces textes et l'étendue des conclusions qu'il en tire.

1° Le *Breviarium Aniani* ne contient point le droit commun et permanent de la monarchie espagnole des Wisigoths. Il ne donne que la législation particulière des sujets romains des rois Wisigoths, lorsque les rois siégeaient à Toulouse et n'avaient encore en Espagne que des possessions incertaines, lorsque le midi de la Gaule était le corps du royaume et presque tout le royaume. Rien ne prouve que tout ce que contient le *Breviarium Aniani*, vers la fin du cinquième siècle, au profit des Romains de la Gaule méridionale, ait subsisté en Espagne jusqu'au huitième siècle, au profit des Goths et des Romains, fondus en une seule nation. Le silence du *Forum judicum*, qui est le vrai code des Wisigoths Espagnols, sur la plupart de ces dispositions, prouve plus contre leur maintien que le texte du *Breviarium*, rédigé en d'autres lieux, à une époque antérieure et pour une portion seulement du peuple, ne prouve pour leur durée.

2° Environ cent cinquante ans après la publication du *Breviarium*, les Goths et les Romains furent réunis en une seule nation. Le recueil des lois, successivement augmenté sous les divers règnes et complété par Chindasuinthe, devint le code unique du royaume ; toute autre loi fut abolie, et le *Breviarium* se trouva nécessairement compris dans cette abolition. Le texte de la loi de Recesuinthe est formel.

« Qu'absolument aucun des hommes de notre royaume ne se permette de présenter au juge, pour la décision d'aucune affaire, un autre recueil de lois que celui qui vient d'être publié, et selon l'ordre dans lequel les lois y sont inscrites ; et ce, sous peine d'une amende de trente livres d'or envers notre fisc. Tout juge qui hésiterait à décliner tout autre livre qui lui serait présenté comme devant régler sa décision, sera puni de la même amende. »

M. de Savigny a pressenti l'objection ; et, sans la dissimuler absolument, il a essayé de l'affaiblir en ne citant pas le texte de la loi de Recesuinthe, et en ne parlant que des tentatives des rois wisigoths pour ne plus avoir en Espagne qu'une seule nation et une seule loi. Ces évasions sont contraires à sa candeur accoutumée. Il s'autorise encore de l'existence des défenseurs, dont la preuve se trouve dans le *Forum judicum*, pour en conclure le maintien de toutes les prérogatives et libertés que le *Breviarium* leur attribue. La conclusion est évidemment précipitée et excessive.

Je ne conteste point que les villes d'Espagne n'aient pu, n'aient dû même conserver quelques institutions, quelques garanties de libertés municipales. Je n'induirai point du silence du *Forum judicum* leur disparition absolue. Le despotisme des rois Barbares, quelque soigneux qu'il pût être de recueillir l'héritage des maximes romaines, n'était ni aussi savant ni aussi minutieux que celui des empereurs. Il laissa subsister les curies et leurs magistrats, et ces petits pouvoirs locaux eurent, à coup sûr, plus de réalité et d'indépendance qu'ils n'en avaient sous l'empire. Le clergé, habitant surtout les villes, et lié à la race romaine, était lui-même intéressé à les protéger, d'autant qu'il se plaçait naturellement à la tête des municipalités. Ce qui est certain, c'est que les restes d'institutions de garantie et de liberté qui existaient là ne tiennent aucune place dans les lois écrites, bien que ces lois soient beaucoup plus détaillées que les autres lois barbares, et embrassent l'ordre civil tout entier. Elles ne sauraient donc être considérées comme faisant partie de la constitution générale du royaume; elles n'ont point modifié son caractère politique ni changé les résultats des principes qui y dominaient.

Si M. de Savigny a cherché les institutions des Wisigoths dans une époque antérieure à l'établissement définitif de leur vraie monarchie et dans un recueil de lois aboli par le *Forum judicum*, l'auteur de la dissertation contenue dans la *Revue d'Édimbourg* a adressé ses questions à des temps et à des monuments postérieurs de quatre ou cinq siècles à la destruction du royaume des Wisigoths par les Arabes; et, en transportant les conséquences qu'il en a tirées à l'époque dont nous nous occupons, il est tombé dans une erreur encore moins autorisée par les faits. Voici ses recherches et ce qu'il en déduit.

« Il ne faut pas supposer que l'ensemble des lois des Wisigoths résidât dans leur loi écrite, dans les douze livres de leur code. Ils avaient leur loi commune ou traditionnelle qui existait dans des usages non écrits, et l'analogie nous autorise à affirmer que la loi commune parlait souvent quand la loi écrite se taisait. Cette loi commune des Wisigoths survécut à la monarchie, et nous la recueillons maintenant dans les *fueros* ou anciennes coutumes de Castille et de Léon. Ces coutumes se sont conservées dans les chartes qui donnaient aux habitants des villes des lois particulières où se trouvait confirmée, avec des modifications plus ou moins notables, mais toujours dans les mêmes principes généraux, l'ancienne loi commune et non écrite du pays. Nous les découvrons également dans les actes des cortès, « qui, selon l'expression de sir Édouard Coke, sont souvent des affirmations de la loi commune. » Les *fueros* traditionnels de la Castille formaient la base du *Fuero viejo de Castilla*, revu pour la dernière fois sous Pierre III (en 1340) ; et Alphonse-le-Sage lui-même, bien qu'il méditât la destruction de l'ancienne jurisprudence du royaume, admit dans son code *las Partidas*, les *Fueros de España* relatifs aux tenures territoriales et au service militaire. »

« Recueils d'anciens usages qui n'avaient point été défigurés par la science des conciles de Tolède ni étouffés par le pouvoir des rois, les *fueros* de Castille et de Léon tiennent de beaucoup plus près que la loi écrite à la jurisprudence des nations germaines... Le jugement par l'épreuve de l'eau bouillante est mentionné une seule fois dans une loi d'Egica. Le jugement par la compurgation, la plus ancienne forme du jugement par jurés, et le jugement par le combat, ne paraissent pas du tout dans le *Forum judicum*. On n'y trouve également aucun indice de l'usage de nommer les chefs militaires par le verdict d'un jury. Tous ces usages, cependant, étaient des *fueros* espagnols au moyen-âge. Il n'est pas possible qu'ils y eussent existé s'ils ne fussent dérivés d'une tradition immémoriale...»

L'auteur passe ensuite en revue ces anciens usages. Le premier dont il s'occupe est celui de la nomination des chefs militaires par un jury. Il rapporte cette pratique aux forêts de la Germanie ; il montre ensuite comment elle dut succomber partout sous l'établissement du régime féodal et par la subordination hiérarchique des personnes et des terres. Il en recherche des traces dans la nomination, par le peuple, des *heretochs* anglo-saxons, et des *constables*, d'abord officiers militaires, ainsi que dans l'élection des rois de Norwége par les verdicts de douze jurés ou hommes principaux de chaque province. Il revient à l'Espagne.

« Nous trouvons, dit-il, nos anciens jurés goths employés à nommer, en Castille, les principaux officiers de l'armée de terre et de mer, l'*Adalid*, l'*Almocadene*, l'*Alfaqueque* et le *Comitre*. »

« Qui devait être Adalid ? il faut répondre à la question dans les termes mêmes du sage roi Alphonse... Il est dit, par les anciens sages, que l'Adalid doit être doué de quatre qualités : la première est la sagesse, la seconde le courage, la troisième le bon sens, et la quatrième la loyauté. Et lorsqu'un roi ou un autre grand seigneur veut faire un Adalid, il doit convoquer auprès de lui *douze des plus sages Adalids* qu'on puisse trouver, et ceux-ci doivent *jurer* qu'ils diront avec *vérité* si celui qu'on veut faire Adalid a les quatre qualités dont nous avons parlé; et, s'ils répondent *oui*, alors il sera fait Adalid. » Nous avons ici clairement une enquête par douze hommes donnant leur verdict sous serment. Si on ne pouvait trouver douze adalids, alors on ajoutait, à ce jury spécial d'adalids, *tales de circumstantibus;* le roi ou le seigneur devait compléter le nombre de douze par des hommes bien éprouvés en guerre et en faits d'armes, et leur verdict avait la même valeur que s'ils eussent été adalids. Quiconque agissait en qualité d'*adalid*, sans avoir été élu de la sorte, était puni de mort. « On a trouvé dans les anciens temps, dit le roi Alphonse, que les adalids devaient avoir les qualités ci-dessus mentionnées, parce qu'ils en ont besoin pour conduire les troupes et les armées à la guerre; et c'est à cause de cela qu'ils sont nommés adalids, ce qui signifie *guides (que quiere tanto decir como guiadores)* »

L'auteur pense, d'après cela, que ce mot vient de *adal, adel*, noble, et de *leid, lead, leiten*, guider, conduire. L'adalid était le guide, le chef des *almogavars*, guerriers à cheval. L'*adalid mayor* était le commandant général de tous les almogavars, cavalerie castillane.

Voici comment, après son élection par cette sorte de jury, l'adalid était solennellement reçu :

« Le roi devait lui donner de riches habits, une épée, un cheval et des armes de *bois et de fer*... Un *rico hombre*, seigneur de chevaliers, devait lui ceindre l'épée ; on plaçait alors un bouclier par terre, l'adalid futur montait sur son bouclier, le roi tirait son épée et la plaçait nue sur sa tête. Alors deux des douze adalids-jurés qui pouvaient se réunir autour du bouclier le saisissaient et l'élevaient aussi haut qu'ils pouvaient en tournant la face du candidat vers l'orient. — « Au nom de Dieu, s'écriait celui-ci, je défie tous les ennemis de la foi et de monseigneur le roi et de ses terres. » — A ces mots il élevait le bras en frappant l'air d'un coup perpendiculaire, et ensuite d'un coup horizontal, décrivant ainsi le « doux et sacré signe de la rédemption. » — Il répétait son défi quatre fois, à chacun des quatre points cardinaux. Redescendu, il tirait son épée ; le roi lui mettait un étendard à la main, et lui disait : « Je t'accorde d'être dorénavant un adalid... » Un adalid pouvait être pris dans les rangs inférieurs de l'armée castillane, parmi les *peones* ou fantassins. Il devenait le compagnon des chevaliers et nobles héréditaires, etc., etc. »

L'auteur retrouve, dans cette cérémonie, les formes de l'élection des rois parmi les Germains, ou du moins de celle des chefs militaires ; *duces ex virtute sumunt.*

Je ne voudrais pas affirmer qu'il ne règne, dans ce mode de choix des capitaines, dans le concours de ces douze jurés, dans ce nombre même, aucun souvenir des anciennes coutumes germaniques. Ce qui est évident, c'est qu'il s'agit ici beaucoup plutôt d'une sorte de cérémonie chevaleresque et de l'élévation d'un homme à une classe supérieure, que de l'élection d'un chef barbare ; toutes les formes, tous les détails de l'élévation de l'*adalid* rappellent bien plus les mœurs chevaleresques que les mœurs germaines, et il y a un étrange anachronisme à supposer que cela se passait ainsi, cinq cents ans auparavant, chez les Wisigoths, en dépit de tous les monuments qui n'en disent rien, et ce qui est plus concluant encore, en dépit de l'état général des mœurs qui n'offre rien de semblable. Il est bien plus probable que ces coutumes sont nées chez les Goths pendant leur lutte contre les Arabes, dans les montagnes de l'Espagne du Nord, et par la direction, mêlée de féodalité et de liberté, qu'a fait prendre à leurs mœurs cette situation nouvelle.

L'*almocadene* ou capitaine des fantassins, l'*alfaqueque* ou négociateur de l'échange des prisonniers avec les Maures, et le *comitre* ou capitaine de vaisseau, étaient nommés dans des formes analogues, et aussi d'après l'avis d'un jury composé, non pas d'hommes pris dans la classe à laquelle appartenait le candidat, mais d'hommes tirés de celle à laquelle on voulait l'élever.

Cette seule circonstance est décisive dans la question, car elle découle des mœurs chevaleresques et non des mœurs barbares ; elle rappelle l'écuyer armé chevalier par des chevaliers, et non le guerrier choisi ou jugé par ses pairs.

Je ne m'arrêterai pas aux recherches de l'auteur sur les épreuves de l'eau bouillante, du feu, et sur le jugement par le combat. Bien qu'on en rencontre des traces dans les anciens monuments de quelques-unes des législations barbares, ces coutumes n'ont point été le droit commun des peuples modernes, dans la première époque de leur établissement sur le territoire romain. C'est plus tard, et par l'influence soit des idées religieuses corrompues par la superstition, soit de l'organisation militaire du régime féodal, qu'elles se sont développées, accréditées, et ont formé une véritable jurisprudence. Les faits généraux de l'Europe n'autorisent donc point à conclure, de leur présence chez les Espagnols au quatorzième siècle, à leur présence chez les Wisigoths au septième siècle. Le silence presque absolu des monuments de la première époque conserve ici toute son autorité.

Les faits relatifs à la compurgation, par le serment d'un certain nombre de témoins, sont plus importants et plus curieux.

« La compurgation, dit l'auteur, est mentionnée en termes exprès dans les législations teutoniques; cependant elle ne paraît pas avoir été admise dans les procès conduits selon les formes prescrites par le *Fuero juzgo*...; mais plus tard on la trouve plus généralement répandue comme un code légal de jugement dans les affaires civiles et criminelles; preuve invincible de l'opiniâtre adhésion des Goths à leurs anciennes coutumes. Ils sentaient les avantages du jugement par jurés, dans son germe le plus imparfait......»

« Ce mode de jugement est sanctionné par le *Fuero viejo* comme un usage ancien et général en Castille. Dans beaucoup de villes de Castille et de Léon, il est établi ou plutôt déclaré, par les chartes qui leur furent concédées, comme une coutume locale, un droit reconnu......»

« Selon le *Fuero viejo*, une amende de trois cents sols était due pour avoir souillé le palais du roi ou pillé son château ; cinq cents sols étaient le prix de la tête d'un intendant royal (*merino*), et la composition due pour l'avoir gravement insulté. Tout homme qui voulait échapper au payement de ces amendes devait se purger du crime par le *serment de douze hommes, car tel était l'ancien usage de la Castille.* »

« Le noble accusé du meurtre d'un *Hijo d'Algo* s'en défendait par le serment de onze autres *Hijos d'Algo*, lui douzième ; et, en vrais chevaliers, ils étaient tenus de jurer sur l'Évangile, après avoir chaussé leurs éperons. Deux insultes seulement donnaient à une *dueña* (la femme d'un *rico hombre*) et à un écuyer le droit de se plaindre qu'un *Hijo d'Algo* les avait insultés, savoir une blessure ou un coup, et le vol de leur mules ou de leurs habits. Dans les trois jours, l'injurié devait se plaindre de l'offense, la déclarer aux *Hijos d'Algo* de la ville, à leurs paysans et à leurs locataires, s'il y en avait, et faire sonner la cloche municipale, en disant : *Un tel m'a déshonoré.* Après ces formalités, l'accusé était tenu de répondre ; s'il avouait, il payait cinq cents sols, prix de sa propre tête; s'il niait, il fallait qu'il se lavât par le serment de onze *Hijos d'Algo*, lui douzième. Le paysan insulté par un *Hijo d'Algo* n'était pas admis à se défendre par le serment de ses pairs ; il fallait qu'il amenât, pour jurer de son innocence, onze *Hijos d'Algo*, lui douzième. »

« Ces documents sont puisés dans le code général. Dans les localités, l'usage de la compurgation était si puissant que les femmes même, prévenues d'un crime, étaient admises à se justifier par le serment d'autres femmes. A Anguas, une femme accusée de vol se faisait acquitter par le serment d'un jury de femmes. La loi de Cuença est bien plus singulière; quand un mari soupçonnait sa femme de l'avoir déshonoré, et ne pouvait cependant prouver le fait par témoins, la femme était admise à se justifier par le serment de *douze bonnes femmes du voisinage*, qui juraient de sa vertu ; et alors le mari était tenu de la reprendre et de la bien traiter.... »

« Les coutumes de St-Sébastien, de Guipuscoa (charte accordée par Alphonse VIII en 1802) contiennent un mode de procéder qui ressemble à la fixation des dommages par le verdict d'un jury. Le ravisseur d'une jeune fille était tenu de lui payer le prix de son crime, ou de l'épouser, « ce qui, dit la charte, équivaut pleinement à une amende. » Mais si elle était d'un rang trop inférieur pour devenir sa femme, il était tenu de la pourvoir d'un mari tel qu'elle eût pu raisonnablement l'espérer avant son malheur; et ce « selon l'estimation de l'alcalde et de douze bons hommes de Saint-Sébastien.... »

« La charte qui contient, sur l'usage de la compurgation, les détails les plus variés est celle qu'accorda, en 1152, à la ville de Molina, Don Henrique de Lara, seigneur du lieu. Une amende était imposée à quiconque avait blessé ou mutilé un citoyen. L'accusateur devait soutenir sa plainte par trois témoins, voisins ou bourgeois, si le délit avait été commis dans les murs. S'il l'avait été hors des murs, deux *vecinos* suffisaient. Si la preuve n'était pas complète, l'accusé devait se justifier par le serment de douze *vecinos*, ou combattre avec le plaignant. Celui-ci avait le choix..... Quand un meurtre avait été commis, si l'un des hommes engagés dans la querelle prenait le crime sur sa tête, en disant : *C'est moi qui l'ai tué,* — les autres devaient s'en justifier par douze bons bourgeois; *los otros salvense con doce vecinos derecheros.* Si nul n'avouait le crime et qu'ils en fussent tous soupçonnés, les parents du mort avaient le droit de désigner l'un des prévenus et de le poursuivre spécialement comme meurtrier ; celui-ci devait désigner onze parents du mort qui, avec l'accusateur, juraient de sa criminalité ou de son innocence. L'unanimité était requise ; si un ou deux jurés ne s'accordaient pas avec les autres, chacun de ces jurés dissidents était tenu de jurer, avec l'appui de douze hommes, qu'il n'avait reçu aucun présent, ni rien qui le pût corrompre. Cela fait, il sortait du jury, et l'accusé en désignait un autre à sa place. Cette procédure a cela de singulier qu'elle appelle les *compurgatores* à jurer avec l'accusateur au lieu de jurer avec l'accusé.... Il est remarquable aussi que, pendant quelque temps, prévalut également en Angleterre l'usage de faire retirer les jurés dissidents et d'en appeler de nouveaux, jusqu'à ce qu'on eût obtenu un verdict unanime........ »

Tels sont les faits qu'a recueillis l'auteur de ces recherches sur l'existence des anciennes coutumes germaniques, ou d'usages analogues, dans les villes de Castille et de Léon, à dater du douzième siècle. Il en conclut, sans hésiter, que ces mêmes coutumes existaient aux sixième et septième siècles, chez les Wisigoths Espagnols, et faisaient partie de leurs institutions.

Il est malaisé de prouver que des faits ne sont pas,

car c'est à celui qui les affirme à prouver qu'ils sont ; et en pareil cas, lorsqu'il s'agit d'époques séparées par cinq ou six siècles et par une révolution telle que la dépossession d'un peuple et la conquête étrangère, des inductions ne suffisent point. Le *Forum judicum* se tait absolument sur la désignation des chefs militaires et sur la compurgation par jurés : il y a plus; cette dernière institution est incompatible avec les dispositions de ce code sur les juges et l'administration de la justice. Aucun autre monument contemporain ne contredit le *Forum judicum*. Faut-il, sur l'autorité de faits très-postérieurs et qui se rattachent à une civilisation toute différente, refuser de croire à des preuves si directes, à des témoignages si positifs ?

Je sais ce qu'on peut dire du désordre de ces temps, des lacunes continuelles des lois, et de la disposition des législateurs à omettre précisément les usages les plus simples, les plus universels, comme s'ils n'avaient pas besoin d'être consacrés ni même indiqués. Il est fort possible en effet que la pratique de la compurgation par jurés n'ait pas été complétement étrangère aux Wisigoths; elle se retrouve dans toutes les coutumes germaniques, et elle a pu ne pas disparaître tout à-fait ni tout-à-coup, même après l'introduction d'un code puisé principalement dans les lois romaines. Mais il est impossible de croire, en dépit de ce code, qu'elle ait continué d'être le droit commun, l'institution fondamentale, le véritable système judiciaire de la nation.

Il est plus aisé d'expliquer, avec vraisemblance, l'existence de ces pratiques chez les Goths-Espagnols du douzième siècle, que de justifier, sans preuves ou plutôt contre toutes les preuves, leur supposition arbitraire parmi les Wisigoths du septième. De tels usages ont en eux-mêmes quelque chose de spontané; ils correspondent à un certain degré de la civilisation, à un certain état des institutions sociales; on les rencontre sous des formes plus ou moins semblables, mais au fond analogues, non-seulement chez tous les peuples germains, mais encore chez presque tous les peuples barbares qui, à peine sortis de la vie errante, commencent à se fixer sur un sol nouveau, après la conquête. Or, la destruction de la monarchie des Wisigoths par les Arabes suspendit le cours des institutions qu'elle avait reçues depuis deux siècles, rompit les conciles de Tolède, brisa ou diminua beaucoup la prédominance du clergé, arrêta enfin la civilisation commencée et fit prendre aux choses une autre direction. Retirés dans les montagnes, souvent errants, séparés en diverses bandes, ceux des Goths qui ne se soumirent pas aux vainqueurs rebroussèrent chemin, pour ainsi dire, vers la vie que menaient leurs ancêtres dans les forêts de la Germanie. Les institutions romaines, les maximes romaines, tout cet ensemble de lois et d'idées qu'ils avaient reçues du clergé, et qui avaient prévalu sur leurs propres habitudes, disparurent presque nécessairement dans cette secousse, ne se conservèrent du moins que chez les Goths qui demeurèrent sous la domination des musulmans. Les compagnons de Pélage durent, jusqu'à un certain point, redevenir des Germains. Ce fut après ce retour forcé vers leur situation primitive, et, par conséquent, vers leurs anciennes institutions, qu'ils reprirent l'offensive sur les Arabes, et reconquirent par degrés l'Espagne, y rapportant avec eux les mœurs, les usages, les pratiques politiques et judiciaires qu'ils avaient en partie retrouvés. Les institutions libres, d'ailleurs, durent alors renaître parmi eux; elles seules procurent la force dans le malheur et le péril. Ce n'étaient pas les habitudes de l'*officium palatinum* et les maximes des conciles de Tolède qui pouvaient ramener les Goths dans leur patrie subjuguée et rétablir les descendants de Chindasuinthe sur le trône de leurs pères. La participation du peuple aux affaires publiques, l'âpreté des mœurs barbares et l'énergie de la liberté irrégulière pouvaient seules produire de tels effets. Tout porte à croire que les institutions de l'Espagne, après le rétablissement des royaumes de Castille, de Léon, d'Aragon, etc., furent des institutions neuves, et le résultat de la nouvelle situation des Goths, beaucoup plus que l'héritage des anciens Wisigoths. La preuve s'en rencontre dans les cortès générales du royaume, dans la constitution et les libertés des villes, dans l'ordre politique tout entier qui ne se rattache point à l'ancienne monarchie, et se déduit beaucoup plus naturellement de l'état et des besoins des monarchies nouvelles. Le système politique établi par les conciles de Tolède et le *Forum judicum* ne pouvait avoir poussé de profondes racines; il tomba devant des nécessités auxquelles il ne satisfaisait point. Le *Forum judicum* lui-même aurait peut-être complétement succombé s'il n'eût été la loi des Goths qui étaient demeurés sous le joug des Maures; il réglait d'ailleurs surtout l'ordre civil, toujours plus fixe et moins atteint par les révolutions. Il continua donc, en ce point, d'être la loi générale de l'Espagne, tandis que l'ordre politique prit une nouvelle forme et se régla par d'autres institutions.

Le *Forum judicum* et les monuments contemporains sont la seule et véritable source où l'on puisse étudier les institutions politiques des anciens Wisigoths; source sans doute incomplète, et qui ne nous apporte pas tout ce qui était; source qui, probablement même, a surtout négligé de recueillir ce qui subsistait encore des mœurs et des habitudes germaniques, mais qu'il est impossible de répudier pour admettre des faits et des institutions générales qui lui sont directement contraires. Les conséquences que j'ai déduites de ces monuments originaux et contemporains subsistent donc, et déterminent le vrai système politique de la monarchie des Wisigoths. Le régime impérial et les théories ecclésiastiques en furent les éléments constitutifs. Ces éléments prévalurent sur les coutumes germaines. Ils se modifièrent sans doute pour s'adapter à un peuple barbare; mais, en se modifiant, ils dominèrent et devinrent la forme générale, la loi fondamentale de l'État. Si les Goths Espagnols sont rentrés ensuite dans des voies plus analogues à celles qu'ont suivies les autres peuples modernes de même origine, c'est dans l'invasion des Arabes, dans la seconde conquête de l'Espagne par les Goths redevenus à moitié Germains, et dans les effets de cette grande révolution, non pas dans les institutions de la monarchie des Wisigoths, qu'on en peut reconnaître les causes.

FIN DU PREMIER VOLUME.

TABLE DES MATIÈRES

PREMIÈRE LEÇON. — (DISCOURS D'OUVERTURE. — 7 DÉCEMBRE 1820.) Comment l'histoire se découvre progressivement à mesure que la civilisation se développe. — Deux erreurs contraires dans notre manière de considérer le passé; dédain superbe ou admiration superstitieuse. — L'impartialité historique est la mission de notre temps. — Division de l'histoire des institutions politiques de l'Europe en quatre grandes époques. — Le gouvernement représentatif a été le but général et naturel de ces institutions. — Objet du cours; étude des origines et des essais du gouvernement représentatif en France, en Espagne et en Angleterre. — Disposition qu'il faut apporter dans cette étude. 1

DEUXIÈME LEÇON. — Caractère général des institutions politiques en Europe, du quatrième au onzième siècle. — Stérilité politique de l'empire romain pendant toute sa durée. — Système administratif établi par Dioclétien. — Dissolution partielle de l'empire acceptée par les empereurs. — Abandon volontaire de plusieurs provinces. — Marche progressive des invasions germaniques. — Huit royaumes fondés par les Germains, sur le territoire de l'empire romain, dans les cinquième et sixième siècles. — Pourquoi je commence par l'étude des institutions anglo-saxonnes. — Résumé de l'histoire des Anglo-Saxons jusqu'à la conquête de l'Angleterre par Guillaume, duc de Normandie. 33

TROISIÈME LEÇON. — Objet de la leçon. — Nécessité d'étudier d'abord l'état des personnes pour comprendre les institutions. — Différence essentielle entre l'antiquité et les sociétés modernes, quant à la classification des conditions sociales. — De l'état des personnes chez les Anglo-Saxons. — *Thanes* et *Ceorls*. — Thanes royaux et thanes inférieurs. — Quelles étaient leurs relations?

— Que les *ceorls* étaient des hommes libres. — Institutions centrales et institutions locales. — Que les institutions locales prédominaient chez les Anglo-Saxons. — Il en est ainsi dans le premier âge des sociétés. — Le progrès de la civilisation consiste d'abord dans le progrès de la centralisation, puis dans un retour aux institutions locales et dans une juste répartition du pouvoir entre le centre et les localités. 47

QUATRIÈME LEÇON. — Des institutions locales chez les Anglo-Saxons. — Institutions de hiérarchie. — Institutions de liberté. — Divisions du territoire. — Leur origine. — Leur double but. — De la police intérieure dans ces associations locales. — Cours de décurie, de centurie et de comté. — Les cours de comté demeurent seules importantes. — Leur composition. — Leurs attributions. — Comment la justice y était rendue. — Origine complexe du jury. — Comment étaient nommés les chefs de ces assemblées locales. — Des institutions centrales chez les Anglo-Saxons. — Du *Wittenagemot* ou assemblée générale. — Sa composition. — Sur quel principe elle reposait. — Que ce n'est pas le principe du gouvernement représentatif. — Prépondérance toujours croissante des grands propriétaires dans la monarchie anglo-saxonne. 61

CINQUIÈME LEÇON. — Des attributions du *Wittenagemot*. — Elles sont vagues et indécises, mais très-étendues : 1° la défense du royaume ; 2° les impôts ; 3° la surveillance des routes, ponts et forteresses ; 4° le droit de battre monnaie ; 5° le redressement de certains actes des cours de comté ; 6° la responsabilité des conseillers du roi ; 7° la surveillance du domaine royal ; 8° les affaires ecclésiastiques ; 9° les pétitions ; 10° Dans certains cas, le *Wittenagemot* était un tribunal. — Du mode de convocation du *Wittenagemot*. — Des vicissitudes de son caractère et de son importance. — De la royauté chez les Anglo-Saxons. — Comment elle devint bientôt héréditaire. — Mélange d'élection pendant quelque temps. — Étendue et progrès du pouvoir royal. — Progrès de l'isolement et du pouvoir des grands propriétaires. 73

SIXIÈME LEÇON. — Objet de la leçon. — Quel est le vrai principe du gouvernement représentatif. — On a tort de classer les gouvernements par leurs formes extérieures. — Erreur de Montesquieu sur l'origine du système représentatif. — Corrélation nécessaire et formation simultanée de la société et du gouvernement. — Erreur de Rousseau dans l'hypothèse du contrat social. — Quelle est la souveraineté de droit. — Elle n'appartient pleinement et constamment à personne sur la terre. — Confusion et contradiction des idées des hommes à ce sujet. — Les sociétés, comme les individus, ont droit d'être placées sous les lois de la justice et de la raison. — Les gouvernements doivent être incessamment tenus et ramenés à les chercher et à s'y conformer. — Classification des gouvernements d'après ce principe. — C'est la vraie base du système représentatif, des pouvoirs publics et des droits politiques dans ce gouvernement. 83

SEPTIÈME LEÇON. — Comparaison du principe des divers gouvernements avec le vrai principe du gouvernement représentatif. — Des gouvernements aristocratiques. — Origine et histoire du mot *aristocratie*. — Principe de cette forme de gouvernement. — Ses conséquences. — Comment le principe du gouvernement représentatif pénètre dans les gouvernements aristocratiques. — Des gouvernements démocratiques. — Origine et conséquences du principe de la souveraineté du peuple. — Que ce principe n'est point celui du gouvernement représentatif. — En quel sens le gouvernement représentatif est le gouvernement de la majorité. — Il satisfait seul au vrai principe de la souveraineté. 99

HUITIÈME LEÇON. — Les formes d'un gouvernement sont en rapport avec son principe mais, elles sont subordonnées à l'état des faits et varient selon les degrés de civilisation. — Quelles sont les formes essentielles au principe du gouvernement représentatif : — 1° de la division des pouvoirs ; pourquoi elle est absolument nécessaire au principe du gouvernement représentatif ; — 2° de l'élection ; — 3° de la publicité. — Comment la publicité est, en théorie, un des caractères les plus essentiels, et, en fait, une des dernières conquêtes du gouvernement représentatif. 117

NEUVIÈME LEÇON. — Des institutions primitives chez les Francs. — Nécessité de retracer les principaux événements de l'histoire de la monarchie franque. — Les Francs, en Germanie, étaient une confédération de tribus. — Établissement successif de plusieurs de ces tribus dans la Belgique et dans la Gaule. — Francs-Saliens. — Francs-Ripuaires. — Double caractère et double autorité des chefs de ces tribus après leur établissement sur le territoire romain. — Premiers chefs Francs. — Clovis. — Ses diverses expéditions. — Caractère de ses guerres et de ses conquêtes. — Prépondérance décisive des Francs dans la Gaule. 127

DIXIÈME LEÇON. — Des partages de territoire entre les fils des rois Francs. — Causes et conséquences de ces partages. — Formation et disparition rapide de plusieurs royaumes Francs. — Ils se réduisent à deux : la Neustrie et l'Austrasie. — Division géographique de ces deux royaumes. — Causes plus profondes de leur séparation. — Prédominance du royaume de Neustrie dans les premiers temps. — Lutte des deux royaumes sous les noms de Frédégonde et de Brunehaut. — Élévation des maires du palais. — Vrai caractère de leur pouvoir. — Prépondérance des maires du palais d'Austrasie. — Famille des Pepin. — De l'usurpation d'une partie des biens de l'Église par Charles-Martel. — Que la chute des Mérovingiens fut une seconde conquête de la Gaule par les Francs-Germains. — Intervention des idées chrétiennes dans cet événement. 135

ONZIÈME LEÇON. — Objet de la leçon. — Caractère général des événements sous les Carlovingiens. — Ils tendent au démembrement, à la dissolution de l'État sur le territoire et du pouvoir dans l'État. — Règne de Pepin-le-Bref. — Comment il traite avec les grands propriétaires, le clergé et la papauté. — **Règne de Charlemagne.** — Époque de transition. — Halte de la société, par l'action d'un grand homme, entre le chaos de la barbarie et la prédominance définitive de la féodalité. — Règnes de Louis-le-Débonnaire et de Charles-le-Chauve.—La dissolution recommence et prévaut. — Invasions des Normands.— Derniers Carlovingiens. — Avénement de Hugues-Capet. — Conformité des oscillations de cette époque avec la marche générale de l'histoire et de la nature. 149

DOUZIÈME LEÇON.— Anciennes institutions des Francs. —Pourquoi elles sont plus difficiles à étudier que celles des Anglo-Saxons. — Nécessité d'étudier d'abord la condition et les relations des terres pour bien comprendre celles des personnes. — Trois sortes de propriétés territoriales : les alleux, les bénéfices, les terres tributaires. — Première origine des alleux. — Sens du mot *alode*. — De la terre salique chez les Francs. — Deux caractères essentiels des alleux.—Charges dont les alleux étaient libres.—Charges qui pesèrent peu à peu sur les alleux. 163

TREIZIÈME LEÇON. — Origine du service militaire. — A quel titre il était imposé à tous. — Dans quelles limites il pesait sur les propriétaires d'alleux. — Comment Charlemagne en fit une obligation générale, réglée en raison de la propriété. — Les alleux étaient d'abord exempts de tout impôt. — Efforts des rois et des chefs pour soumettre les alleux à certains impôts. — Y avait-il primitivement un grand nombre d'alleux ? — Disparition progressive des petits alleux. — Par quelles causes.— Des bénéfices. — Leur origine. — Changement de situation des chefs germains par leur établissement territorial. — Leurs richesses mobilières et immobilières. — Caractère privé de ces richesses. — Point de trésor public. — Différence, sous ce rapport, entre les républiques de l'antiquité et les États fondés sur les ruines de l'empire romain. — De l'*ærarium* et du *fiscus* dans l'ancienne république romaine. — Comment se formait et s'accroissait le domaine privé des rois en France. — Les bénéfices étaient-ils donnés à temps et révocables, ou à vie et réversibles, ou héréditaires? — Erreur de Montesquieu à ce sujet. — Simultanéité de ces divers modes de concession. 173

QUATORZIÈME LEÇON. — Preuves de la simultanéité des divers modes de concession des bénéfices, du cinquième au dixième siècle : — 1º des bénéfices absolument et arbitrairement révocables ; — ce fut souvent le fait, jamais le droit ; — 2º des bénéfices concédés pour un temps limité ; — des *précaires* ; — histoire des biens enlevés aux églises par Charles-Martel ; — 3º des bénéfices concédés à vie ; — 4º des bénéfices concédés héréditairement. — On peut affirmer qu'en général les bénéfices étaient concédés à titre d'usufruit et à vie, et qu'ils tendaient constamment à devenir héréditaires. — Cette tendance prévaut décidément sous Charles-le-Chauve. — Des obligations attachées aux bénéfices. — Services militaires. — Services judiciaires et domestiques. — Origine, sens et vicissitudes de la fidélité due par le vassal au seigneur. 185

QUINZIÈME LEÇON. — Des bénéfices concédés par les grands propriétaires aux hommes qui les entouraient : — 1º bénéfices concédés pour toutes sortes de services, et comme mode de salaire ; — 2º les grands propriétaires usurpent les terres voisines des leurs, et les confèrent en bénéfices à leurs hommes ; — 3º conversion d'un grand nombre d'alleux en bénéfices par la pratique de la *recommandation*. — Origine et sens de cette pratique. — Permanence des alleux, surtout dans certaines parties de la monarchie franque. — Des terres tributaires. — De leur origine et de leur nature. — Elles s'étendent rapidement. — Par quelles causes. — Résumé de l'état de la propriété territoriale, du sixième au onzième siècle : — 1º conditions diverses de la propriété territoriale ; — 2º dépendance individuelle de la propriété territoriale ; — 3º état stationnaire de la richesse territoriale. — Pourquoi le système de la propriété bénéficiaire, c'est-à-dire le système féodal, était nécessaire à la formation de la société moderne et des grands États. 199

SEIZIÈME LEÇON. — De l'état des personnes, du cinquième au dixième siècle. — Il est impossible de le déterminer d'après un principe général et fixe. — Preuves que l'état des terres n'était pas toujours le signe de l'état des personnes. — Des propriétaires d'alleux. — Des propriétaires de bénéfices. — Des possesseurs de terres tributaires. — Variété et instabilité de ces conditions sociales. — Des esclaves. — De la tentative de déterminer l'état des personnes d'après le *wehrgeld*, ou la valeur légale de la vie des hommes. — Tableau des vingt-un principaux cas de *wehrgeld*. — Confusion et mobilité de ce principe. — Il faut examiner l'état des personnes en fait, et rechercher, dans les documents historiques, comment elles étaient classées à raison de leur importance et de leur force, sans prétendre faire dériver cette classification d'aucun principe fixe. 214

DIX-SEPTIÈME LEÇON. — Des leudes ou antrustions. — Hommes, fidèles des rois et des grands propriétaires. — Moyens divers de les conserver ou de les acquérir. — Obligations des leudes. — Les leudes sont-ils l'origine de la noblesse ? — Les évêques et les chefs de monastères étaient comptés parmi les leudes des rois. — Puissance morale et matérielle des évêques. — Efforts des rois pour s'emparer de la nomination aux évêchés. — Des hommes libres. — Formaient-ils une classe distincte et nombreuse ? — Des *arimanni* et *rathimburgi*. — Erreur de M. de Savigny. — Extension rapide et générale de la hiérarchie féodale. — Des affranchis. — Divers modes d'affranchissement : — 1º les *denariales*, affranchis devant le roi ; — 2º les *tabularii*, affranchis devant l'Église ; — 3º les *chartularii*, affranchis par charte. — Conséquences diverses de ces divers modes d'affranchissement. 225

DIX-HUITIÈME LEÇON. — Existence simultanée, après l'établissement des Francs dans les Gaules, de trois systèmes d'institutions : les institutions libres, les institutions aristocratiques et les institutions monarchiques. — La lutte de ces trois systèmes est l'histoire des institutions politiques de la monarchie franque du cinquième au dixième siècle. — Résumé anticipé de cette lutte, de ses vicissitudes et de ses résultats. — Elle se retrouve dans les institutions locales et dans les institutions centrales. — Des institutions locales dans la monarchie franque. — Des mâls ou plaids, assemblées d'hommes libres. — De l'autorité et de la juridiction des grands propriétaires dans leurs domaines. — De l'autorité et de la juridiction des ducs, comtes et autres officiers royaux.   237

DIX-NEUVIÈME LEÇON. — Gouvernement de Charlemagne. — Renaissance apparente et momentanée des institutions libres au milieu des progrès du système monarchique. — De l'indépendance individuelle et de la liberté sociale. — Comment naît et s'établit le pouvoir d'un grand homme dans une société barbare. — Ce qu'il y a de plus antisocial, c'est l'anarchie. — Organisation du pouvoir monarchique sous Charlemagne. — Des *missi dominici*. — Des *scabini*. — Active surveillance de Charlemagne sur ses vassaux et sur ses agents. — Chute rapide des institutions monarchiques après Charlemagne. — Prédominance définitive du système féodal. — Des institutions centrales durant la même époque. — De la royauté. — La royauté, chez les anciens Francs, avait un caractère plus guerrier que religieux. — Mélange d'hérédité et d'élection. — Du droit et du fait, à l'origine des sociétés. — Erreur de ceux qui veulent trouver le droit dans les faits primitifs. — Causes des progrès de la royauté et de l'établissement de l'hérédité royale chez les Francs. — Différence essentielle entre les causes de la chute des Mérovingiens et celles de la chute des Carlovingiens, entre l'avénement de Pepin-le-Bref et celui de Hugues-Capet. — De l'influence du clergé sur le caractère et les destinées de la royauté chez les Francs.   247

VINGTIÈME LEÇON. — Des assemblées nationales chez les Francs. — Quel était leur caractère primitif. — Leur rapide déclin sous les Mérovingiens. — Elles reprennent de l'importance, d'abord sous les maires du Palais, puis à l'avénement des Carlovingiens. — Leur tenue fréquente et régulière sous Charlemagne. — Lettre de l'archevêque de Reims, Hincmar, *de ordine palatii*. — Du véritable but de ces assemblées et de l'emploi qu'en faisait Charlemagne.   263

VINGT-UNIÈME LEÇON. — Décadence des assemblées nationales sous Louis-le-Débonnaire et Charles-le-Chauve, malgré leur maintien apparent. — Prépondérance définitive du régime féodal sur les institutions libres et sur les institutions monarchiques à la fin du dixième siècle. — Le régime féodal était le résultat naturel de la situation des Francs après leur établissement dans les Gaules. — Une fois vainqueur, ce régime est attaqué à la fois par la masse de la population et par les rois. — Caractère de la féodalité et comme régime oppressif et comme régime libéral. — L'histoire des institutions politiques en France, du cinquième au dixième siècle, n'offre aucune trace du vrai gouvernement représentatif. **277**

VINGT-DEUXIÈME LEÇON.—Des institutions politiques des Wisigoths. — Caractère particulier de la législation des Wisigoths. — Elle est l'ouvrage du clergé. — Ce fut surtout par son influence dans les villes et en vertu du régime municipal que le clergé prit, dans les nouveaux États de la Gaule méridionale et de l'Espagne, un si grand empire. — Ruine et disparition de la classe moyenne dans l'empire romain, au moment de l'invasion définitive des Barbares. — Nécessité, pour expliquer ce fait, de bien comprendre l'histoire du régime municipal romain depuis son origine jusqu'à la chute de l'empire. — Trois époques dans cette histoire : — 1º du régime municipal sous la république romaine ; — 2º du régime municipal sous l'empire, depuis Auguste jusqu'à Constantin ; — 3º du régime municipal depuis Constantin jusqu'à la chute de l'empire. **287**

VINGT-TROISIÈME LEÇON. — Des diverses conditions sociales dans l'empire romain avant l'invasion définive des Barbares : 1º des privilégiés ; — cinq classes de privilégiés ; — quels étaient leurs privilèges ; — le principal était l'exemption des fonctions curiales ; — 2º des curiales ; — quels étaient les curiales ; leurs obligations, leurs fonctions, — avantages dont ils jouissaient. — Attributions de la curie en corps. — Des diverses magistratures et charges municipales. — Du défenseur dans les cités. — Comment cette situation des curiales entraîna la destruction de la classe moyenne. — Comparaison du développement du régime municipal et de ses rapports avec l'organisation centrale de l'État dans l'empire romain et dans les sociétés modernes. — Présence et impuissance des principes de liberté dans le régime municipal romain, au cinquième siècle. **313**

VINGT-QUATRIÈME LEÇON. — Résumé de l'histoire de l'Espagne sous la monarchie des Wisigoths. — État de l'Espagne sous l'empire romain. — Établissement des Wisigoths dans le sud-ouest de la Gaule. — Euric fait recueillir les lois des Wisigoths. — Alaric fait recueillir et rédiger de nouveau les lois de ses sujets romains. — *Breviarium Aniani.* — Établissement des Wisigoths en Espagne. — Lutte des Catholiques et des Ariens. — Importance politique des conciles de Tolède. — Principaux rois Wisigoths.—Egica (687-701) fait rédiger définitivement le *Forum Judicum.* — Chute de la monarchie des Wisigoths en Espagne (714). **335**

VINGT-CINQUIÈME LEÇON. — Caractère particulier de la législation des Wisigoths. — C'est un système de lois réelles, ou selon le territoire, applicable à tous les habitants, sans distinction d'origine et de nation. — Diverses sortes de lois contenues dans le *Forum Judicum.* — C'est une doctrine en même temps qu'un

code. — Principes de cette doctrine sur l'origine et la nature du pouvoir. — Absence de garanties pratiques. — Prépondérance du clergé dans la législation des Wisigoths. — Ses preuves et ses limites. — Quel est le véritable caractère de l'élection des rois Wisigoths. — Esprit d'équité et de douceur de la législation des Wisigoths envers toutes les classes d'hommes, spécialement envers les esclaves. — Mérite philosophique et moral de cette législation.
349

VINGT-SIXIÈME LEÇON. — Des institutions centrales de la monarchie des Wisigoths. — Véritable caractère des conciles de Tolède. — Mesure de leur influence politique. — De l'*Officium palatinum*, conseil du palais des rois wisigoths. — Les maximes et les institutions romaines prévalurent en général, chez les Goths, sur les traditions germaniques. — Les institutions locales des Wisigoths en Espagne le prouvent aussi bien que leurs institutions centrales. — M. de Savigny, dans son *Histoire du droit romain dans le moyen âge*, et la *Revue d'Édimbourg*, dans une dissertation sur la législation des Wisigoths, soutiennent la perpétuité et l'empire des coutumes germaniques en Espagne du sixième au huitième siècle. — Examen et réfutation de cette idée. — Conclusion.
371

FIN DE LA TABLE DU PREMIER VOLUME.

Paris. — Typ. PILLET et DUMOULIN, 5, rue des Grands-Augustins.

Librairie Académique DIDIER et Cⁱᵉ, quai des Augustins, 35, Paris.

ŒUVRES DE M. GUIZOT
Édition format in-12.

HISTOIRE DE LA RÉVOLUTION D'ANGLETERRE, depuis l'avénement de Charles Iᵉʳ jusqu'au rétablissement des Stuart (1625-1660). 6 volumes in-12, en trois parties.   21 »

— **HISTOIRE DE CHARLES Iᵉʳ,** depuis son avénement jusqu'à sa mort (1625-1649), précédée d'un *Discours sur la Révol. d'Angleterre.* 6ᵉ éd. 2 vol. in-12.   7 »

— **HISTOIRE DE LA RÉPUBLIQUE D'ANGLETERRE ET DE CROMWELL** (1649-1658). Nouvelle édition. 2 vol. in-12.   7 »

— **HISTOIRE DU PROTECTORAT DE RICHARD CROMWELL** et du **RÉTABLISSEMENT DES STUART** (1659-1660). 2 vol. in-12.   7 »

MONK. CHUTE DE LA RÉPUBLIQUE, etc.; étude historique. Nouvelle édit. 1 vol. in-12.   3 50

PORTRAITS POLITIQUES des hommes des divers partis : *Parlementaires, Cavaliers Républicains, Niveleurs* ; études historiques. 1 vol. in-12.   3 50

SIR ROBERT PEEL. Étude d'histoire contemporaine, augmentée de documents inédits 1 vol. in-12.   3 50

ESSAIS SUR L'HISTOIRE DE FRANCE, etc. 9ᵉ édit. 1 vol. in-12.   3 50

HISTOIRE DE LA CIVILISATION EN EUROPE ET EN FRANCE, depuis la chute de l'Empire Romain, etc. 6ᵉ édit. 5 vol. in-12.   17 50

— **HISTOIRE DE LA CIVILISATION EN EUROPE,** depuis la chute de l'Empire romain jusqu'à la Révolution française. 7ᵉ édit. 1 vol. in-12, portrait.   6 »

HISTOIRE DES ORIGINES DU GOUVERNEMENT REPRÉSENTATIF *et des Institutions politiques de l'Europe,* depuis la chute de l'Empire romain jusqu'au XIVᵉ siècle. (Cours de 1820 à 1822.) Nouv. édit. 2 vol. in-12.   7 »

CORNEILLE ET SON TEMPS. Étude littéraire, suivie d'un *Essai sur Chapelain, Rotrou, et Scarron,* etc. 1 vol. in-12.   3 50

MÉDITATIONS ET ÉTUDES MORALES sur *la Religion, la Philosophie, l'Education,* etc. Nouvelle édition. 1 vol. in-12.   3 50

ÉTUDES SUR LES BEAUX-ARTS en général. *De l'état des beaux-arts en France et du Salon de 1810. — Description des tableaux du Musée du Louvre,* etc. Nouvelle édit. 1 vol. in-12.   3 50

DISCOURS ACADÉMIQUES, suivis des *Discours prononcés au concours général de l'Université et devant diverses Sociétés religieuses,* etc. 1 vol. in-12.   3 50

ABAILARD ET HÉLOÏSE. Essai historique par M. et Mᵐᵉ Guizot, suivi des *Lettres d'Abailard et d'Héloïse,* traduites en français par M. Oddoul. Nouv. édit., revue et corrigée. 1 vol. in-12.   3 50

HISTOIRE DE WASHINGTON *et de la fondation de la République des Etats-Unis,* par M. Cornelis de Witt, précédée d'une *Etude historique* sur Washington, par M. Guizot. Nouvelle édit. 1 fort vol. in-12, avec carte.   3 50

MÉNANDRE. Étude historique et littéraire sur la Comédie et la Société grecques, par M. Guillaume Guizot. Ouvrage couronné par l'Académie française en 1853. 1 vol. in-12, avec portrait.   3 50

Paris. — Imprimé chez Bonaventure et Ducessois 55, quai des Augustins.

www.ingramcontent.com/pod-product-compliance
Lightning Source LLC
Chambersburg PA
CBHW071115230426
43666CB00009B/1970